AG SPAK
Arbeitsgemeinschaft sozialpolitischer Arbeitskreise
Materialien der AG SPAK – M 338

## Hinweise

Das vorliegende Werk wurde aus Zuschussmitteln erstellt, die für die Selbsthilfeunterstützung in München (Sozialreferat und Referat für Gesundheit und Umwelt der Landeshauptstadt München) bzw. in der Region München (Fördergemeinschaft der gesetzlichen Krankenkassenverbände) zu verwenden sind.

Wegen der besseren Lesbarkeit wurde durchgehend die männliche Schreibweise verwendet.

Das vorliegende Buch enthält keine Ausführungen zur Rechtsstellung eingetragener Vereine. Diesbezüglich wird auf die ausführliche Fachliteratur verwiesen.

Selbsthilfegruppen aus München bekommen das Buch zu Sonderkonditionen direkt beim Selbsthilfezentrum München, Westendstr. 68, 80339 München, Tel.: 089/53 29 56 - 0

Selbsthilfezentrum München (Hg.)

Renate Mitleger-Lehner (Autorin)

# Recht für Selbsthilfegruppen

# Impressum

3. aktualisierte und erweiterte Auflage 2019


.

Satz/Titelgestaltung: H. Zimmermann, W. Schindowski
Titelbild: SeKo Bayern
Herstellung: Druckerei Kleb GmbH, Wangen/Allg.

Zu bestellen über den Buchhandel oder direkt bei:
AG SPAK Bücher
Burlafinger Str. 11
89233 Neu-Ulm
Fax 07308/91 90 95
E-Mail: spak-buecher@leibi.de
Internet: www.agspak-buecher.de

Auslieferung für den Buchhandel:
Bestellwerk, Burlafinger Str. 11, 89233 Neu-Ulm, Fax 07308/919095

ISBN 978-3-945 959-41-1

Bibliografische Information der Deutschen Nationalbibliothek

Die Deutsche Nationalbibliothek verzeichnet diese Publikation in der Deutschen Nationalbibliografie; detaillierte bibliografische Daten sind im Internet unter: http://dnb.de abrufbar.

# Inhalt

# Vorwort

## Rückblickend die 1. Auflage (2010)

Eine kleine, feine Broschüre sollte das werden, was sich das Selbsthilfezentrum München da im Sommer 2008 vorgenommen hatte: die Neuauflage einer hektographierten Veröffentlichung aus dem Jahr 1995. Wir stellten uns vor, die sich im Laufe der Zeit ergebenden Aktualisierungen vorzunehmen und auch ein paar Ergänzungen anzufügen, um die eine oder andere Fragestellung etwas griffiger darstellen zu können und vielleicht einige praktische Hinweise oder alltagsbezogene Beispiele einzubeziehen. Wir stellten uns vor, zwei, drei Monate zu recherchieren und dann alles in eine entsprechende Form zu bringen, die man leicht im Copyshop ... Na ja, wie Sie sehen, wurde schließlich dann doch etwas anderes aus unserer „Neuauflage".

Wie es dazu kam? Die letzten Jahre schon hatte sich dieser Schritt immer wieder angedeutet. In der Zusammenarbeit mit Selbsthilfegruppen und -organisationen, in Beratungssituationen, in Fortbildungen, bei Verlautbarungen und Seitengesprächen, immer wieder tauchten diese Fragen auf, wer eigentlich rechtsverbindlich Verträge abschließen darf, oder wer haftet, wenn mal was passiert usw. Die Unkenntnis und Unsicherheit bei juristischen Fragestellungen wurde hier nicht nur bei den Fragestellern deutlich. Die Entscheidung diese und ähnliche Fragen in einem Leitfaden für Selbsthilfegruppen darzustellen, hatte sich immer mehr verdichtet und diese Neuauflage ist letztlich unumgänglich geworden.

Der Ruf nach einem einschlägigen Werk zu konkreten Fragen der juristischen Unterfütterung der Selbsthilfegruppenarbeit ist bislang unbeantwortet verhallt. Ein Bedarf wurde nicht nur von in der Selbsthilfe Engagierten angemeldet, also der eigentlichen Zielgruppe dieser Publikation, sondern gleichermaßen von der einschlägigen Fachwelt, den „Selbsthilfeprofis" in den Kontaktstellen und bei den Zuschussgebern. Es ist kaum vorstellbar, aber doch offensichtlich Tatsache, dass sich verbindliche Antworten zu solchen Fragekomplexen kaum finden ließen. Es schien fast so, als ob sich niemand wirklich an dieses Thema herantrauen würde, um nicht auf juristisch unbekanntem Terrain aufs Glatteis zu geraten.

Das Vorhaben einer Neuauflage geriet auf einmal zum Politikum, an dem man sich die Finger verbrennen konnte – oder aber Furore machen.

So haben wir uns im Sommer 2008 zu diesem Vorhaben entschlossen, weil die Notwendigkeit zur Beantwortung all dieser Fragen immer drängender wurde und weil wir ernsthaft den juristischen Hintergrund unseres fachlichen Themengebietes beleuchten wollten. Und wir hatten auch Glück.

Auf der Suche nach dem entsprechenden juristischen Fachverstand entdeckten wir in der alten Broschüre den Namen einer Rechtsanwältin, die immer noch in München tätig ist – Renate Mitleger-Lehner. Unsere erste Anfrage beantwortete sie mit Interesse. Nach entsprechenden Vorabsprachen und einer kurzen Bedenkzeit sagte sie zur Begeisterung aller zu.

Die neunmonatige Zusammenarbeit hat gezeigt, dass unser Kontakt zu Frau Mitleger-Lehner ein wahrer Glücksgriff war. Sie hat sich nicht nur in die Thematik eingearbeitet, sondern diese sich zu eigen gemacht und gewissermaßen ein eigenes Forschungsinteresse entwickelt und juristisches Neuland betreten.

Tatsächlich gibt es bisher keine Publikation, die sich umfangreich und abschließend mit der rechtlichen Einordnung von Selbsthilfegruppen befasst. Wir freuten uns daher, 2010 endlich ein Grundlagenwerk veröffentlichen zu können.

## Rückblickend die 2. Auflage (2013)

Drei Jahre nach Erscheinen unseres ersten Ratgebers „Recht für Selbsthilfegruppen“ war eine zweite überarbeitete und erweiterte Auflage notwendig, die nicht nur aktualisiert, sondern mit etlichen neuen Themenbereichen bereichert auch wesentlich umfangreicher geworden war:

– Die in den Jahren zuvor in Fachkreisen immer wieder geführte Diskussion zur Rechtsstellung verbandlich organisierter Orts- oder Untergruppen hatte zu einer differenzierten Auseinandersetzung mit diesem Rechtsgebiet geführt.
– Des Weiteren waren krankheitsbezogene Selbsthilfegruppen zunehmend in den Fokus der Aufmerksamkeit geraen, auch für professionelle Unterstützungssysteme oder die freie Wirtschaft wurden sie zunehmend mehr als Informationsquelle genutzt. Diesbezüglich war nun beim Umgang mit medizinischen oder pharmakologischen

Empfehlungen erhöhte Aufmerksamkeit geboten. Daher enthielt die zweite Auflage umfangreiche Ausführungen zum Heilmittelwerbegesetz.
- Ein weiterer – und rasant prosperierender – Bereich war die Präsenz im und die Nutzung des Internets, dem eigentlich ein eigenes Buch zu widmen gewesen wäre. Auch zu diesem Themenbereich sind die nötigen Aktualisierungen und Erweiterungen in die Neuauflage eingearbeitet worden.
- Und auch der Datenschutz hatte mit einem eigenen Kapitel bereits Eingang in die zweite Auflage gefunden.

Die vorgenommenen Aktualisierungen bezogen sich auf Neuerungen im Steuerrecht und trugen vor allem der Entwicklung bei der Förderung der gesundheitsbezogenen Gruppen nach § 20c SGB V zum Stichwort „Kontoführung" Rechnung. Insbesondere wurde die neueste Fassung des „Leitfadens zur Selbsthilfeförderung" des GKV-Spitzenverbandes vom 17.06.2013 eingearbeitet. Letztendlich wurden auch einige Ergänzungen zu den Themen Versicherung und Öffentlichkeitsarbeit vorgenommen.

So ermöglichte die zweite Auflage den Leserinnen und Leser Neuentdeckungen und gaben viele praktische Anregungen bei Alltagsfragen im Leben einer Selbsthilfegruppe oder -initiative.

Wir Herausgeber freuen uns, dass sich in den vergangenen Jahren zudem ein ganz deutlicher Bedarf nach einer Neuauflage artikuliert hat. Die Resonanz der Selbsthilfeengagierten und der Fachkolleginnen und -kollegen auf das Erscheinen des „Recht für Selbsthilfegruppen" im Jahr 2010 war unvermutet hoch und kam schließlich aus ganz Deutschland.

Es wurden verschiedene Einzelanfragen zu bestimmten Fallkonstellationen an uns gerichtet und es gab vor allem eine rege Nachfrage nach Fortbildungsangeboten, die Frau Mitleger-Lehner mittlerweile fast bundesweit bedient hat. Es hat sich tatsächlich bewahrheitet, dass vielerorts eine latente Unsicherheit zu rechtlichen Fragen rund um die Selbsthilfe anzutreffen war, die sozusagen auf das Erscheinen eines juristischen Grundlagenwerks gewartet hatte.

Wir möchten auch mit der zweiten Auflage dazu beitragen, konkrete Antworten auf offene Fragen der verschiedenen Rechtsgebiete zu geben, ohne die lebendige, vielfältige und mitunter spontan engagierte Arbeit der ganzen Selbsthilfelandschaft zu verunsichern oder mit juristischen Vorgaben einengen zu wollen.

## und nun die 3. Auflage (2019)

Neun Jahre nach Erscheinen der ersten Ausgabe unseres Ratgebers „Recht für Selbsthilfegruppen“ darf man inzwischen getrost behaupten, dass sich hier ein juristisches Standardwerk etabliert hat. Wir freuen uns, dass die Resonanz ungebrochen ist und man sich bei unterschiedlichsten Anlässen und auf unterschiedlichsten Ebenen zur Rückversicherung bei strittigen juristischen Fragen immer wieder gern des Buches bedient.

Die nun vorliegende dritte überarbeitete und erweiterte Auflage enthält wiederum etliche Aktualisierungen und war vor allem wegen der Europäischen Datenschutzgrundverordnung (DS-GVO) notwendig geworden, die seit Mai 2018 verbindlich ist.

So wurde das Kapitel zum Datenschutz grundlegend neu gefasst und enthält nun sehr konkrete Ausführungen und praktische Hinweise, die den Selbsthilfegruppen und -initiativen eine klare Orientierung im zunächst unüberschaubar scheinenden Regelwerk geben.

Ein ganz neues Kapitel „Jugendliche in der Selbsthilfe“ widmet sich der Besonderheit, wenn Minderjährige Selbsthilfegruppen besuchen. Junge Menschen sind in den letzten Jahren zunehmend in den Fokus der Unterstützungsarbeit geraten, was sich als ein gewissermaßen neues Aufgabengebiet bezeichnen lässt, das mitunter auch zu juristischen Fragestellungen führt.

Darüber hinaus wurden an verschiedenen Stellen Erweiterungen und Aktualisierungen vorgenommen – unter anderem bei den Themen „Organisationsformen der Selbsthilfe“, „Recht am eigenen Bild“ sowie Ehrenamts- und Übungsleiterpauschale.

Trotz der inzwischen differenzierteren juristischen Betrachtungsweise der Selbsthilfearbeit bleibt weiterhin festzustellen, dass die bunte Landschaft in der Regel ganz hervorragend ohne Rechtsbeistand oder Gerichtsverfahren auskommt. Motivation und Gestaltungskraft der vielen unterschiedlichen Menschen, die sich hier engagieren, sind ungebrochen. Es ist auch bei dieser Auflage wieder hervorzuheben, dass wir diesen Kräften keine einengende Reglementierung entgegensetzen, sondern im Gegenteil mögliche Unsicherheiten verringern wollen, um die Eigeninitiative zu bestärken und zu befördern.



Klaus Grothe-Bortlik / Mirjam Unverdorben-Beil

# Einleitung

# Von der Protestbewegung zum „Bürgerschaftlichen Engagement"

## – Selbsthilfegruppen im rechtlichen Kontext –

Die Geschichte der Selbsthilfegruppen in Deutschland beginnt bereits in den 1960er Jahren. Von damals bis heute stehen Eltern-Kind-Initiativen, Arbeitslosen-Treffs oder Gesprächs-Gruppen bei chronischen Erkrankungen im Spannungsfeld zwischen Autonomie und Anpassung. Sie versuchen von staatlicher Einflussnahme unabhängig und autark zu bleiben. Doch nach anfänglicher Skepsis von Staat und Wohlfahrtspflege wurden sie zunehmend in das sozialstaatliche System der Bundesrepublik integriert. Damit einher geht auch ein gesteigertes Bedürfnis, Selbsthilfegruppen und Initiativen als rechtliches Geflecht zu erfassen.

Die ersten Selbsthilfegruppen – auch wenn damals der Begriff „Selbsthilfe" nicht geläufig war – entstanden im Dunstkreis der Studentenbewegung der 1960er Jahre als Elterninitiativen für „Kinderläden". Später in den 1970er Jahren traten im Zuge der Frauenbewegung „Frauenselbsterfahrungsgruppen" und autonome Frauenhäuser an die Öffentlichkeit. Anfang der 1980er Jahre entwickelten sich parallel zur Anti-Atomkraft-Bewegung immer mehr Initiativen, die sich mit ökologischen Fragen, einem neuen Gesundheitsbewusstsein und gesunder Ernährung auseinander setzten. Neben diesen Strömungen und Initiativen, die auch politische Inhalte transportieren wollten und bewusst den Weg in die Öffentlichkeit wählten, gab es seit der Nachkriegszeit auch immer Gruppen, deren Arbeit sich nur nach innen richtete, die sich mit sich selbst beschäftigten. Die bekannteste dieser Gruppierung sind die „Anonymen Alkoholiker", aber auch andere Gruppen arbeiten seit Jahrzehnten ohne große Publicity sozusagen im Verborgenen. Die überwiegende Anzahl dieser Gruppen und Strömungen – mit und ohne politischen Anspruch – verstanden sich bewusst als Gegenmodell zu den etablierten Institutionen wie den Wohlfahrtsverbänden, kommunalen Einrichtungen oder Kirchen.

Bewusst wurde oft ein Weg gewählt, sich einer rechtlichen Einordnung als gemeinnütziger Verein oder als nicht eingetragener Verein zu entziehen. Gewollt war ein loser Zusammenschluss von Gleichgesinnten, die sich ein gemeinsames Ziel gesetzt hatten, sei es die wechselseitige Kinderbetreuung durch Eltern mit ähnlichen Erziehungsvorstellungen, die Bekämpfung der eigenen Suchterkrankung oder die Stärkung des Bewusstseins für eine gesunde Umwelt.

Anfang der 1980er Jahre waren die Initiativen und Selbsthilfegruppen auch in München aus dem öffentlichen Leben nicht mehr wegzudenken. Sie hatten sich etabliert, waren auf Dauer ausgerichtet und – so sah es im Jahr 1985 auch die Landeshauptstadt München – ein wertvoller Bestandteil des sozialen Gemeinwesens. Ab 1985 förderte die Stadt München einzelne Projekte und Initiativen mit Geldmitteln und entwickelte eigene Förderrichtlinien und Entscheidungsgremien. Seitdem steht in München das Selbsthilfezentrum den einzelnen Gruppen und Initiativen beratend und helfend zur Seite. Und spätestens seit Anfang des neuen Jahrtausends sitzen auch die gesetzlichen Krankenkassen mit im Boot der Förderer und Geldgeber.

Das starke Engagement der Stadt München spiegelt die gestiegene Bedeutung des Selbsthilfegedankens in den Städten und Kommunen wider. Vor allem die Initiativen im Gesundheitswesen sind seit Jahren in der öffentlichen Wahrnehmung präsent. Die von den Initiativen übernommenen Aufgaben – wie die Betreuung, Beratung und Information bei chronischen Erkrankungen oder die Einbindung und Aufklärung der Angehörigen – sind wichtige, begleitende Säulen des Gesundheitswesens geworden.

Mit dem steigenden Umfang der Förderungen durch die Gemeinden und Kommunen wurde die Arbeit der Selbsthilfegruppen auch von Staats wegen als gesellschaftspolitisch relevant erkannt. Der Wertschätzung durch den Staat folgte der Versuch, die Initiativen in den etablierten Gesundheits- und Sozialbetrieb zu integrieren.

So ist auch der Untersuchungsgegenstand einer Enquete-Kommission des Deutschen Bundestages zum Thema „Zukunft des Bürgerschaftlichen Engagements“ zu verstehen. In ihrem im Jahr 2003 veröffentlichten Abschlussbericht führt diese Enquete-Kommission aus: „Bürgerschaftliches Engagement steht in enger Verbindung mit Teilhabe- und Mitgestaltungsmöglichkeiten. Die Enquete-Kommission empfiehlt, Beteiligungsrechte zu stärken und neue Beteiligungsmöglichkeiten zu schaffen (...). Es sollen auch bessere Möglichkeiten der Beteiligung von informellen Initiativen, Stadtteilforen und sozialen Gruppen geschaffen werden.“

Unter dem neuen Schlagwort „Bürgerschaftliches Engagement“ wurde die Selbsthilfearbeit auf eine Stufe mit der ehrenamtlichen Tätigkeit im Sportverein oder dem Engagement in der Gemeindepfarrei gestellt. Die Mitarbeit in einer Initiativgruppe erfuhr nun die gleiche gesellschaftliche Reputation wie das klassische Ehrenamt. Damit wurde ein weiterer Schritt der Selbsthilfegruppen in Richtung staatlicher Anerkennung Wirklichkeit. Der „Kinderladen“ war endgültig in der bürgerlichen Gesellschaft angekommen.

Die Enquete-Kommission „Zukunft des Bürgerschaftlichen Engagements“ erschöpfte sich allerdings nicht nur in gesellschaftspolitischen Postulaten. Sie sprach auch Empfehlungen aus; beispielsweise zur haftungsrechtlichen Absicherung der Aktiven oder zu Fördermöglichkeiten im Steuerrecht. Die soziale Wirklichkeit „Selbsthilfegruppe“ oder „Initiative“ stand bei diesen Überlegungen immer parallel zum „Ehrenamt“.

Einige dieser Empfehlungen wurden in der Zwischenzeit, nach Bundesländern und Kommunen unterschiedlich, umgesetzt. So schließt auf Landesebene die Bayerische Ehrenamtsversicherung Lücken im Haftungsrecht für engagierte Mitglieder einer Selbsthilfegruppe.

Außerdem sind seit einigen Jahren die Krankenkassen bundesweit zur finanziellen Unterstützung von Selbsthilfegruppen und Selbsthilfekontaktstellen verpflichtet. Ziel ist, gesundheitliche Prävention zu stärken und die Rehabilitation nach Erkrankungen sowie die Eingliederung chronisch Kranker zu verbessern.

Ein Teil der Selbsthilfegruppen betrachtet die zunehmende Integration bis zum heutigen Tag mit einer gewissen Skepsis. Auch wenn inzwischen die Gefahr, durch die Nähe zu den großen öffentlichen Wohlfahrtsverbänden mit dem eigenen Ideenpotenzial auf der Strecke zu bleiben, nicht mehr so gesehen wird, besteht nach wie vor der Wunsch nach Autonomie. Und: Unabhängigkeit, als wesentlicher Beweggrund für die Gründung und ein lebendiges Gruppenbewusstsein bleiben ein Widerspruch zur Integration.

Die Angst vor Vereinnahmung liegt vor allem bei den Selbsthilfegruppen nahe, die sich als Betroffene mit chronischen Erkrankungen auseinandersetzen und sich an der Schulmedizin und den etablierten Institutionen reiben. Manche dieser Gruppen, zum Beispiel in der Stadtteilarbeit, zu Migrationsfragen oder Arbeitslosen-Initiativen, sehen die Einflussnahme durch die Wohlfahrtsverbände nach wie vor kritisch.

Offenkundig wird dieses Spannungsfeld zwischen Autarkie und Integration im Diskussionsprozess der Gruppen spätestens dann, wenn der Schritt in die Öffentlichkeit getan wird oder der erste Antrag auf öffentliche Förderung gestellt wird. Dies ist der Zeitpunkt, an dem die Initiativen ihr traditionelles Selbstverständnis überdenken müssen. Der Wunsch, bestimmte Ziele zu verwirklichen, ist mit dem Grad der Anpassung an bestehende Strukturen in Kongruenz zu bringen. In der Praxis müssen sich die Gruppen dann mit konkreten Fragestellungen auseinandersetzen:

Wer tritt nach außen für die Selbsthilfegruppe auf? Wer verhandelt mit der Stadt und unterschreibt den Förderantrag? Wer eröffnet ein Bankkonto, und auf welchen Namen? Wer haftet bei Fehlern und Versäumnissen? Sind Tipps und Ratschläge anlässlich einer Beratung rechtsverbindlich? Und nicht zuletzt: Was passiert, wenn ein Aktiver einen Unfall erleidet oder der Besucher einer Info-Veranstaltung verunglückt?
Damit stellen sich auch bei einem „losen Zusammenschluss Einzelner" Fragen nach Verantwortlichkeiten, nach rechtlicher Belangbarkeit und nach Pflichten.

Zwar hält das Zivilrecht in den Rechtsinstituten wie „Verein", „Gesellschaft des bürgerlichen Rechts" oder „Gesellschaft mit beschränkter Haftung" Entsprechungen bereit, und für jede dieser Formen lassen sich auch Parallelen im Innenleben oder dem Selbstverständnis einer Initiative finden. Und doch treffen diese Rechtsgebilde den Kern des Selbsthilfegedankens nicht. Die vielen Facetten und unterschiedlichen Interessenlagen, die bei jeder Gruppe anders sind, lassen sich aber in die Rechtsform „Gesellschaft des bürgerlichen Rechts" gut integrieren. Sie bietet viele Gestaltungsmöglichkeiten, sei es für die Regelung des Miteinanders oder für die Stellung der Gruppe im Rechtsverkehr.

Diese Publikation gibt dem Geflecht „Selbsthilfegruppe“ einen rechtlichen Rahmen. Bewusst wird eine Einordnung in die „Gesellschaft des bürgerlichen Rechts“ vorgenommen. Es wird auch immer wieder auf die Abgrenzung und Unterschiede zum „eingetragenen Verein“ oder „nicht rechtsfähigen Verein“ Bezug genommen. Auch wenn das Vereinsrecht für viele große, etablierte Gruppierungen der richtige Hafen ist, bleibt vielen Initiativen Aufbau und Organisation eines Vereins fremd. Er erweist sich manchmal als Hemmschuh bei der Aufrechterhaltung der offenen Struktur der Gruppe. Oder wird als unpraktikabel aufgrund des hohen Verwaltungsaufwands und der starren Hierarchie empfunden. Für die rechtliche Beurteilung der Initiativen, die den Weg in das Vereinsleben mit allen Be- und Entlastungen scheuen, bleibt dann nur die „Gesellschaft des bürgerlichen Rechts“.

Daneben wird thematisiert, dass in manchen Fällen die Übergänge zwischen „BGB-Gesellschaft“ und „Verein“ fließend sind. Von Rechtsgebiet zu Rechtsgebiet ist neu zu prüfen, welche „juristische Schublade“ für welches Problem die richtige ist.

Mit Hinweisen auch zum Presse-, Versicherungs-, und Steuerrecht werden aktuelle Bezüge hergestellt, um die rechtliche Situation der Selbsthilfegruppen praxisgerecht darzustellen.

# Themen im Einzelnen

# I

# Rechtsformen für Selbsthilfegruppen

Aus der Idee „wir treffen uns jede Woche einmal und tauschen unsere Erfahrungen aus“ ist schnell so etwas wie eine feste Gruppe entstanden. Wo aber ist der Unterschied zwischen einer Selbsthilfegruppe und einem Kaffeekränzchen, einer Initiative oder dem Treffen der Skat-Brüder? Wie ist ihre Stellung im Rechtsverkehr? Je nachdem, welche Organisationsform sich die Gruppe gibt, bestimmt sich deren rechtliche Einbindung, ihr Auftreten nach außen und das Verhältnis der Teilnehmer untereinander.

## 1 Die Selbsthilfegruppe: „... einfach nur eine Gruppe?“

Zunächst einmal verbindet alle Beteiligten einer Selbsthilfegruppe ein bestimmtes Anliegen: ein Thema, das nirgendwo anders ausreichend repräsentiert erscheint. Dann wird eine gewisse Verbindlichkeit der Mitglieder oder Teilnehmer untereinander erwartet. Und vor allem: Meist ist es die Intention einer Selbsthilfegruppe, in der Öffentlichkeit als Gruppe und nicht als Vielzahl von Einzelpersonen wahrgenommen zu werden, um ein spezielles Thema einem breiten Publikum vorzustellen und immer wieder darauf aufmerksam zu machen.

Und damit ergeben sich sofort organisatorische Erfordernisse und rechtliche Fragestellungen.



Das Zivilrecht, welches das Verhältnis der Bürger untereinander regelt, tut sich ein wenig schwer mit den Selbsthilfegruppen. Zwar gibt es im BGB, dem Bürgerlichen Gesetzbuch, verschiedene Möglichkeiten, den Zusammenschluss mehrerer natürlicher Personen einzuordnen. Und sogar den Begriff der „Selbsthilfe“ kennt das BGB beispielsweise in § 229; dort wird dem Gläubiger erlaubt, einen Gegenstand seines Schuldners sicherzustellen. Das hilft aber hier nicht wirklich weiter.

Bewährt haben sich in der Selbsthilfe seit langen Jahren vor allem zwei Rechtsinstitute. Sie kommen dem Selbsthilfegedanken am nächsten: der „Verein“ und die „Gesellschaft des bürgerlichen Rechts“.

Beiden ist gemeinsam, dass der Zweck des Zusammenschlusses kein wirtschaftlicher sein muss. Die Gewinnorientierung braucht nicht Maßstab des Handelns sein. Darüber hinaus glänzt die „Gesellschaft des bürgerlichen Rechts“ durch ihre organisatorische Schlichtheit und Niederschwelligkeit. Und der „Verein“ ist schon seit dem 19. Jahrhundert, den Zeiten des Turnvaters Jahn, die beliebteste deutsche Gesellschaftsform.

Aber auch bei anderen Formen von Personengesellschaften lassen sich Strukturen finden, mit denen sich die Ziele und Vorstellungen der gemeinschaftlichen Selbsthilfe umsetzen lassen.

Da kann sogar die Gründung einer GmbH, einer Gesellschaft mit beschränkter Haftung, in Frage kommen. Hier sei die gemeinnützige GmbH, die gGmbH, erwähnt, die in Hinblick auf Spenden steuerliche Vorteile bietet. Und es gibt die Unternehmergesellschaft (UG, haftungsbeschränkt), die auch im GmbH-Gesetz verankert ist. Auch sie ermöglicht es, ohne viel Kapital wirtschaftliche, aber auch ideelle Ziele zu verfolgen. Beide Rechtsformen können für Tauschbörsen oder Repair-Cafés interessant sein.

Darüber hinaus erlebt eine fast altmodische Gesellschaftsform eine Renaissance: die Genossenschaft. Viele Bürger investieren heutzutage in Dorfläden oder Wohnungsbaugenossenschaften, um für sich und ihre Mitstreiter eigene Träume zu verwirklichen und gleichzeitig das eingesetzte Geld allgemeinverträglich arbeiten zu lassen.

Es gibt also ganz verschiedene Möglichkeiten, den Selbsthilfegedanken zu verwirklichen und auf rechtliche Füße zu stellen.

Die vorliegende Publikation widmet sich den Selbsthilfegruppen, die als Gesellschaft des bürgerlichen Rechts organisiert sind. Hier sollen Tipps und Hinweise für Initiativen ohne Vereinsstatus geliefert werden. Selbsthilfegruppen, die im Lauf ihrer Jahre bereits „...e.V.“ in ihrem Namen führen oder andere organisatorische Lösungen gefunden haben, sind also nicht Adressat dieser Veröffentlichung.

Für die ehrenamtliche Arbeit in Vereinen gibt es in jeder Buchhandlung umfängliche Literatur. Darüber hinaus bieten auch die Sozialministerien der einzelnen Bundesländer oder auch Organisationen des Bürgerschaftlichen Engagements wie etwa die Landesnetzwerke Bürgerschaftliches Engagement auf ihren Websites viele Basisinformationen.

## 1.1 Die Gesellschaft des bürgerlichen Rechts

Für all jene Gruppierungen, die nicht nur die Eintragung ins Vereinsregister scheuen, sondern auch die starren, auf Hierarchie – Vereinsmitglied hier und Vorstand da – abgestellten Strukturen bewusst oder unbewusst umgehen wollen, bietet die *„Gesellschaft des bürgerlichen Rechts" (§§ 705 ff. BGB)* die richtige „Schublade".

Die *„BGB-Gesellschaft"* – die Gesellschaft des bürgerlichen Rechts – hat viele Übereinstimmungen mit Initiativen. Es ist weder eine Satzung, noch eine notarielle Bestätigung der Anmeldung, noch eine Eintragung in einem Register oder eine Mitgliederkartei erforderlich. Die bürokratischen und verwaltungstechnischen Anforderungen sind also deutlich niedriger verglichen mit einem Verein.

Als eine der Mindestvoraussetzungen muss der *Zweck* der Gesellschaft erkennbar sein. Dieser kann sehr weit gestreut sein: „Jeder erlaubte dauernde oder vorübergehende, auch ideelle Zweck kann Gegenstand einer Gesellschaft sein" (vgl. Entscheidungen des Bundesgerichtshofs Band 135, S. 387).

Zwar ist die BGB-Gesellschaft eine Personengesellschaft und ihr Bestehen daher immer – anders als beim Verein – von *Einzelpersonen* abhängig, aber der Eintritt neuer Gesellschafter oder der Austritt alter können im *Gesellschaftsvertrag* vereinbart werden. Und dort, im Gesellschaftsvertrag, kann eigentlich alles vereinbart werden, was auch eine Vereinssatzung beinhaltet: neben dem Gesellschaftszweck und Vertretungsregelungen zum Beispiel auch Vereinbarungen über Ablauf und Häufigkeit der Gruppentreffen oder Teilnahmepflichten. Im Gegensatz zu einer Satzung ist ein Gesellschaftsvertrag übrigens jederzeit veränderbar.

Aber, weil die BGB-Gesellschaft von den Gesellschaftern – den Mitgliedern oder Teilnehmern also – abhängig ist, sind diese auch die Träger von Rechten und Pflichten. Darin liegt eine weitere wesentliche Unterscheidung zum Verein. Die Gesellschafter sind daher am Gesellschaftsvermögen beteiligt, sie müssen aber auch für die Verbindlichkeiten der Gesellschaft gerade stehen.

Rechtlich gesehen kann jedes Kaffeekränzchen und jede Kegelgruppe eine BGB-Gesellschaft sein oder werden, nämlich dann wenn ein gemeinsamer Ausflug geplant wird, ein Bus angemietet oder ein Sammelticket gekauft wird. Also immer dann, wenn die Gruppe eine Verpflichtung im Rechtsverkehr eingeht.

Die Arbeit von Selbsthilfegruppen geht aber darüber weit hinaus. Sie ist jedenfalls eine Gesellschaft des bürgerlichen Rechts, aber gesellschaftspolitisch und soziologisch gesehen mehr. Ihr Engagement ist meist auf Außenwirkung und manchmal auch auf gesellschaftspolitische Veränderung angelegt. Dennoch bleibt sie eine Gesellschaft des bürgerlichen Rechts und nimmt – nolens volens – als solche am Rechtsverkehr teil.

Die wesentlichen Elemente einer Selbsthilfegruppe, um sie als „Gesellschaft des bürgerlichen Rechts" zu klassifizieren, sind daher:

- *ein alles tragender Zweck,*
- *eine feste, aber veränderbare Zahl der Teilnehmer,*
- *verbindliche Vereinbarungen für das Gruppenleben,*
- *Vertretung der Gruppe durch alle oder durch Verantwortliche, die legitimiert werden.*

Vor allem die ersten beiden Kriterien bestimmen die Einordnung einer Initiative unter den Begriff „Gesellschaft des bürgerlichen Rechts". Die weiteren Charakteristika, nämlich die gruppeninternen Vereinbarungen und Vertretungsregelungen ergeben sich meist zwangsläufig, wenn die Teilnehmer ernsthaft und auf Dauer ihr Ziel verfolgen wollen. Quasi automatisch, aus dem Alltagsleben heraus sind dann Verträge durch die Gruppe oder durch einen Verantwortlichen abgeschlossen worden, und sei es, dass lediglich ein Raumnutzungsvertrag gemacht wurde. Eine BGB-Gesellschaft ist so oft schneller entstanden, als es den einzelnen Mitgliedern der Gruppe bewusst geworden ist.



Detaillierte Ausführungen zur Gesellschaft des bürgerlichen Rechts sind unter Ziffer 2 dieses Abschnitts zu finden.

## 1.2 Verein oder BGB-Gesellschaft?

Vielfach stellt sich die Frage, welche Gesellschaftsform für welche Gruppe die richtige ist. Worin bestehen überhaupt die Unterschiede zwischen einem Verein und einer Gesellschaft des bürgerlichen Rechts?

Gemeinsam ist zunächst beiden Rechtsformen im Bereich der Selbsthilfe, dass in erster Linie ideelle Zwecke verfolgt werden, auch wenn manchmal bei einem Verein noch ein wirtschaftlicher Betrieb existiert.

Das Fehlen eines wirtschaftlichen Interesses trifft umso mehr auf Selbsthilfegruppen ohne Vereinsstatus zu. Aus historischen Traditionen heraus, weil sich diese Initiativen als Gegenentwurf zu etablierten Gesellschaftsformen und drögem Vereinsleben begreifen, sind viele Selbsthilfegruppen nicht im Vereinsregister eines Amtsgerichtes eingetragen.

Die Unterschiede zwischen einem Verein und einer Gesellschaft des bürgerlichen Rechts liegen vor allem im Formalen und Organisatorischen.

Der Verein als juristische Person ist für seine Gründung, den Verlauf des Vereinslebens, seine Stellung im Rechtsverkehr wie auch für seine Auflösung rechtlich genau festgelegten Regeln unterworfen, die im Bürgerlichen Gesetzbuch festgeschrieben sind (§§ 21–79 BGB). Der Vereinsstatus bietet Vorteile. Dem einfachen Vereinsmitglied stellen sich keine Fragen nach Verantwortung und Haftung. Ein großes Plus liegt weiter im Steuerrecht, was vor allem mit dem Begriff der Gemeinnützigkeit umschrieben wird.

Die Gesellschaft des bürgerlichen Rechts ist ihrerseits zwar ebenfalls im Bürgerlichen Gesetzbuch umrissen (§§ 705–740 BGB), aber ihre Existenz erfordert wesentlich weniger Organisation und praktisch keine Formalien. Ihre Ausgestaltung ist freier und individueller. Es gibt keine Formvorschriften, die zwingend eingehalten werden müssten. Damit ist sie niederschwellig, was dem Selbsthilfegedanken sehr nahe kommt und eine einfache, unbürokratische Organisation der Gruppe ermöglicht. Darin besteht der große Vorteil dieser Rechtsform für Selbsthilfegruppen. Andererseits ergeben sich für die Mitglieder – also die „Gesellschafter" – Haftungsfragen, außerdem fehlen auch die steuerlichen Vorteile des Vereins.

Klargestellt wird hier nochmals, dass die vorliegende Publikation in Hinblick auf die Fülle von Literatur in Buchform oder auch die zahlreichen Informationen im Internet zum Thema „Vereinsrecht" auf detaillierte Ausführungen hierzu verzichtet.

## 1.3 Oder doch: „einfach nur eine Gruppe?"

Gruppen, die sich weder als Verein noch als Gesellschaft des bürgerlichen Rechts begreifen möchten, sind in der Selbsthilfelandschaft ebenso vertreten. In der Regel sind das Gruppen, die *nur Innenwirkung erzielen wollen*, also gar nicht nach außen auftreten wollen. Im Mittelpunkt des Interesses steht dabei die Verbesserung der persönlichen Situation. Man will unter sich bleiben und seine Probleme besprechen. Ein Beispiel hierfür sind Gruppen, deren Teilnehmer versuchen, den Tod eines Angehörigen zu bewältigen.

Obwohl bei diesen und ähnlichen Gruppierungen nicht die erklärte Absicht besteht, eine Rechtsform für die Gruppe finden zu wollen, und sich noch viele Gemeinsamkeiten mit einem unverbindlichen Treff ausmachen lassen, manifestieren sich bereits dort die elementarsten Strukturen einer BGB-Gesellschaft, nämlich:

- *ein alles tragender Zweck,*
- *ein fester Kern von Teilnehmern.*

Deutlicher wird dies bei den *Anonymen Gruppen.* Ihr Ziel ist vor allem ein straff organisiertes Innenleben mit nur gelegentlichen und klar abgesprochenen „Ausflügen" in die Öffentlichkeit. Gerade diese gut durchdachte und mit zahlreichen Regeln versehene Innenstruktur spricht für eine BGB-Gesellschaft und sprengt den Rahmen eines unverbindlichen Zusammenkommens. Der Zweck ist mehr als eindeutig umrissen. Weiter wird vor jeder Gruppensitzung eine „Präambel" vorgelesen, die das „Tun und Lassen in der Gruppe" regelt. Damit sollen auch Neuzugänge auf die Gruppenregeln als verbindliche Vereinbarung verpflichtet werden. So wird nicht nur Gesprächskultur gewährleistet, sondern neuen Teilnehmern die Integration in die Gruppe ermöglicht. Außerdem nehmen zumindest punktuell auch Anonyme Gruppen am Rechtsverkehr teil; und sei es nur durch die Anmietung von Gruppenräumen. Dann kann schon von einer BGB-Gesellschaft gesprochen werden.



Die Messlatte für die Eingruppierung all dieser Zusammenschlüsse einzelner Personen als „Gesellschaft des bürgerlichen Rechts" ist daher denkbar niedrig. Aber ohne einen halbwegs klar umrissenen Zweck und identifizierbare Mitglieder wird die Einordnung als BGB-Gesellschaft dann doch schwierig.

Manchmal stellt sich diese Problematik bei *„Selbsthilfegruppen in Gründung"*. Eine oder mehrere Einzelpersonen suchen Betroffene – also neue Mitglieder – oder sind gerade dabei, sich Gedanken über Ziele und deren Durchsetzbarkeit zu machen. Ein Programm wird erst entwickelt. Diese Gruppierungen könnte man als „Anzahl von Einzelpersonen" bezeichnen, die ggf. mit einer Gruppenbezeichnung auftreten. Sie weisen – noch – keine feste gesellschaftsrechtliche Struktur auf und stehen während dieser Übergangsphase im Rechtsverkehr letztendlich als Einzelpersonen da.

In der Regel wird die Gründungsphase aber schneller beendet sein, als sich manche Initiatoren vorstellen. Wenn sich ein Gruppenleben zum bestimmten Zweck mit regelmäßigen Treffen und einem harten Kern der Mitglieder eingespielt hat, ist längst eine „Gesellschaft des bürgerlichen Rechts" entstanden, auch wenn sich die Teilnehmer als „Selbsthilfegruppe" oder „Initiative" bezeichnen.

Bei Selbsthilfegruppen können sich aber hinsichtlich der rechtlichen Organisationsform auch noch weitere Fragestellungen ergeben. Daher ist es notwendig, die Abgrenzung zum nicht eingetragenen, dem nicht rechtsfähigen Verein darzustellen.

## 1.4 Der nicht eingetragene Verein

Viele Gruppen, gerade diejenigen, die schon lange bestehen und deren Teilnehmer auch über die Jahre gleich geblieben sind, sind davon überzeugt, ein lebendiges Vereinsleben zu besitzen. Da drängt sich oft der Gedanke auf, dass diese Gruppen doch „nicht eingetragene Vereine" seien.

Manchmal stellt der „nicht eingetragene Verein" auch eine Vorstufe zum „eingetragenen Verein" dar. Oft allerdings sehen Gruppen, die schon jahrelang bestehen, einfach keine Veranlassung den Schritt über Notar und Amtsgericht zu gehen oder wollen sich einfach nicht amtlich registrieren lassen. Wenn sie allerdings Strukturen und Organisationsformen haben, die denjenigen eines Vereins gleichkommen, dann spricht man vom *„nicht eingetragenen Verein" (§ 54 BGB).*

Im Gesetz wird er als „nicht rechtsfähiger Verein" tituliert, weil er keine juristische Person darstellt. Diese Zusammenschlüsse von Personen sind zwar als Verein aufgebaut, stehen aber nicht im Vereinsregister des örtlichen Amtsgerichtes. Sie nennen sich bewusst „Verein", es fehlt allerdings die amtliche Eintragung.

Für Initiativen und für ihr Selbstverständnis kann sich daher schon die Frage stellen, ob für sie die rechtliche Einordnung als „nicht eingetragener Verein" zutrifft oder nicht.

Wer sich als „nicht eingetragener Verein" begreift, für den müssen möglichst viele Kriterien zutreffen, die bei einem eingetragenen Verein zwingend vorgeschrieben sind. Und auch der Wille, einen Verein darstellen zu wollen, muss erfüllt sein. In der juristischen Literatur wird sogar vertreten, dass dieser Wille auch das Bewusstsein umfassen muss, als „nicht eingetragener Verein" zu agieren. Letztendlich müssen – viele, wenn nicht alle – Wesensmerkmale eines Vereins, erfüllt sein.

Die wichtigsten Kriterien für das Vorliegen eines „nicht eingetragenen Vereins" sind:

- *die Mitglieder haben sich eine Satzung gegeben,*
- *die Satzung stellt auf eine „körperschaftliche Organisation" mit Vorstand und Mitgliederversammlung ab,*
- *die Mitglieder können ein- und austreten, der Verein bleibt bestehen,*
- *die Mitglieder haben keinen Anspruch auf das Vereinsvermögen.*

Diese Charakteristika treffen vielleicht für einige der Selbsthilfegruppen zu, bei vielen Initiativen fängt die Hemmschwelle aber schon beim Gebrauch des Wortes „Mitglied" an. Vielfach begreifen sich die an einer Selbsthilfegruppe Interessierten nur als „Teilnehmer" und die Funktionsträger der Gruppe sehen sich allenfalls als Sprecher oder Organisator.

Oft sind Initiativen auch sehr personengebunden. Die Arbeit der Gruppe steht und fällt mit dem Engagement des „harten Kerns". Die Gruppe ist also kein abstraktes Gebilde mit einer austauschbaren Zahl von Mitgliedern. Auch der starre Aufbau – bestimmende Funktionäre einerseits und das Fußvolk der einfachen Vereinsmitglieder andererseits – fehlt. Es existiert kein regelmäßig gewählter Vorstand und eine Satzung ist auch nicht in Sicht.

*Fazit:* Nur wenn die oben genannten Merkmale vollständig, zumindest aber im Wesentlichen zutreffen, kann von einem „nicht rechtsfähigen Verein“ gesprochen werden.

Aber „nicht eingetragener Verein“ oder „BGB-Gesellschaft“, wozu ist das wichtig?

Viele Initiativen werden entdecken, dass sich in ihrer Gruppe Elemente des Vereins wie auch der BGB-Gesellschaft finden lassen. Zunächst ist die Abgrenzung zwischen beiden Rechtsformen oft schwierig zu treffen, die Übergänge können fließend sein. Keine BGB-Gesellschaft ist gehindert, ihre grundlegenden Vereinbarungen „Satzung“ zu nennen, oder die Befugnisse ihres Geschäftsführers, also des Leiters, wie bei einem Vereinsvorstand auszugestalten.

Also kein Unterschied? Trotz des eindeutigen Wortlautes des Gesetzes haben sich in den letzten Jahren in der Gesetzgebung und Rechtsprechung Neuerungen ergeben, die Beachtung finden müssen. In beiden Fällen wurde der Weg zur annähernden Gleichbehandlung von eingetragenen und nicht eingetragenen Vereinen eingeschlagen.

Die Gesetzgebung spricht dem nicht eingetragenen Verein mehr rechtlichen Handlungsspielraum zu. Er ist, wie die Juristen sagen, „parteifähig“ geworden. Das bedeutet, dass er vor Gericht als eigenständige Rechtspersönlichkeit klagen und verklagt werden kann (§ 50 Abs. II ZPO). Er ist zwar immer noch keine juristische Person wie ein eingetragener Verein, aber sein Auftreten im rechtlichen Rahmen ist einfacher und einheitlicher als bei der Gesellschaft des bürgerlichen Rechts. Darüber hinaus kann ein nicht rechtsfähiger Verein auch als Erbe eingesetzt werden.

Für Selbsthilfegruppen kann das dann von großer Bedeutung sein, wenn sie sich als „nicht eingetragener Verein“ begreifen und wirklich die Kriterien dafür ganz oder überwiegend erfüllen. Dann würde eine Selbsthilfegruppe im Rechtsverkehr zwar nicht als juristische Person auftreten, aber ihre Vertreter würden ähnlich wie Organe eines Vereins handeln. Der Vorstand eines nicht rechtsfähigen Vereins tritt als Bevollmächtigter der Gesamtheit der Mitglieder auf. Für die Haftung der „einfachen“ Mitglieder wird für die deliktische Haftung nunmehr Vereinsrecht angewandt. Dies bedeutet, wenn ein Vereinsmitglied oder auch der Vorstand fahrlässig einem Dritten einen Schaden zufügt, haftet in diesem Fall auch der nicht rechtsfähige Verein (§§ 31a, 31b BGB).

Nur bei der vertraglichen Haftung verbleibt es beim Gesellschaftsrecht. Für Schulden des Vereins ist auch beim nicht eingetragenen Verein die Gesamtheit der Mitglieder verpflichtet. Solange also die Gruppe nicht ins Vereinsregister eingetragen ist, gilt § 54 S. 1 BGB:

*„Auf Vereine, die nicht rechtsfähig sind, finden die Vorschriften über die Gesellschaft Anwendung."*

Das bedeutet, dass für vertragliche Verpflichtungen, die der nicht rechtsfähige Verein eingegangen ist, die Mitglieder auch mit ihrem Privatvermögen haften. Hier gibt es keine Unterscheidung zur Gesellschaft des bürgerlichen Rechts. Allerdings zeigt die Rechtsprechung immer mehr Tendenzen, auch hier Vereinsrecht zuzulassen und die Haftung für die Rechtsgeschäfte auf das Vereinsvermögen zu beschränken. Das Einstehenmüssen der einzelnen Mitglieder für die Schulden des Vereins wird mit dem Hinweis auf die körperschaftliche Struktur verneint (vgl. Burhoff, Vereinsrecht, 10. Auflage 2018, Rnr. 913 mit weiteren Nachweisen).

So geht auch ein Urteil des Bundesgerichtshofs vom 07.12.2007 (Deutsches Steuerrecht 2007, S. 1970) in diese Richtung. Die vorgenannte Entscheidung des Bundesgerichtshofs wurde allerdings vor dem Hintergrund der beachtlichen Menge von „nicht eingetragenen Vereinen" getroffen, die schon seit Jahren bestehen und hohe Mitgliederzahlen mit entsprechender Fluktuation und bezahlten Mitarbeitern aufweisen. Diese Vereinigungen und Verbände unterscheiden sich von den „eingetragenen Vereinen" wirklich nur noch durch die fehlende Eintragung beim Amtsgericht. Wie selbstverständlich wird schon seit Jahrzehnten für Gewerkschaften oder Parteien, die traditionell „nicht eingetragene Vereine" sind, immer Vereinsrecht angewandt. Dieser Grundsatz ist jetzt aber beträchtlich ausgedehnt worden. Die vorgenannte Entscheidung des Bundesgerichtshofs hatte zum Beispiel einen großen Sportverein zum Gegenstand.

Trotzdem ist Vorsicht geboten, und zwar in doppelter Hinsicht: Der nicht eingetragene Verein bleibt ein Rechtsgebilde zwischen allen Stühlen.



Für einzelne Teilbereiche und Rechtssituationen wurde entschieden, dass für die Rechtssicherheit der einzelnen Mitglieder und der handelnden Verantwortlichen der Schutz des Vereinsrechts gilt. In anderen Teilbereichen ist dies nicht oder noch nicht umgesetzt. Für die vertragliche Haftung, also immer wenn es um die Bezahlung von Vereinsschulden geht, scheint immer noch die Tendenz zum Gesellschaftsrecht und zur kollektiven Haftung aller Mitglieder zu gehen. Um also umfänglich die Vorteile des Vereinsstatus genießen zu können, sollte der Schritt zum „richtigen“, zum eingetragenen Verein gegangen werden.

Und auch Selbsthilfegruppen, die zwischen einer Gesellschaft des bürgerlichen Rechts und einem nicht eingetragenen Verein stehen, sollten bedenken: Die Kriterien, die für eine Initiative gelten, um als „nicht rechtsfähiger Verein“ zu gelten, sind hoch und erfordern einen personellen und organisatorischen Aufwand, der demjenigen eines Vereins gleichkommt. Für einzelne Selbsthilfegruppen mag das zutreffen, für alle übrigen bleibt der Hafen doch die BGB-Gesellschaft.

Und weiter gilt: Im Zweifel, also immer dann, wenn keine klare Zuordnung ins Vereinsrecht möglich ist, bleiben die Vorschriften und die Rechtsgedanken der Gesellschaft des bürgerlichen Rechts gültig.

Auch deshalb beschäftigt sich diese Veröffentlichung im Wesentlichen mit Selbsthilfegruppen, die sich bei Rechtsfragen mit ihrem Status als „Gesellschaft des bürgerlichen Rechts“ auseinandersetzen müssen.

## 1.5 Die Unternehmergesellschaft

Für die Selbsthilfelandschaft durchaus überraschend lassen sich auch im Gesetz über die Gesellschaft mit beschränkter Haftung (GmbHG) interessante Rechtsformen entdecken.

Das GmbHG bietet die Möglichkeit einer Unternehmergesellschaft (UG, haftungsbeschränkt). In einem einzigen Paragraphen (§ 5a GmbHG) wird dort die Unternehmergesellschaft (UG, haftungsbeschränkt) abgehandelt. Diese Gesellschaftsform gibt es seit dem Jahr 2008 und wird manchmal auch als Mini-GmbH oder 1-Euro-GmbH bezeichnet. Für die Selbsthilfelandschaft kann sie aus verschiedenen Gründen interessant sein.

Neben dem eingetragenen Verein ist sie die einzige Gesellschaftsform, die den Gesellschaftern oder Mitgliedern den vollen rechtlichen Schutz einer juristischen Person und damit eine Trennung zwischen Privat- und Gesellschaftsvermögen bietet. Der einzelne Gesellschafter haftet nicht mit seinem Privatvermögen, daher ist der Zusatz „haftungsbeschränkt“ immer anzugeben. Der wesentliche Unterschied zum großen

Bruder „GmbH“ besteht darin, dass kein Gründungskapital erforderlich ist, und soll so Firmenneugründungen erleichtern.

Die Unternehmergesellschaft kann aber auch auf ideellem Gebiet tätig sein. Sie besteht aus Gesellschaftern einerseits und braucht andererseits einen Geschäftsführer, der für die Gesellschaft handelt. Der Gesellschaftsvertrag, der die exakte Anzahl der Gesellschafter ausweisen muss, ist von einem Notar zu beurkunden, die Gesellschaft im Handelsregister einzutragen. Hier zeigen sich Parallelen zu den Formvorschriften des Vereins.

Unterschiede zum Verein zeigen sich bei der gesetzlich normierten Rücklagenbildung. Die Unternehmergesellschaft, obwohl kein Gründungskapital erforderlich ist, hat die Verpflichtung Rücklagen zu bilden. Ein Viertel des Jahresüberschusses ist jeweils als Rücklage einzustellen. Dies gilt so lange, bis das Stammkapital für eine „normale“ GmbH erreicht wird. Trotz der möglichen ideellen Ausrichtung einer Unternehmergesellschaft ist dieser Gesellschaftsform also immer eine gewisse Gewinnorientierung, eine Ausrichtung auf Einnahmen immanent. Daher dürfte sie für den ganzen Bereich der gesundheitlichen Selbsthilfe weniger geeignet sein. Interessant ist sie aber für Personenzusammenschlüsse, die sich im Grenzbereich zwischen Selbsthilfe und Selbstorganisation bewegen, beispielsweise in einem alternativen Unternehmen. Sie lässt sich daher gut in der sozialen Selbsthilfe vorstellen, sei es in einem Stadtteil- oder Nachbarschaftsprojekt, bei Tauschbörsen, Repair-Cafés oder einem Zusammenschluss von Arbeitslosen, die sich ein Geschäftsmodell erarbeitet haben.

Der Nachteil der UG besteht in der Bilanzierungspflicht. Es werden also hohe Anforderungen an die buchhalterischen Pflichten gestellt. Eine einfache Einnahme-Überschuss-Rechnung ist nicht mehr ausreichend. Es sind die Bestimmungen des Handelsrechts erforderlich.

## 1.6 Die gemeinnützige GmbH

Dem Selbsthilfegedanken nahe kommt auch die Möglichkeit einer „gemeinnützigen Gesellschaft mit beschränkter Haftung“ (gGmbH). Hier ist die Schnittstelle zwischen Gemeinwohl- und Gewinnorientierung. Eine gemeinnützige GmbH kann und muss Einnahmen erwirtschaften und Ausgaben tätigen, also im Geschäftsleben tätig sein. Diese Einnahmen sind für die Erreichung des Geschäftszwecks, der nach den steuerlichen Vorgaben der Abgabenordnung gemeinnützig sein muss, notwendig. Alle darüber hinaus gehenden Einnahmen sind unmittelbar gemeinnützigen oder mildtätigen Zwecken zuzuführen.

Ein Vorteil gegenüber der Rechtsform des Vereins besteht im Wesentlichen darin, dass es bei der gGmbH eine erleichterte Rücklagenbildung gibt. Zur Erreichung des wohltätigen Zwecks kann leichter angespart werden als beim Verein. Letzterer muss alle Überschüsse wieder unmittelbar gemeinnützigen Zwecken zuführen.

Die gGmbH muss aber darauf achten, dass etwaige Geschäftsführergehälter oder andere Vergütungen für die Gesellschafter immer angemessen sind und keine verdeckte Gewinnausschüttung darstellen.

Eine große Hürde ist, dass zumindest die Hälfte des gesetzlich vorgesehenen Stammkapitals von insgesamt 25.000 Euro bei der Gründung einzuzahlen ist. Die Notwendigkeit, Kapital einzusetzen, wird den Anwendungsbereich für diese Organisationsform auf Non-profit-Unternehmen wie etwa private Kindertagesstätten oder Jugendhilfeorganisationen zwar beschränken, aber für diese aufgrund der gelockerten Rücklagenbildung auch wieder interessant machen.

Zu beachten ist weiter, dass bei der Auflösung einer gGmbH die Gesellschafter lediglich ihre Einlage zurückerhalten und keinerlei Gewinne.

Auch hier sind die buchhalterischen Hürden hoch, es besteht die kaufmännische Bilanzierungspflicht.

Ein großer Vorteil der gGmbH besteht in steuerlicher Hinsicht. Wie der gemeinnützige Verein auch kann die gGmbH für Spenden, die sie erhält, für den Spender steuerlich relevante Quittungen erstellen (siehe auch Teil IV, Ziff. 3.1).

Neben den bekannten und bewährten Modellen der Gesellschaft des bürgerlichen Rechts und dem Verein wird diese Organisationsform aus dem GmbH-Recht in der Selbsthilfe in Zukunft bestimmt immer mehr Beachtung finden.

## 1.7 Die Genossenschaft

Eine weitere interessante Form von selbstbestimmter und -verwalteter Organisation ist die Genossenschaft nach dem Genossenschaftsgesetz (GenG). Sie ist historisch schon lange verbürgt und ein Rechtsinstitut, das in seinen Grundfesten sogar älter als der Verein oder die Gesellschaft des bürgerlichen Rechts ist. Dennoch sind ihre Ideen modern und fanden in den letzten Jahren eine immer größer werdende Resonanz.

Den Genossenschaften gemein ist, dass eine genau bestimmbare Zahl von Genossen langfristig ein übereinstimmendes Ziel verfolgt. Dies kann ein wirtschaftlicher Zweck sein, wie die Verwaltung und Nutzung des gemeinschaftlichen Maschinenparks, aber auch eine kulturelle oder soziale Zielrichtung ist möglich.

In den letzten Jahren haben sich vor allen Dingen beim Wohnungsbau in Städten interessante Ansätze ergeben. Die Genossen leisten eine Einlage nach von ihnen festgelegten Kriterien, um ein Bauvorhaben auf den Weg zu bringen und für sich und die eigene Familie Wohnraum zu schaffen. So erleben die Wohnungsbaugenossenschaften der 20er Jahre des letzten Jahrhunderts eine Renaissance.

Auch öffentliche Förderungen sind bei diesem Modell möglich, wenn das Bauvorhaben soziale Aspekte erfüllt und beispielsweise inklusiver Wohnraum geschaffen wird.

Daneben entstanden, um das Dorfleben wieder attraktiver zu machen, zahlreiche Genossenschaften, die ein altes Wirtshaus, die Dorfbrauerei oder den Krämerladen wieder beleben wollten.

Bei der Genossenschaft ist zu beachten, dass das Leben als Genosse immer von einem langfristigen Engagement getragen sein muss. Es werden Einlagen je nach Vorhaben geleistet, die schon eine beträchtliche Höhe erreichen können und sich erst nach Jahren amortisieren werden. Der Genosse erwirbt mit seiner Beteiligung die Berechtigung zur Nutznießung an dem Vorhaben. Die Genossenschaftsanteile sind überdies vererbbar.

Ähnlich dem Verein sind auch hier Formvorschriften erforderlich. Es muss eine Satzung erstellt werden und eine Eintragung ins Genossenschaftsregister erfolgen. Gerade weil oft mit viel Geld hantiert wird, sind natürlich die buchhalterischen Vorgaben genau zu beachten. Dem Selbsthilfegedanken nahe kommt allerdings die solidarische Verwaltung. Je nach Größe einer Genossenschaft werden die richtungsweisenden Beschlüsse in der General- oder Vertreterversammlung von allen Genossen getroffen.

Insgesamt lässt sich sagen, dass die Rechtsform einer Genossenschaft für eine Selbsthilfegruppe beispielsweise mit gesundheitsbezogenen Themen mit Sicherheit nicht die richtige Organisationsform ist. Hier gibt es zu viele bürokratische Vorgaben, die der Niederschwelligkeit und Flexibilität einer Selbsthilfegruppe zuwiderlaufen. Dafür ist eine Genossenschaft einfach ein zu komplexes Gebilde und für das Funktionieren einer Selbsthilfegruppe schlicht überdimensioniert.

Wenn sich allerdings Personen zusammentun, um ein größeres Vorhaben über einen längeren Zeitraum hinweg zu verwirklichen und dazu gegebenenfalls noch Gelder investieren wollen, ist diese Form der solidarischen Organisation hoch modern.

So hat sich zum Beispiel eine Genossenschaftsidee im Hochsauerlandkreis bewährt. Dort organisiert und koordiniert eine Genossenschaft ein ganzes Bündel von regionalen Bürgerbussen. Diese werden von speziell geschulten ehrenamtlichen Mitarbeitern gefahren und sollen vor allen Dingen Senioren die Teilhabe am öffentlichen Leben erleichtern oder überhaupt möglich machen.

Auch für regionale Tauschringe kann die Rechtsform „Genossenschaft“ interessant sein. Egal ob Leistungen wie Babysitten oder Fahrradreparieren angeboten, Dinge geliehen oder verliehen oder Begleitung für gemeinsame Aktivitäten gesucht werden, alle Angebote haben ihren Wert und können nach unterschiedlichen Systemen getauscht werden.

*(Zitiert nach: Seniorengenossenschaften, Thomas Beyer, Edmund Görtler, Doris Rosenkranz, Hrsg. Verlag Beltz Juventa, 2015).*

# 2 Die Selbsthilfegruppe als „Gesellschaft des bürgerlichen Rechts" – Innenleben und Außenwirkung

Im Folgenden werden die Einzelfragen erörtert, mit denen sich Selbsthilfegruppen in ihrer Praxis beschäftigen müssen. Das können Regelungen des internen Gruppenlebens sein oder Fragestellungen, die sich im Zusammenhang mit einer Beratungstätigkeit oder bei der Öffentlichkeitsarbeit ergeben. All diesen Problemen ist gemeinsam, dass sie sich entweder durch ein „Gruppenstatut" regeln oder sich mit den Mitteln des Gesellschaftsrechts, also den Normen, die für die „Gesellschaft des bürgerlichen Rechts" gelten, beantworten lassen.

Während das „Gruppenstatut", also der Gesellschaftsvertrag alles regeln kann und darf, was sich die Teilnehmer wünschen und vorstellen, gelten gesetzliche Regelungen, von denen nicht abgewichen werden kann, immer dort, wo Fragen nach der Haftung und Verantwortlichkeit gestellt werden.

Neben diesen juristischen Überlegungen kennen Sie auch psychologische oder gruppendynamische Fragestellungen:

- Gruppen werden von einer Leitung diktatorisch geführt.
- Einzelne Mitglieder „fallen aus dem Rahmen", fügen sich nicht ein oder sind dominierend.
- Einzelne Mitglieder werden gemobbt oder ausgegrenzt.
- Irgendwie „hakt es" in der Gruppe und man weiß eigentlich nicht, woran es liegt.

Diese „Störungen des Innenlebens" lassen sich nicht juristisch beheben. Sie benötigen andere Lösungsansätze: eine interne, offene Diskussion oder eine professionelle Hilfe von außen (Beratung, Coaching, Mediation).
Scheuen Sie sich nicht, diese Fragestellungen anzugehen, auch wenn Sie meinen, Sie könnten nichts bewegen oder verändern. Oft ist es gar nicht so schwierig, wenn die Dinge erst mal benannt sind.

## 2.1 „Ein paar Regeln wären nützlich!" – Die „Verfassung" fürs Innenleben

Wesentliches Merkmal einer funktionierenden Selbsthilfegruppe werden immer die Regelungen sein, die das Innenleben der Gruppe bestimmen. Diese Regelungen bezeichnet das Gesetz für die „Gesellschaft des bürgerlichen Rechts" als Gesellschaftsvertrag und führt in § 705 BGB knapp aus:

„Durch den Gesellschaftsvertrag verpflichten sich die Gesellschafter gegenseitig, die Erreichung eines gemeinsamen Zweckes in der durch den Vertrag bestimmten Weise zu fördern, insbesondere die vereinbarten Beiträge zu leisten."

Diese Vereinbarung der „Gesellschafter" untereinander ist also der Kernpunkt:

Den Gründungsgedanken, der alles zusammenhält, das Ziel einer Selbsthilfegruppe kann man mit „Gesellschaftszweck" umschreiben. Beim Verein wird der Zweck zum Beispiel immer in der Satzung beschrieben.

Eine Initiative hat keine „Gesellschafter", sondern besteht aus Mitgliedern oder Teilnehmern. Die Bezeichnung ist aber für das Bestehen einer „BGB-Gesellschaft" unwichtig. Ausschlaggebend ist, dass sich die betreffenden Personen als Teil der Gruppe begreifen. Deshalb wird im Folgenden auch nicht zwischen den Bezeichnungen „Mitglieder" und „Teilnehmer" unterschieden.

Die kontinuierliche, verbindliche Bereitschaft der einzelnen Mitglieder, diesen Zweck zu fördern, also für den Erfolg der Gruppe zu arbeiten, ist juristisch ein Vertrag. Das genügt, um eine „Gesellschaft des bürgerlichen Rechts" gegründet zu haben. Auch wenn die Idee, die dahinter steckt „Selbsthilfegruppe" heißt.

Die regelmäßige Leistung von Beiträgen in Form von Zahlungen mag selten sein und nur in einigen Initiativen stattfinden, ist aber auch nicht erforderlich. Wichtig ist das ideelle Motiv und der Wille, einigermaßen kontinuierlich für die Gesellschaft, also die Selbsthilfegruppe, da zu sein und so seinen Beitrag zu leisten.

Eine Selbsthilfegruppe braucht keinen schriftlichen „Gesellschaftsvertrag", schon gar keinen, der diesen Namen trägt. Auch eine mündliche Übereinkunft, an die sich alle Mitglieder gebunden fühlen und sich entsprechend verhalten, genügt als „Gesellschaftsvertrag". Es gilt also Formfreiheit. Hierin unterscheidet sich die Selbsthilfegruppe vom Verein. Der benötigt eine Satzung, die der Vereinsanmeldung beigefügt wird und auch nur über den Weg des Amtsgerichts wieder geändert werden kann. Inhaltlich kann ein Gesellschaftsvertrag aber alle Regelungen einer Satzung abdecken. Nur ist dieser Vertrag formfrei abschließbar und auch genauso wieder veränderbar.

Aufgrund der Parallelen zum Verein verwenden Selbsthilfegruppen oft auch die Bezeichnung „Satzung“. Aber auch das ist unschädlich, grundsätzlich ist jede Bezeichnung möglich. Allein die Bezeichnung „Satzung“ macht aus einer BGB-Gesellschaft noch keinen „nicht eingetragenen Verein“, dazu sind weitere Kriterien erforderlich (vgl. 1.2, Seite 24 f.).

Die BGB-Gesellschaft bietet aber nicht nur Formfreiheit beim Abschluss des Gesellschaftsvertrages, sondern schafft auch einen großen Spielraum für die Gestaltung des Gruppenlebens. Wichtig sind hierbei die Abmachungen, die bestimmen, wer – allein, als 2er- oder 3er-Team – die Gruppe nach außen repräsentiert, wer Kontovollmacht besitzt oder wer Verträge schließen kann. Nur wenn in diesen Fällen gar nichts verbindlich vereinbart ist, dann ist auf die – spärlichen – gesetzlichen Regelungen zurückzugreifen. Bei der Vertretung nach außen gilt dann, dass alle Mitglieder zusammen und dann auch noch einstimmig auftreten müssen.

Weil dies nun wirklich unpraktisch ist, haben fast alle Selbsthilfegruppen ein Reglement, denn sie wollen überschaubare Kriterien. Das ist nicht nur deshalb wichtig, um Förderungen beantragen oder andere Leistungen in Anspruch nehmen zu können, sondern es dient einfach der Transparenz und schafft Klarheit für jeden.

- In der Praxis werden diese für einen Gesellschaftsvertrag maßgeblichen Regelungen meistens unausgesprochen oder gewohnheitsmäßig „vorhanden“ sein, jedenfalls nicht ausdrücklich vereinbart oder gar schriftlich niedergelegt. Das muss auch nicht so sein.
- Denken Sie doch mal in Ihrer Gruppe laut darüber nach, ob solche unausgesprochenen Gewohnheiten noch die aktuell richtigen Regelungen sind oder ob sich nicht inzwischen die Personen und Verhältnisse geändert haben.
- Das Wichtigste schriftlich festzuhalten schadet nicht.

Obwohl nicht zwingend erforderlich, sollte durchaus überlegt werden, diesen Vertrag schriftlich auszuarbeiten. Das erleichtert es auch neuen Mitgliedern, die bestehenden Strukturen nachzuvollziehen und sich zu orientieren.

Inhaltlich zeichnet sich ein solcher Vertrag dadurch aus, dass er Bestimmungen enthält, die

- die Rechte und Pflichten der einzelnen Mitglieder der Gruppe gegenüber betreffen (Innenverhältnis) und
- Vereinbarungen festschreibt, wer die Gruppe nach außen vertritt (Außenverhältnis).

Regelungen, die – nur – für das Innenverhältnis wichtig sein dürften, sind zum Beispiel:

- Status als Teilnehmer/Gruppenmitglied oder Besucher
- Austritt oder Eintritt als Teilnehmer
- Ausschluss eines Mitglieds
- Beitragsleistung oder -zahlung, auch in Form von regelmäßig wiederkehrenden Verpflichtungen für jedes Gruppenmitglied
- Pflicht oder Bitte, ob und in welchen Zeiträumen die Teilnahme an Veranstaltungen erforderlich ist
- Gesprächsregeln, etwa die Verpflichtung zur Verschwiegenheit

Im Innenverhältnis werden aber auch die Regelungen getroffen, wie die Gruppe nach außen vertreten wird.

Wichtig

Wenn nichts vereinbart wird, dann steht jedem Mitglied gemeinschaftlich mit allen anderen die „Geschäftsführung“ zu (vgl. § 709 BGB). Das heißt im Klartext: Alle, aber auch alle Entscheidungen müssen gemeinsam und mit Zustimmung aller getroffen werden.

Schon allein aus diesem Grund empfiehlt es sich, Regeln aufzustellen, damit praktikable Lösungen gefunden werden. Eine Selbsthilfegruppe muss aktionsfähig sein und dies manchmal auch schnell. Weiter ist Klarheit herzustellen, wer im Außenverhältnis im Willen und Wollen der Gruppe agiert – und wer nicht. Im Gesellschaftsrecht sieht das Gesetz selbst vor, dass die „Geschäftsführung“, also die Vertretungsbefugnis auf einen oder einzelne Gesellschafter übertragbar ist (§ 710 BGB).



Die Vereinbarungen für das Innenverhältnis legen fest, welche Handlungen einzelner Gruppenmitglieder von der Initiative gedeckt sind oder nicht. Dort wird der Aktionsradius der „Aktiven“ abgesteckt. Diese Bestimmungen schaffen also klare Verhältnisse nach innen und sind auch ein Schutz für den Funktionsträger, der eine Entscheidung umsetzt und nach außen vertritt.

Regelungen im „Gesellschaftsvertrag“ für das Außenverhältnis sind beispielsweise:

- Festlegung des „Sitzes“ der Selbsthilfegruppe
- Welche Kontaktadressen werden benannt?
- Wahl und Abwahl der „Verantwortlichen“
- Wahl eines „Sprechers“, eines „Vorstands“
- Anmietung von Gruppenräumen
- Wahl anderer Vertreter, z.B. Protokollführer, Kassenwart
- Bestimmung einzelner Funktionsträger, zum Beispiel:
  - als Berater in der wöchentlichen Sprechstunde oder
  - zur Erstellung von Flyern, Durchführung von Veranstaltungen
- Umfang der Vertretung: Bis zu welchem Betrag darf der Kassenwart alleine verfügen? Darf der Sprecher alleine ohne „Beiräte“ mit dem Förderungsgeber verhandeln?
- Zeichnungsberechtigung gegenüber: den Fördergremien, der Bank, dem Vermieter der Gruppenräume

All diese Punkte sind dispositives Recht, das heißt, jede Initiative kann sich hier eine eigene „Verfassung“ kreieren. Man kann also und sollte auch vom gesetzlichen Vorschlag der Vertretung durch alle abweichen und aktiv das Innenleben der Gruppe gestalten. Und: Wenn die Regelungen schriftlich vorliegen, können Konflikte gegebenenfalls entschärft werden.

Nicht geregelt werden können mit einem Gesellschaftsvertrag Haftungsfragen, wenn also Dritte von außen gegenüber dem Rechtsgebilde „Selbsthilfegruppe“ Ansprüche stellen. Da muss es bei den gesetzlichen Regelungen, insbesondere denen des Gesellschaftsrechts verbleiben. Bei der Gesellschaft des bürgerlichen Rechts haftet neben der Gruppe als Ganzes immer auch jedes einzelne Mitglied (vgl. hierzu 2.2, Seite 34 ff.). Auch bei dieser Frage können klare Regeln dem Verantwortlichen und dem einzelnen Mitglied einen gewissen Schutz bieten und Haftungsfragen abfedern.

## 2.2 „Einer für alle, alle für einen" – Stellung im Rechtsverkehr

Auch wenn also alles im Gesellschaftsvertrag, dem Gruppenstatut, geklärt ist, können Situationen auftreten, in denen sich Selbsthilfegruppen mit Forderungen unbeteiligter Dritter konfrontiert sehen. Werden Ansprüche oder Vorwürfe gegenüber der Selbsthilfegruppe erhoben, bleibt die Frage: Wer ist der Adressat, die Gruppe, der Leiter oder sind alle Mitglieder in der Pflicht?

Manchmal weiß ein Geschädigter, also beispielsweise der Besucher einer Info-Veranstaltung, der über ein Kabel gestolpert ist, gar nicht, wem er seinen Schaden melden soll und muss: dem Sprecher der Selbsthilfegruppe, allen Gruppenmitgliedern oder nur dem Schädiger? Wer ist für seinen Schaden zuständig und verantwortlich? Genauso ergeht es dem Druckereibesitzer, der den Flyer der Initiative erstellt hat: Wer ist der Adressat der Rechnung?

Diese Fragestellung zielt auf die Klärung ab, wer für die Gruppe – gewollt oder ungewollt – gerade stehen muss.

Im Vereinsrecht ist dies einfach: Der Verein ist eine „juristische Person", vertreten durch den Vorstand. Alle Vereinsbelange sind an ihn heranzutragen, das einzelne Gruppenmitglied tritt nicht in Erscheinung.

Für eine Selbsthilfegruppe gilt dies nur eingeschränkt. Sie ist als „Gesellschaft des bürgerlichen Rechts" „rechtlich unselbständig" – so der Fachausdruck. Das bedeutet, dass keine juristische Person wie ein Verein einen Schutzschirm zwischen den Dritten und den „natürlichen Personen" der Gruppe aufspannt. Beim Verein haftet auch nur dieser als juristische Person mit dem Vereinsvermögen. Bei der BGB-Gesellschaft hat die Gesamtheit aller Gruppenmitglieder und somit letztlich auch jedes Mitglied der Gruppe mit seinem Vermögen für Verbindlichkeiten einzustehen. Deutlich wird der Unterschied, wenn eine BGB-Gesellschaft oder ein Verein verklagt werden soll oder selbst klagt: Ein Verein wird dann mit „...Verein, vertreten durch den Vorstand XY" bezeichnet. Bei der „Gesellschaft des bürgerlichen Rechts" lautet es im Klageantrag: „Frau X, Herr Y und Frau Z in GbR" oder „...GbR, vertreten durch den Geschäftsführer".

Der Umstand, dass beide Bezeichnungen für die BGB-Gesellschaft möglich sind, verdeutlicht ihre Eigenschaft als Personengesellschaft. Für die Gruppe hat immer die Gesamtheit der Mitglieder einzustehen. Trotz aller Vertreterbestimmungen bleibt die gesetzliche Haftungsfolge im Außenverhältnis mit der Einbindung jedes Einzelnen bestehen.

Weil aber auch jedes Mitglied von außen in Anspruch genommen werden kann, ist es auch anteilig am Vermögen der Gruppe beteiligt. Dies ist im Vereinsrecht anders. Ein Vereinsmitglied hat keinerlei Anteile am Vermögen des Vereins. § 22 Abs. I BGB führt für die BGB-Gesellschaft aus:

„Sind die Anteile der Gesellschafter am Gewinn und Verlust nicht bestimmt, so hat jeder Gesellschafter ohne Rücksicht auf die Art und die Größe seines Beitrages einen gleichen Anteil am Gewinn und Verlust."

Eine Selbsthilfegruppe wird zwar selten bedeutende Vermögenswerte besitzen, allerdings können sich schon Situationen ergeben, in denen Kassensturz gemacht werden muss. Sei es, weil eine vertragliche Verbindlichkeit bezahlt werden muss oder sich ein Schadensfall ereignet hat.

Zunächst sind alle Rechnungen für Käufe und Anmietungen, die die Initiative getätigt hat, aus den Mitteln der Gruppe zu bezahlen. Reicht das Geld für die fälligen Rechnungen nicht mehr aus, kann also die Druckerei für den Flyer nicht bezahlt werden, so bleibt bei der BGB-Gesellschaft jedes Mitglied in der Pflicht. Aus dem Gesellschaftsrecht ergibt sich dann auch eine „Nachschusspflicht". Das heißt, die Mitglieder müssen zusammenlegen und die Schulden der Gruppe bezahlen (§ 735 S. 1 BGB).

Steht dann zum Beispiel ein Teilnehmer, der gerade über das nötige Bargeld verfügt, für die Schulden der Gruppe gerade, hat er seinerseits einen Anspruch gegenüber jedem Einzelnen der Gruppe auf Bezahlung der Beträge, die er verauslagt hat. Natürlich abzüglich seines eigenen Anteils, der nicht erstattet wird (§ 426 BGB).

Tritt ein Haftungsfall ein, weil ein Unbeteiligter über ein Kabel gestolpert ist, kann dieser Schadensersatz verlangen. Adressat dieses Anspruchs kann dann die Initiative oder dasjenige Gruppenmitglied sein, welches das Kabel verlegt hat. Der Geschädigte kann auch beide in Anspruch nehmen, sollte allerdings vorher prüfen, wem er ein Verschulden nachweisen kann.

Auch bei Schadensfällen gilt, dass die Initiative, die aus der Gesamtheit der Gruppenmitglieder besteht, haftet. Allerdings kann sich daneben auch eine Haftung des Verursachers des Schadens ergeben. Der Geschädigte kann sich also an mehrere Adressaten wenden.

Für die Haftung der Gruppe gilt, wie bei den vertraglichen Verpflichtungen auch: Zunächst sind alle Mittel der Gruppe einzusetzen, aber es kann sich auch hier eine Nachschusspflicht der Mitglieder ergeben.

Diese Fälle sind Gott sei Dank selten und meist nur Theorie, dennoch sind sie Ausfluss dessen, dass eine Selbsthilfegruppe ein „rechtlich unselbständiges“ Gebilde ist. Die Inanspruchnahme einzelner Gruppenmitglieder dürfte nach einer Entscheidung des Bundesgerichtshof im Jahr 2001, in der der BGB-Gesellschaft die Parteifähigkeit zugestanden wurde, ohnehin immer mehr die Ausnahme werden. Außerdem lassen sich Risiken und Gefahren oft durch Versicherungen (siehe dazu Teil V) ausschließen oder zumindest minimieren.

Weitaus häufiger sind allerdings die Fragestellungen, welche die Rechte und Pflichten der Funktionsträger der Gruppe betreffen.

## 2.3 „Du machst das schon!“ – Rechte und Pflichten der Funktionsträger

Den Satz: „Du machst das schon!“ werden schon viele gehört haben, die sich aktiv für die Belange einer Selbsthilfegruppe einsetzen.

Für diese Funktionsträger, wie auch für die gesamte Gruppe ist es notwendig, Verantwortlichkeiten geklärt zu haben. Am besten bevor Aktionen in die Welt gesetzt werden.

Die Abgrenzung der Kompetenzen und die Klärung der Vertretungsbefugnis sind für den Aktiven wichtig. Beides beinhaltet, dass er für seine Handlungen nicht alleine gerade stehen muss, sondern Rückendeckung von der Gruppe erhält. Die Initiative ihrerseits kann sicher sein, dass nur die Inhalte und Beschlüsse umgesetzt werden, die auch von allen getragen werden und wirklich gefasst wurden.

Wer was und in welchem Umfang darf und wo die Grenzen der Vertretung liegen, dies sind Fragen, die im Gesellschaftsvertrag beantwortet werden müssen (Weiteres dazu siehe 2.1, Seite 30 ff.).

### 2.3.1 „… und wer unterschreibt jetzt?" – Wenn Verträge abgeschlossen werden

Wenn der Gruppensprecher gewählt oder bestimmt ist, dann darf und kann er für die Gruppe auftreten.

Wird er zum Beispiel von der Initiative gebeten und beauftragt, eine Veranstaltung vorzubereiten und müssen dazu Verträge geschlossen werden, gilt Folgendes: Der von der Gruppe Beauftragte sollte beim Abschluss eines Vertrages immer deutlich und kenntlich machen, dass er die Verpflichtung als Vertreter, als Beauftragter der Gruppe eingeht. Für den Vermieter von Veranstaltungslokalen oder elektronischem Equipment muss immer klar sein, wer Vertragspartner ist: Frau X oder Herr Y oder die Selbsthilfegruppe Z, vertreten durch Frau X und/oder Herrn Y. Das ist wichtig für die Rechnungsstellung, aber auch, wenn irgendetwas schief läuft, zum Beispiel weil die Veranstaltung abgesagt werden muss. Der Geräteverleih verlangt jetzt die volle Leihgebühr oder zumindest eine „Abstandszahlung". Wenn dann nicht klar ist, dass der Adressat seiner Forderung die Selbsthilfegruppe ist, dann wird er den Vertreter der Initiative allein in Anspruch nehmen und diesen verklagen. Kann der Gruppenvertreter aber beweisen, dass nicht er, sondern die Initiative Auftraggeber war, braucht er – als Privatperson – nicht zu haften. Die Gruppe als Ganzes bleibt natürlich in der Pflicht.

Vielfach allerdings lassen sich – um im Beispiel zu bleiben – die Verleiher teurer Gerätschaften neben der „Firma", also der Selbsthilfegruppe, auch noch vom Vertreter persönlich bestätigen, dass er bei Rückfragen und Problemen der Verantwortliche ist. Der Vertragspartner will einfach sicher gehen, sein Geld zu bekommen, und wissen, mit wem er es zu tun hat. Unterschreibt dann der Beauftragte auch noch persönlich, bleibt auch er persönlich – neben der Gruppe – in der Pflicht. Allerdings kann er dann, wenn er in Anspruch genommen wird, seine Aufwendungen wieder von der Gruppe einfordern. Deshalb, und das soll dieses Beispiel zeigen, ist es wichtig, dass die Arbeit des Funktionsträgers durch eine Bevollmächtigung im Innenverhältnis gedeckt ist.



Ein kleiner Exkurs in das Recht des nicht eingetragenen Vereins: Dort haftet derjenige, der für den Verein auftritt per Gesetz persönlich, neben dem Verein (§ 54 S. 2 BGB).

## 2.3.2 „Wo gehobelt wird, da fallen Späne" – Fehler und Versehen

Schwieriger wird es, wenn der Funktionsträger nicht das umsetzt, was sich die Gruppe vorgestellt hat oder Fehler passieren. Muss er dann alleine gerade stehen?

Zunächst sollte geklärt werden, ob der Gruppensprecher aus Versehen „übers Ziel hinausgeschossen" ist oder eigenmächtig, wider besseren Wissens eigene Ideen verfolgt hat. Wenn ein Versehen vorliegt, man also von Fahrlässigkeit sprechen kann, gilt, dass der Funktionsträger bei einer schädigenden Handlung nur mit derjenigen Sorgfalt einzustehen hat, die er auch in eigenen Angelegenheiten anzuwenden pflegt. Das Gesetz drückt dies in § 708 BGB so aus:

„Ein Gesellschafter hat bei der Erfüllung der ihm obliegenden Verpflichtungen nur für diejenige Sorgfalt einzustehen, welche er in eigenen Angelegenheiten anzuwenden pflegt."

Verliert der Gruppenleiter auf einer Zugfahrt den Laptop der Initiative oder löscht versehentlich eine Datei, so kann er sich darauf berufen, dass er der Gruppe gegenüber keine erhöhte Sorgfaltspflicht hat. Er muss nur so sorgfältig mit dem Eigentum der Gruppe umgehen, wie er mit seinen eigenen Sachen umgeht. Und das kann bis zur Grenze der groben Fahrlässigkeit gehen. Damit wird für den Aktiven einer Selbsthilfegruppe die Haftung eingegrenzt. Er muss auf Gruppeneigentum nicht mehr aufpassen als auf sein eigenes.

Dieser Grundsatz gilt übrigens für jedes Mitglied einer Selbsthilfegruppe, wenn es in Ausübung seiner Verpflichtung für die Gruppe tätig ist.

## 2.3.3 „Das war zu viel des Guten!" – Kompetenzüberschreitungen

Was ist, wenn der Funktionsträger wissentlich seine Kompetenzen überschreitet oder Entscheidungen ohne Absprache mit der Gruppe trifft?

Einfach ist es, wenn die eigenständigen Entscheidungen noch in den Rahmen der erteilten Vertretungsbefugnis fallen. Es ist daher sinnvoll diese Bevollmächtigung nicht zu konkret und einzelfallbezogen auszugestalten, um die Selbsthilfegruppe insgesamt handlungs- und reaktionsfähig zu halten und Entscheidungsprozesse über kleinere oder wiederkehrende Erfordernisse abzukürzen.

Schwieriger ist es, wenn ein klarer Beschluss vorliegt. Kauft der Gruppensprecher für die Initiativgruppe ein Buchhaltungsprogramm für 300 € als zeitlich begrenztes Sonderangebot, obwohl im letzten Treffen als Obergrenze 200 € ausgemacht wurde, liegt eigentlich eine Kompetenzüberschreitung vor. Vielleicht hilft in diesem Fall ein Rechtsgedanke aus dem Auftragsrecht. Er besagt, dass der Beauftragte von den Weisungen des Auftraggebers abweichen darf, wenn er annehmen darf, dass der Beauftragende bei Kenntnis der Sachlage die Abweichung billigen würde:

„Der Beauftragte ist berechtigt, von den Weisungen des Auftraggebers abzuweichen, wenn er den Umständen nach annehmen darf, dass der Auftraggeber bei Kenntnis der Sachlage die Abweichung billigen würde" (§ 665 S. 1 BGB).

Auf unser Beispiel bezogen: Wären die anderen Mitglieder beim Kauf des EDV-Programms anwesend, könnten sich von der besseren Qualität der Software überzeugen, dann würden sie sich auch für das teurere Produkt entscheiden. Aber die Zeit fehlte, um einen neuen Beschluss zu fassen.

Auch diese Norm soll eigentlich denjenigen schützen, der sich für andere engagiert. Es sollen ihm keine stärkeren Fesseln angelegt werden als nötig. Natürlich gibt es auch Grenzen. Abweichungen von klaren Weisungen dürfen eigentlich nur dann passieren, wenn die Zeit drängt, sozusagen „Gefahr in Verzug" ist (§ 665 S. 2 BGB).

Die Annahme, dass die Gruppe die Eigenmächtigkeit billigen werde, muss immer am Einzelfall entschieden werden. Denn eine Überschreitung des Budgets um 100 € mag für die eine Selbsthilfegruppe völlig in Ordnung gehen, für eine andere aber eine Katastrophe darstellen. In diesem Fall durfte der Funktionsträger nicht mehr davon ausgehen, dass die Gruppe seine Entscheidung nachträglich gutheißt.

Die Frage, ob eine Überschreitung der Kompetenzen vorliegt, ist also immer in Relation mit der konkreten Bevollmächtigung, dem individuellen und wirtschaftlichen Zuschnitt der Gruppe und deren Gepflogenheiten zu entscheiden. Manchmal ist es auch im Interesse der Gruppe, wenn eine „einsame Entscheidung" getroffen wird, nämlich dann, wenn wirklich „Gefahr in Verzug" ist.

Grundsätzlich läuft aber derjenige, der von einem Beschluss abweicht immer Gefahr, dass die Gruppe das ganz anders sieht. Dann ist er in Erklärungsnot und muss darlegen, ob er davon ausgehen durfte, dass sein Entschluss akzeptiert würde. Schlimmstenfalls muss er für den „Schaden", den er vermeintlich oder wirklich der Gruppe zugefügt hat, alleine gerade stehen. In unserem Beispiel heißt das, dass er die 100 € aus eigener Tasche berappen kann. Also: In jedem Fall lieber zweimal überlegen!

### 2.3.4 „So war das nicht ausgemacht!" – Eigenmächtigkeiten

Und dann gibt es die Fälle, in denen ein Funktionsträger der Selbsthilfegruppe ganz bewusst eine Entscheidung trifft, die die ganze Gruppe in Schwierigkeiten bringt.

Zunächst sollte man fragen, ob der Betreffende nicht davon ausgehen konnte, dass seine Handlung doch von allen gebilligt werden würde. Erst wenn klar ist, dass er ganz konkret gegen Beschlüsse oder bewusst gegen übliche, offenkundige Gepflogenheiten verstoßen hat, kann man von einem Verschulden sprechen.

Dann hilft ihm weder die geringere Sorgfalt, die er in eigenen Angelegenheiten anwendet, noch die mutmaßliche Billigung durch die Gruppe als Auftraggeber. Der Betreffende muss sich gegenüber der Initiative verantworten.

Verstößt ein Funktionsträger ganz klar gegen die Regeln der Gruppe, bleibt folgendes Instrumentarium:

- im Innenverhältnis die Enthebung von seinen Ämtern
- im Außenverhältnis Kenntnis über die Beendigung der Vertretungsbefugnis geben
- und in schwerwiegenden Fällen: Schadensersatzansprüche prüfen.

Schadensersatzansprüche werden in der Regel nur bei groben Verstößen und bei materiellem Schaden in Frage kommen. Oft liegt der Schaden aber im immateriellen Bereich, sei es, dass Gruppeninterna ausgeplaudert wurden, die Verschwiegenheitspflicht verletzt oder ein falscher Ratschlag erteilt wurde. (Weiteres dazu in Teil II)

Zusammenfassend lässt sich sagen: Eine genaue Festlegung über die Art und den Umfang der Vertretung nützt der Gruppe und dem Funktionsträger. Letzterer muss flexibel agieren können und dürfen. Wem die Kompetenzen klar sind, braucht keine Angst zu haben, eine „tragende Rolle" in einer Selbsthilfegruppe zu spielen. Im Gegenzug kann sich die Gruppe auf eine kompetente Außenvertretung verlassen.

## 3 Die Gruppe im Verband

Eine spezielle rechtliche Situation ergibt sich immer dann, wenn Initiativen und Selbsthilfegruppen neben ihrer Arbeit auch Berührungspunkte mit Landes- oder Dachverbänden haben. Das kann der Fall sein, wenn
- eine Gruppe Mitglied in einem Verband werden will,
- schon länger Mitglied ist
- oder eine Selbsthilfegruppe von einem Verband gegründet wird.

Dann besteht Klärungsbedarf darüber, welche Aufgaben vom Verband übernommen werden und welche Kompetenzen die Gruppe besitzt.

Bei der Arbeit der Dachverbände geht es zunächst um überregionalen Erfahrungsaustausch. Im Bereich der Gesundheitsselbsthilfe sind speziell Wissensvermittlung über Behandlungsmethoden und Medikamente sowie Informationen zum neuesten Stand der Wissenschaft wichtig. Es wird an einer besseren Präsentation des Gruppenthemas in der Öffentlichkeit gearbeitet und der Blick auf krankheitsbedingte Einschränkungen im Alltag und auf Diskriminierungen gelenkt. Nicht zuletzt soll das Gruppenthema auch in der Gesundheitspolitik auf Bundesebene ihren Platz finden. Das begreifen die Verbände als ihre Aufgabe.

Daneben bieten sich alle Dachorganisationen – auf Bundes- und Landesebene – durch ihren Status als „juristische Person", in der Regel in Form eines eingetragenen Vereins, als Verwaltungsapparat und Koordinationsstelle für Selbsthilfegruppen an. Der große Vorteil für die Gruppen ist, dass es keiner eigenen Vereinsgründung bedarf, um Vorteile des Vereinsrechts in Anspruch nehmen zu können. Hier sei zum einen genannt, dass Vereinsmitglieder nie mit ihrem Privatvermögen haften. Ein anderer Vorteil besteht darin, dass Vereine für ihre Mitglieder oftmals eine Vereinsunfall- und/oder Haftpflichtversicherung abschließen. Darüber hinaus steht den Gruppen mit der Mitgliedschaft im Verband auch das Know-How einer großen Organisation zur Verfügung.

Den Ortsgruppen oder Regionalgruppen verbleibt die „klassische“ Gruppenarbeit mit den regelmäßigen Treffen, den persönlichen Kontakten, mit Erfahrungsaustausch untereinander und der Beratung Betroffener.

Zuständig für ein Gruppenthema sind in diesen Fällen also oftmals drei Ebenen: die Gruppen selbst, die Landes- sowie die Bundesverbände.

Die Arbeit am Gruppenthema auf mehreren Ebenen kann sehr effektiv sein und sich gegenseitig ergänzen, aber manchmal gibt es auch Diskussionsbedarf um Kompetenzen und Aufgabenverteilung. Manche Selbsthilfegruppen sehen sich zu Recht oder Unrecht in ihrem ureigensten Arbeitsfeld beschnitten. Die Verbände fühlen sich missverstanden und in Verteidigungsposition, wenn sie für ihre Verwaltungs- und Koordinierungsarbeit Kritik erfahren.

Die Themenbereiche, die für Reibung sorgen können, lassen sich benennen. Es geht letztendlich um Geld und um die Möglichkeit, selbständig Entscheidungen zu treffen. Dazu zählen die Verwaltung des Gruppenkontos, die Antragstellung für die Krankenkassenförderung, die Verteilung der Spenden und die Konsequenzen beim Eintritt sowie die Folgen beim Austritt einer Gruppe aus dem Verband.

Jede dieser Einzelfragen birgt Konfliktpotenzial und hat in der Vergangenheit bei beiden Seiten – sowohl bei den Selbsthilfegruppen auch bei den Selbsthilfeorganisationen – für manche Irritation gesorgt. Verwirrungen entstehen auch bei Umschreibungen, die aus dem Vereinsrecht herrühren und von Ortsgruppen als *„unselbständige Untergliederungen, die keine Rechtsfähigkeit erlangen können“* (vgl. Märkle, Alber, Der Verein im Zivilrecht, 2. Auflage, 2008 S. 125) sprechen.

Kaum eine Selbsthilfegruppe wird mit dieser Formulierung wirklich etwas anfangen können. Zu Interpretationen bietet sie allerdings genug Anlass. Die Formel der „unselbständigen Untergliederung“ kann als Versuch, die Ortsgruppen verwaltungstechnisch einzuordnen, gewertet werden. Sie lässt sich aber auch als „Totschlagargument“ gegen die Selbständigkeit einer Ortsgruppe verstehen.



Begriffsklärung ist also von Nöten und je mehr Klarheit geschaffen werden kann, bevor sich Reibereien einstellen, umso besser. Wichtig ist daher zu wissen, welche Verpflichtungen eine Gruppe gegenüber dem

Verband eingegangen ist und wie der Verband seine Stellung gegenüber den Regionalgruppen sieht. Kurz: Wie selbständig oder unselbständig ist eine Gruppe, die Mitglied in einem Verband ist? Dies ist am besten auszudiskutieren, bevor die Zusammenarbeit zwischen Regionalgruppe und Verband beginnt.

## 3.1 Wie stehen die Akteure zueinander?

Wie bei allen Problemen, die es im Zivilrecht zu lösen gilt, erklärt sich das Rechtsverhältnis der Akteure zunächst aus deren vertraglicher Beziehung. Die vertragliche Beziehung ist die Beitrittserklärung zum Verband, mit dem auch das Einverständnis mit der Satzung erklärt wird.

Die erste Frage ist also, wer überhaupt Verbandsmitglied geworden ist. Dies betrifft sowohl die Mitglieder der Bundesverbände wie auch der Landesverbände.

Mitglieder eines Bundesverbandes sind in der Regel allerdings keine natürlichen Personen, sondern juristische Personen, nämlich die Landesverbände.

Bei den Mitgliedern der Landesverbände ist zu unterscheiden: Hier zeichnen entweder die einzelnen regional verankerten Gruppen als Ganzes oder vertreten durch die Person des Gruppenleiters als Mitglieder. Manchmal sind lediglich einzelne Teilnehmer einer Selbsthilfegruppe Verbandsmitglied. Darüber hinaus gibt es Verbände, die jeden Teilnehmer, der eine Gruppe dauerhaft besuchen möchte, zur Verbandsmitgliedschaft verpflichten.

Noch vor dem Blick in die Satzung entscheidet sich also die Nähe der Selbsthilfegruppe zum Verband durch dessen Mitgliederstruktur. Je eindeutiger die Gruppe als Ganzes oder als Gesamtzahl ihrer Teilnehmer auf der nächsthöheren Ebene verankert ist, desto enger ist die Anbindung an den Verband.

Sind nur einzelne Mitglieder der Gruppe Vereinsmitglied im Verband, um beispielsweise die regelmäßig erscheinende Publikation beziehen zu können, ist die Gruppe als Ganzes nicht den Verbandsregularien unterzuordnen.

Anders ist es, wenn die Gruppe „geschlossen" dem Verband beigetreten ist. Am transparentesten ist dies, wenn die Gruppe hierzu einen ausdrücklichen Beschluss gefasst hat. Dies kann auch dadurch geschehen, dass jedem Teilnehmer und auch jedem „Neuzugang" einer Gruppe aufgrund der gewachsenen Strukturen klar ist, dass die Gruppe zum Verband „gehört" und auch immer so verfahren wurde. Es liegt sozusagen ein Beschluss aus konkludenter Handlung vor. Dann ist die Regionalgruppe Mitglied im Dachverband und muss sich auch an den Kriterien messen lassen, die der Verband vorgibt.

## 3.2 Nicht nur der Blick in die Satzung!

Nachdem praktisch alle überregionalen Selbsthilfeorganisationen als Vereine firmieren, ist die Satzung als „Verfassung des Vereins" Grundlage aller Rechtsbeziehungen. Die Satzung ist die „erste Adresse", wenn Antworten auf Fragen gesucht werden, die das Verhältnis zwischen Mitgliedern und Verein beschreiben.

Allerdings regelt die Satzung nur das Grundsätzliche, beschreibt die Ziele und den Zweck des Vereins. Sie regelt die Einzelheiten für die Arbeit der Vereinsorgane und stellt Regelungen für deren Wahl auf. Selten werden sich dort einschlägige Punkte etwa zur Verwaltung des Gruppenkontos, zum Erstellen der jährlichen Verwendungsnachweise, zur Ernennung und Abberufung des Gruppenleiters, zur Beantragung von Förderung u.ä. finden. Für diese Fragestellungen ist die Satzung nur im Ausnahmefall wirklich aussagekräftig.

Trotzdem bleibt der Blick in die Satzung wichtig. Denn Regularien, wann, wie und in welcher Form neue Ideen und Verbesserungsvorschläge zu unterbreiten sind, wie also die „Verbandsdemokratie" funktioniert, sind immer der Satzung zu entnehmen.

Wie solche Konkretisierungen oder Veränderungen dann Eingang ins Verbandsleben gefunden haben, ist oft nur an anderer Stelle zu erfahren.

Wer Einblick in das Innenleben eines Verbandes gewinnen möchte, sollte sich natürlich mit den Verantwortlichen des Verbandes austauschen. Manchmal sind auch die Protokolle der letzten Jahreshauptversammlungen oder der letzten Treffen hilfreich. Hier können Mitglieder

Einblicke ins lebendige Verbandsleben gewinnen und gegebenenfalls auch mehr über die Handhabung einzelner Punkte erfahren.

Kurz: Neben der Frage, wer überhaupt Mitglied im Landesverband geworden ist, ist der Blick in die Satzung unerlässlich. Mindestens ebenso wichtig sind das Gespräch mit den Verantwortlichen und das Sammeln von Informationen, auch wenn das manchmal zum „Aktenstudium" ausartet. Erst danach kann beantwortet werden, welche Verpflichtungen aus der Mitgliedschaft erwachsen und wie eng die Anbindung der Gruppe an den Verein / den Verband ist.

Eine generelle Antwort für die rechtlichen Verflechtungen zwischen den Ortsgruppen einerseits und den überregionalen Verbänden andererseits kann also nicht gegeben werden. Jede Gruppe und jeder Verband hat seine individuellen Besonderheiten, die dann auch im Rechtsverhältnis zueinander ihren Niederschlag finden.

Grundsätzlich gilt aber: Wenn eine Gruppe wirksam Mitglied im Landesverband geworden ist, dann muss sie sich auch an die Statuten halten, sich also entsprechend der Satzung verhalten. Dies ist ein Gebot der Vertragstreue. Ein diesbezüglicher Hinweis wurde übrigens für Bayern ab dem Förderjahr 2013 auch in die Formulare für die Beantragung der Krankenkassenförderung aufgenommen.

## 3.3 Es kommt auf den Standpunkt an!

Wenn trotz Gespräch und Aktenstudium Fragen offen bleiben und kontrovers diskutiert werden, dann geht natürlich jeder der Beteiligten vom eigenen Standpunkt aus. Der Verband sieht sich im Zentrum und beurteilt Probleme nach Vereinsrecht. Die Selbsthilfegruppe nimmt sich als Maßstab und will als eigenständige Gruppe agieren. Hier sind die Vorschriften aus dem Gesellschaftsrecht ausschlaggebend (vgl. Teil I, Ziff. 2).

Auch wenn es paradox klingen mag, manchmal müssen Widersprüche bestehen bleiben. Beide Rechtsgebiete – Vereinsrecht und Gesellschaftsrecht – sind nicht immer deckungsgleich und beurteilen Fragestellungen in Literatur und Rechtsprechung durchaus unterschiedlich.

Hier ist das Bemühen um Konsens gefragt und die Fähigkeit gemeinsame Lösungen zu suchen und zu finden. Widersprüche werden sich zufriedenstellend nur lösen lassen, wenn die Argumente, die aus dem Vereinsverständnis kommen, mit denjenigen, die aus dem Gesellschaftsrecht kommen, verglichen und verknüpft werden.

Im Folgenden sollen die wichtigsten unterschiedlichen Positionen gegenüberstellt werden.

### 3.3.1 Die Regionalgruppe aus der Sicht des Verbandes

In der juristischen Literatur zum Vereinsrecht wird vertreten, dass es sich bei Ortsgruppen entweder um *unselbständige Untergliederungen* oder um *nicht rechtsfähige Vereine* handeln kann (vgl. Märkle, Alber a.a.O). Abgrenzungskriterien zwischen beiden Rechtsgebilden zu finden, scheint nicht immer einfach zu sein. Manchmal erscheinen die Schnittstellen unscharf. Für die Praxis ist die Unterscheidung insofern wichtig, als einem „nicht rechtsfähigen Verein" mehr Rechtspersönlichkeit zukommt. In einigen Punkten wird er quasi dem rechtsfähigen Verein gleichgestellt. Hingegen kann eine „unselbständige Untergliederung" ihre Rechtsposition nicht ohne Verein definieren.

Der Blick auf den Gruppennamen hilft bei dieser Unterscheidung allerdings nicht weiter. Die Bezeichnung „Zweigstelle", „Ortsverwaltung" oder „Sektion", die im Vereinsrecht für Untergliederungen gebräuchlich sind, lassen keine Rückschlüsse darauf zu, ob es sich um eine „unselbständige Untergliederung" oder einen „nicht rechtsfähigen Verein" handelt. Daneben sind auch ähnliche Begriffe wie „Ortsgruppe" oder „Regionalgruppe" möglich.

#### Die Ortsgruppe als nicht rechtsfähiger Verein im Landesverband

In einer Entscheidung aus dem Jahr 1984 stellt der Bundesgerichtshof (vgl. NJW 1984, S. 2223) zur Charakterisierung einer Ortsgruppe als nicht rechtsfähiger Verein folgende Kriterien auf:
- eigenständiger Name,
- Bestandskraft unabhängig vom Mitgliederwechsel,
- Organe, d.h. einen Vorstand,
- dauerhafte Wahrnehmung eigener Aufgaben

Zum Namensrecht führt der BGH in der vorgenannten Entscheidung aus, dass der Zusatz „Ortsgruppe S" zum Namen des Landesverbandes ausreichend wäre, um eine Eigenständigkeit der Regionalgruppe zu markieren (vgl. BGH a.a.O.). In den Augen des BGH ist also die Namensgebung „Ortsgruppe S im Landesverband Y“ gerade ein Indiz für die Eigenständigkeit, In der Selbsthilfeszene wird diese Sichtweise Stirnrunzeln auslösen. Denn bei den Bundes- oder Landesverbänden wird die Bezeichnung „Ortsgruppe im Landesverband“ meist so interpretiert, dass dies ein Kriterium der Unselbständigkeit sei. Das – fast – höchste deutsche Gericht sieht das offensichtlich anders.

Weiter wird für das Vorliegen eines „nicht rechtsfähigen Vereins“ die Messlatte weniger an formal-juristische Kriterien angelegt, sondern an die Organisationsstruktur der betreffenden Ortsgruppe.

Wichtig erscheint dem BGH in dieser Entscheidung die körperschaftliche Struktur der Untergliederung. Zwei Voraussetzungen sind dafür unerlässlich: zum einen die Bestandskraft der Organisation unabhängig vom Mitgliederwechsel und zum anderen die Existenz eines „Vorstandes“, wobei auch die Bezeichnung Vorstand nicht zwingend ist. Jeder Gruppenleiter kann daher in diesem Zusammenhang als „Vorstand“ gelten.

Ausschlaggebend ist daher nur, dass die Existenz der Gruppe nicht mit dem Austritt eines oder einiger Mitglieder steht oder fällt und eine, so wörtlich, „handlungsfähige Organisation“ (BGH a.a.O.) vorhanden ist.

Für die Annahme eines „nicht rechtsfähigen Vereins“ innerhalb einer Vereinsstruktur spricht weiter die Selbständigkeit, mit der die Untergliederung eigene Aufgaben und nicht nur die Aufgaben des „Hauptvereins“ übernimmt. Dies trifft wohl auf das Gros der Selbsthilfegruppen zu, die seit Jahren ihrer Gruppenarbeit nachgehen.

Der BGH erläutert in dieser Entscheidung weiter, dass eine eigene Satzung der Untergliederung, der Gruppe, dann entbehrlich sei, wenn sich der Zweck und die Organisation der Untergliederung aus der Satzung des Hauptvereins ergäbe (BGH a.a.O.).

Daraus wird der Schluss gezogen, dass die Satzung des „nicht rechtsfähigen Vereins“ keiner Formvorschrift unterläge, also im Einzelfall auch konkludent, das heißt durch schlüssiges Handeln als abgeschlossen gelten könne.



Wenn aber von einer Ortsgruppe das Vorliegen all der vorstehenden Kriterien bejaht würde, sie also als nicht rechtsfähiger Verein gilt, hätte dies zunächst folgende Konsequenzen: Der Gruppe käme mehr Eigenständigkeit, aber auch eine eigene Stellung im Rechtsverkehr zu. Die

Ortsgruppe wäre parteifähig, könnte klagen und verklagt werden, sie hätte eine partielle Rechtsfähigkeit (§ 70 II ZPO). Dies mag für den Gruppenalltag weit hergeholt sein, beinhaltet aber vor allem, dass die Gruppe im Rechtsverkehr auftreten und beispielsweise Verträge schließen kann.

Außerdem wäre daran zu denken, dass die Stellung als nicht rechtsfähiger Verein für die Gruppe auch steuerrechtlich von Interesse sein kann. Die Freibeträge in der Körperschafts- und Umsatzsteuer, die für Vereine gelten, die auf wirtschaftlichem Gebiet Gewinne erzielen, würden dann auch für die einzelne Ortsgruppe gelten (vgl. Teil IV Ziff. 2.).

Zur Klarstellung: „Gemeinnützigkeit“, wie sie vielleicht der Landes- oder Bundesverband besitzt, hat die einzelne Gruppe damit noch nicht erlangt. Und die Gemeinnützigkeit des Dachverbandes schlägt auch nicht automatisch auf die Ortsgruppen durch. Diese kann nur durch ein Verfahren beim Finanzamt erreicht werden und bleibt in der Regel eingetragenen Vereinen und damit den Verbänden vorbehalten.

Wichtigstes Kriterium für eine Ortsgruppe bleibt also die „körperschaftliche Struktur“, wenn sie sich als nicht eingetragener Verein begreifen möchte.

### Die Ortsgruppe als unselbständige Untergliederung

Fehlen der Selbsthilfegruppe alle oder einige Facetten des „nicht rechtsfähigen Vereins“, dann kommt durch die Brille des Landesverbandes gesehen nur die Einordnung als „unselbständige Untergliederung“ in Frage. Dies kann vor allem für Gruppen zutreffen, die „von oben“ gegründet, also vom Dachverband initiiert wurden. Aber auch hier gibt es keine generalisierende, allgemein gültige Einordnung von Orts- oder Regionalgruppen, sondern der Blick auf den Einzelfall bleibt ausschlaggebend.

Bei den meisten Ortsgruppen werden sich Elemente finden lassen, die auf einen „nicht rechtsfähigen Verein“ hinweisen, insbesondere was den Sitz, den Namen und den Willen betrifft, eigene Aufgaben selbstverantwortlich zu behandeln.

Der Übergang von der „nichtselbständigen Untergliederung“ zum „nicht rechtsfähigen Verein“ ist beim Begriff der „körperschaftlichen Organisation“ zu sehen. Das körperschaftliche Element beschreibt die Unabhängigkeit der Gruppe von den einzelnen Mitgliedern und das Vorhandensein eines Vorstandes, der wohl auch als Gruppenleiter bezeichnet werden kann. Inwiefern eine Kontinuität der Gruppe besteht, kann jede Gruppe selbst beantworten.

### 3.3.2 Die Ortsgruppe aus eigener Sicht gegenüber dem Verband

Auf Seiten der Selbsthilfegruppe besteht natürlich ein eigenes Selbstbewusstsein, was ihre Aufgaben und Möglichkeiten betrifft – gerade bei den Gruppen, deren Gründung vom Landesverband unabhängig war. In diesen Fällen erscheint die Stellung als „unselbständige Untergliederung" paradox.

Es gibt einige Argumente, die dafür sprechen, dass auch eine verbandlich organisierte Gruppe, obwohl sie durch die Brille des Verbandes als „unselbständige Untergliederung" gesehen wird, trotzdem noch den Kriterien einer „Gesellschaft des bürgerlichen Rechts" entspricht.

Schon allein der Umstand, dass eine verbandlich organisierte Gruppe mit einem eigenen Antrag förderfähig ist, spricht dafür, kein rechtliches Nullum zu sein. Ein weiteres Indiz ist, dass eine Selbsthilfegruppe entscheiden kann, Mitglied in einem Landesverband zu werden. Ihr muss also eine gewisse Selbständigkeit und Handlungsfähigkeit im Rechtsverkehr zukommen. Denn sonst wäre ein wirksamer Beitritt zu einer überregionalen Organisation nicht möglich bzw. rechtlich unbeachtlich. Und das muss auch für die Möglichkeit gelten, aus einer Organisation auszutreten.

Generell gesagt: Eine BGB-Gesellschaft kann wirksam einer anderen Gesellschaft beitreten, so entschied der Bundesgerichtshof im Jahr 1998 (vgl. NWJ 1998 S. 376 ff.). Damit besitzt die Selbsthilfegruppe durchaus eine Handlungsfähigkeit in Bezug auf einen Vereinsbeitritt.

Inwieweit sie die Umsetzung ihres „Gesellschaftszwecks" und ihre Handlungsfähigkeit nach außen an den Landesverband delegiert, ist – rechtsdogmatisch gesprochen – immer den Vertragsverhandlungen anlässlich des Beitritts in den Landesverband vorbehalten.

Es lässt sich festhalten, dass eine Selbsthilfegruppe trotz ihres Beitritts zum Landesverband eine Personengesellschaft des bürgerlichen Rechts bleibt, die – aus der Sicht der Gruppe – Teile ihrer Aufgaben der Außengesellschaft an den übergeordneten Verband weiterreicht.

Trotz der etwas verwirrenden Bezeichnung „unselbständige Untergliederung“ mit dem Zusatz der fehlenden Rechtsfähigkeit, bleibt eine Selbsthilfegruppe auch als Mitglied eines Vereins – durch die Brille des Gesellschaftsrechts gesehen – eine „Gesellschaft des bürgerlichen Rechts“, allerdings mit geschmälerten und geänderten Kompetenzen.

### 3.3.3 Exkurs: die Ortsgruppe als Verein

Nur der Vollständigkeit halber sei erwähnt, dass natürlich auch eine Ortsgruppe als „e.V.“ einem Landesverband beitreten kann. Dann allerdings ergeben sich für die „Ortsgruppe XY e.V.“ durch den Beitritt zum Landesverband in seiner rechtlichen Stellung keine Veränderungen. Durch den Betritt verliert die Ortsgruppe nicht ihre juristische Person, sie bleibt ein selbständiger Verein.

Dieser selbständige Verein hat lediglich aufgrund seiner eigenen Entscheidung einige Teilaspekte seiner Arbeit „ausgelagert“ und an den Landesverband delegiert oder auch durch den Beitritt neue Aufgaben hinzugewonnen.

## 3.4 Fazit

Als Fazit lassen sich folgende Schlussfolgerungen ziehen:

Manchmal bleiben Widersprüche bestehen. Verbände als vereinsrechtlich strukturierte Gebilde sehen Ortsgruppen meist als „unselbständige Untergliederung“ und verweisen auf die eigenen Kompetenzen und die eigene Rechtsform. Die Selbsthilfegruppen ihrerseits wollen ihre Arbeit nicht als unselbständig gewertet sehen.

Vielleicht erklärt sich der Widerspruch daraus, dass Begriffe aus dem Vereinsrecht nicht ohne Schwierigkeiten in die Selbsthilfe übertragen werden können. Selbsthilfe ist immer der Versuch Betroffener, ihr Anliegen selbst in die Hand zu nehmen und nicht in bestehenden Strukturen aufzugehen. So ergibt sich schon der erste Widerspruch: Umso größer und überregionaler der Zusammenschluss ist, desto notwendiger wurde dann eine juristisch durchschaubare Organisationsform. Das Vereinsrecht bietet sich als sachnächstes Rechtsgebiet an, bleibt aber immer eine Bremse. Dies ist der nächste Widerspruch. Denn die gewollt niederschwelligen Angebote in den einzelnen Gruppen mit teils wechselnden Teilnehmern stehen einem „klassischen" Vereinsleben mit eindeutiger Mitgliederanzahl entgegen. Daher kann die Konstruktion rechtlich selbständiger Hauptverein hier und unselbständige Regionalgruppe dort die ganze Bandbreite und Vielfalt der Selbsthilfearbeit nicht abdecken. Manches passt eben doch nicht hundertprozentig zusammen, Reibungspunkte sind nicht ausgeschlossen.

So bleibt für Verbände und Regionalgruppen nur, sich zu jedem konkreten Punkt auseinanderzusetzen und das Geeignete aus jedem Rechtsgebiet für sich zu nutzen – sei es aus dem Gesellschaftsrecht oder dem Vereinsrecht.

Aus der Sicht einer Ortsgruppe bedeutet dies, dass sie selbst als „unselbständige Untergliederung" eines Landesverbandes dennoch eine Gesellschaft des bürgerlichen Rechts bleibt, allerdings mit beschnittenen Kompetenzen. Sie ist kein Nullum. Im Verhältnis zu den „freien Gruppen" – also denjenigen, die nicht an einen Landes- oder Bundesverband angeschlossen sind – mag es richtig sein, dass ihre Aufgaben eingeschränkter sind. Durch ihren Status als Mitglied des Verbandes hat die Gruppe einzelne Bereiche an den Landesverband quasi ausgelagert.

Aus der Sicht der Landesverbände sind Selbsthilfegruppen unselbständig, da sie sich in der Tat unter die Fittiche des Dachverbandes begeben haben und für die Bearbeitung des Gruppenthemas dessen rechtlichen Status als juristische Person nutzen. Dies gilt umso deutlicher für Gruppen, die vom Landesverband ins Leben gerufen wurden.

Und, um im Vereinsrecht zu bleiben: Die Übergänge zwischen einer „unselbständigen Untergliederung" und einem „nicht rechtsfähigen Verein" können fließend sein. Je stärker und größer, also je körperschaftlicher die Struktur eine Ortsgruppe ist, umso unwahrscheinlicher wird ihre rechtliche Einordnung als „unselbständige Untergliederung", der keine eigene Entscheidungsbefugnis und -kompetenz zukommt. Es kann der Status eines „nicht rechtsfähigen Vereins" erreicht sein. Konsequenz wäre, dass dieser Untergliederung eigenständige Rechte und in einem weiteren Umfang auch Rechtspersönlichkeit zufallen.



Bei der Gegenüberstellung von Regionalgruppen und Landesverbänden zeigt sich, dass eine klare und über den Einzelfall hinausgehende Antwort auf die Fragen „Was darf die Gruppe?“ und „Was darf der Landesverband?“ so nicht gegeben werden kann. Wie so oft auf juristischem Terrain: Es kommt auf den Einzelfall an, also darauf welche Vereinbarungen tatsächlich getroffen wurden oder wie das Vertragsverhältnis zwischen Gruppe und Landesverband interpretiert werden kann. Vor diesem Hintergrund scheidet sich das Maß der Selbständigkeit einerseits vom Maß an erforderlicher Vertragstreue andererseits.

Zu guter Letzt bleibt die Selbsthilfe dann weiter eine Erfolgsgeschichte, wenn die Stärke der Selbsthilfegruppen, die auch in der Niederschwelligkeit des Angebots und der Kontinuität der Arbeit liegt, sich durch konstante, überregionale Lobbyarbeit ergänzt. Daher bleiben beide Seiten weiter gefordert.

## 4 Jugendliche in der Selbsthilfe

Auch bei einem weiteren Thema hilft es, den Sachverhalt von zwei Seiten zu betrachten: Wenn Jugendliche zu einer Selbsthilfegruppe stoßen oder selbst eine Gruppe ins Leben rufen, ist das sicher begrüßenswert. Aber gibt es nicht auch Situationen, in denen die Eltern auf den Schutz ihrer Kinder achten wollen oder müssen? Das Interesse des Jugendlichen auf Selbständigkeit steht dem Elternrecht gegenüber.

Für junge Menschen zwischen 14 und 18 Jahren kann es gute Gründe geben, sich für die Teilnahme an einer Selbsthilfegruppe zu entscheiden. Themen in der Selbsthilfelandschaft, welche die Interessenlage von Jugendlichen ansprechen, gibt es viele. Seien es Probleme wie Mobbing in Schule oder Ausbildung, soziale Ängste, Depressionen oder Schüchternheit, die den eigenen Lebensradius so beeinträchtigen, dass ein normales, altersadäquates Leben nicht mehr möglich ist. Hinzukommen Themen aus dem Bereich der chronischen Erkrankungen oder Beeinträchtigungen, gerade wenn deren Erscheinungsbild in der Pubertät manifest wird. Weiter sind hier Suchterkrankungen, die ja auch Jugendliche treffen können, zu nennen.

Die Lösung scheint einfach und logisch: Warum sollte man sich nicht einfach mit den Leuten treffen, die mit den gleichen Schwierigkeiten und Problemen wie man selbst zu kämpfen haben? Dort kann man auf Verständnis, Überlebensstrategien und Tipps hoffen. Und das alles „auf

Augenhöhe", hier kann man Gespräche mit Menschen führen, die gleichermaßen betroffen sind.

Aus dem Rückhalt, den eine Selbsthilfegruppe bietet, lässt sich viel Kraft gewinnen. Es ist ein bisschen so wie unter Freunden. Mit denen bespricht man auch Dinge, die man nie den Eltern sagen würde. Denn Freunde sucht man sich schließlich selbst, dazu braucht man keine Eltern. Den Freundeskreis selbst zu bestimmen, gehört einfach zum Erwachsenwerden!

Für die Auswahl der Freunde und die Pflege des Freundeskreises gilt das allemal. Aber trifft dies genauso zu, wenn sich Jugendliche in einer Selbsthilfegruppe engagieren? Ist hier nicht doch das Placet der Eltern erforderlich?

## 4.1 Das Rechtsverhältnis zwischen Eltern und Jugendlichen – Die elterliche Sorge

*Eine 17jährige Schülerin möchte Teilnehmerin einer Selbsthilfegruppe für lesbische Mädchen werden. Ihre Eltern jedoch sind dagegen.*

Das Bürgerliche Gesetzbuch bestimmt, dass für jeden Minderjährigen, also jeden Menschen bis zur Vollendung des 18. Lebensjahres, Eltern die „elterliche Sorge" ausüben (§ 1626 Abs. 1 S. 1 BGB). Ausnahmen hiervon gibt es nur, wenn die Eltern – aus welchen Gründen auch immer – daran gehindert sind, für ihr Kind zu sorgen. Dann übernehmen andere Personen oder Institutionen – in der Regel Jugendämter – diese Aufgabe.

Bis zum 18. Geburtstag üben die Eltern also die Personenfürsorge aus und können bestimmen, wo sich ihr Kind aufhält und mit wem es Umgang hat (§ 1631 Abs. 1 BGB). Dieser allumfassende Grundsatz führt dazu, dass die Eltern auch das Recht haben, über die Teilnahme eines Jugendlichen an einer Selbsthilfegruppe erstens Bescheid zu wissen und zweitens dies befürworten oder ablehnen zu können.

Allerdings gilt dieses Recht nicht ohne jegliche Kontrollmöglichkeit. Das „Wie" der Ausübung der Personenfürsorge wird im Bürgerlichen Gesetzbuch zwar nur mit programmatischen Formulierungen angesprochen. Dies hat seinen Ursprung im grundgesetzlichen Schutz der Familie, wonach die staatlichen Interventionsmöglichkeiten auf das absolut notwendige Minimum zu reduzieren sind. Als Grundlagen der erzieherischen Arbeit der Eltern ist allerdings festgehalten, dass diese die „wachsenden Bedürfnisse der Kinder zu selbständigem verantwortlichem Handeln“ (§ 1626 Abs. II S. 1 BGB) zu berücksichtigen haben und mit den Kindern Einvernehmen (§ 1626 Abs. II S. 2 BGB) anzustreben ist.

Wenn es also im Eltern-Kind-Verhältnis knirscht, was ja bei Jugendlichen nicht ganz so selten der Fall ist, und kein Einvernehmen über den Beitritt oder Verbleib in einer Selbsthilfegruppe hergestellt werden kann, sind vor dem Hintergrund dieser Leitgedanken die Entscheidungen der Eltern und die Wünsche des Jugendlichen durchaus nachprüfbar. Kinder wie Eltern können sich an das zuständige Jugendamt wenden, um doch noch einen Konsens zu finden, der von allen Beteiligten getragen werden kann. Auch die Jugendämter können bei den Familiengerichten Anträge stellen, um im Einzelfall eine verbindliche Entscheidung – unter Umständen auch gegen den Willen der Eltern – herbeizuführen. Und als Jugendlicher kann man sich ebenfalls an das Jugendamt wenden, wenn man keinen Ausweg aus einer Konfliktsituation mit den Eltern sieht.

Die 17jährige Schülerin also, wenn sie ihre Eltern nicht doch davon überzeugen kann, dass das Engagement in der Selbsthilfegruppe ihrer persönlichen Entwicklung dient, kann sich Hilfe holen. Grundsätzlich aber bleibt den Eltern die Entscheidungsbefugnis über den Aufenthalt und Umgang ihrer Tochter.

## 4.2 Das Rechtsverhältnis zwischen dem Jugendlichen und der Gruppe – Die „beschränkte Geschäftsfähigkeit“

*Ein 15jähriger Schüler meldet sich telefonisch beim Sprecher einer Selbsthilfegruppe für depressive Erkrankungen. Er möchte in die Gruppe aufgenommen werden. Was hat der Gruppensprecher zu beachten?*

Die rechtliche Möglichkeit zur Teilnahme eines Jugendlichen an einer Selbsthilfegruppe entscheidet sich also in erster Linie am Eltern-Kind-Verhältnis, das familienrechtlich bei der „elterlichen Sorge“ geregelt ist.

Spielt die „beschränkte Geschäftsfähigkeit“ (§ 106 BGB), die ein Kind zwischen dem siebten und dem 18. Lebensjahr besitzt, in diesem Zusammenhang überhaupt noch eine Rolle?

Die beschränkte Geschäftsfähigkeit, wie sie im Allgemeinen Teil des Bürgerlichen Gesetzbuches geregelt ist, stellt allein auf die Stellung des Jugendlichen im Rechtsverkehr ab. Hier ist geregelt, wer wann und wie Verträge abschließen kann. Die elterliche Sorge hingegen bezieht sich auf faktische Lebenssachzusammenhänge und bestimmt ohne Frage nach rechtsverbindlichem Handeln, wo sich ein Jugendlicher aufhalten und welchen Umgang er haben darf. Beschränkte Geschäftsfähigkeit bedeutet, dass junge Menschen bis 18 Jahre nur dann Rechtsgeschäfte abschließen können, wenn die Erziehungsberechtigten, also in der Regel die Eltern, entweder vorher zugestimmt haben (§ 107 BGB) oder das Rechtsgeschäft nachträglich genehmigen (§ 108 BGB). Dazwischen ist jedes Vertragsverhältnis „schwebend unwirksam“, wie die Juristen sagen. Konsequenz davon ist, dass je nach der Entscheidung der Eltern, das Rechtsgeschäft – also der Vertrag, den der Jugendliche abgeschlossen hat – wirksam oder unwirksam ist; und zwar von Anfang an.

Ist die Teilnahme an einer Selbsthilfegruppe überhaupt ein „Rechtsgeschäft“? Vielleicht hilft hier folgende Überlegung: Wer regelmäßig und mit wachem Interesse eine Selbsthilfegruppe besucht, gibt auch viel von sich preis. Er öffnet sich anderen und teilt oft wirklich private Einzelheiten aus seinem Leben mit, auch aus seinem Familienleben. Gleichzeitig erfährt er von anderen Teilnehmern ebenso intime Details. Und jeder aus der Gruppe vertraut darauf, dass keine dieser Informationen nach außen dringt. Es darf auch jeder darauf vertrauen, dass dies so gesehen und gehandhabt wird. Verschwiegenheit ist die Grundlage der Selbsthilfearbeit und nicht nur eine Begleiterscheinung. Das bedeutet, dass der Verschwiegenheit eine verbindliche Vereinbarung zu Grunde liegt. Diese Verbindlichkeit hat Vertragscharakter. Jeder Teilnehmer der Gruppe ist also verpflichtet, sich an die Grundzüge des Gruppenreglements zu halten. Noch weiter geht, dass Verstöße gegen diese Verpflichtung auch rechtliche Folgen nach sich ziehen können. Wenn gegen die Verpflichtung zur Verschwiegenheit verstoßen wird, kann der Geschädigte Unterlassungsansprüche und Schadensersatzansprüche geltend machen (vgl. Teil II, Ziff. 1.).

Diese vertragliche Bindung ist im Gesellschaftsrecht zu Hause: Die Teilnehmer der Gruppe sind rechtlich gesehen eine Gesellschaft des bürgerlichen Rechts (§§ 705 ff. BGB). Hierfür bestehen keine Formvorschriften, und die Gesellschaft ist oft schneller gegründet, als es den Beteiligten bewusst ist. (vgl. Teil I, Ziff. 1)

Daher müssen die Eltern eines Jugendlichen mit der Teilnahme an einer Selbsthilfegruppe einverstanden sein. Entweder stimmen sie von Anfang an zu oder genehmigen dies zu einem späteren Zeitpunkt. Dann wirkt diese Genehmigung so, als ob die Eltern von Anfang an zugestimmt hätten. In der Zeit zwischen dem Eintritt der Tochter oder des Sohnes in die Gruppe und der nachträglichen Genehmigung ist der Beitritt „schwebend unwirksam". Verweigern die Eltern ihr Einverständnis, dann ist der oder die Jugendliche der Gruppe nie rechtsverbindlich beigetreten.

Eine Kontaktaufnahme der Gruppe oder des Gruppensprechers mit den Eltern ist daher nicht nur hilfreich und dient der reibungslosen Gruppenarbeit. Der Gruppensprecher sollte darauf dringen, dass darüber Klarheit geschaffen wird, ob der Jugendliche mit dem Wissen der Eltern an der Selbsthilfegruppe teilnimmt.

Allerdings sollte man an das Einverständnis der Eltern keine hohen formalen Ansprüche stellen. Dringen trotz eines Gespräches mit den Eltern keine Hinweise zur Gruppe, dass die Eltern ein Veto einlegen, kann von einer Genehmigung ausgegangen werden. Die Genehmigung bedarf auch keiner Form, sie muss nicht schriftlich erteilt werden.

Welche Folgen zeitigt es, wenn die Genehmigung der Eltern nie erteilt wird, obwohl der Jugendliche an den Gruppentreffen schon geraume Zeit teilgenommen hat? Was heißt das für den betreffenden jungen Menschen? Was heißt das für die Gruppe?

Für Selbsthilfegruppen stellt sich das Problem der „schwebenden Unwirksamkeit" praktisch bei zwei Fallkonstellationen: Einmal dann, wenn die Gruppe Vertragspartner im Rechtsverkehr wird, und ein anderes Mal dann, wenn es um die Einhaltung des Gruppenkonsenses geht.

*Die 17jährige Nina, Teilnehmerin der Selbsthilfegruppe „Stoffwechselerkrankung", sagt zum Gruppenausflug zu. Es fallen pro Person Kosten von 100 Euro an.*

Beispiele für die Teilnahme der Gruppe im Rechtsverkehr wären die Anmietung eines Busses für einen Ausflug oder eines Partyraumes. Für diese Fälle sind die Konsequenzen überschaubar: Die Gruppe – sofern sie im Übrigen oder überwiegend aus Erwachsenen besteht – bleibt eine Gruppe, auch wenn ein Mitglied eine Erlaubnis zur Teilnahme bräuchte und sich nachträglich herausstellt, dass diese fehlt. Die Gruppe bleibt dann nach außen immer handlungsfähig und kann im Rechtsverkehr auftreten.

In unserem Beispiel muss sich die Gruppe nur Gedanken machen, wie mit der Bezahlung der fehlenden 100 Euro, für die Nina verantwortlich wäre, verfahren wird. Etwas komplizierter wird es, wenn man das Verhältnis innerhalb der Gruppe betrachtet.

> *Der 16jährige Timo erzählt voller Stolz seinen Freunden beim Sport, wer alles Teilnehmer seiner Selbsthilfegruppe ist.*

Nachdem der Erlaubnisvorbehalt, also die „schwebende Unwirksamkeit", den Jugendlichen vor nachteiligen rechtlichen Folgen schützen soll, gehen dann, wenn die Genehmigung zur Teilnahme an der Selbsthilfegruppe nie erteilt wird, rechtliche Ansprüche der Gruppe gegenüber dem Jugendlichen ins Leere.

Welche Interessen der Gruppe könnten überhaupt verletzt sein? Hier kommt vor allem ein Bruch der Verpflichtung zur Verschwiegenheit in Betracht. Der Gruppe ist es dem Jugendlichen gegenüber in diesem Fall verwehrt, rechtsverbindlich auf die Einhaltung der Verschwiegenheit zu pochen. Es ist also das Interesse der Gruppe, die Absicherung ihres Gruppenreglements auf sichere Füße zu stellen, und dazu ist Transparenz notwendig. Die Gruppe sollte sich Klarheit darüber verschaffen, ob die Eltern mit der Teilnahme einverstanden sind oder nicht.

Die Teilnahme von Jugendlichen an einer Selbsthilfegruppe ist daher juristisch gesehen ein Rechtsgeschäft, das die Einwilligung – sei es als vorherige Zustimmung oder nachträgliche Genehmigung – der Erziehungsberechtigten voraussetzt.

## 4.3 Das Rechtsverhältnis der Gruppenmitglieder untereinander – Die Verletzung des Persönlichkeitsrechts

*Jugendliche Teilnehmer der Selbsthilfegruppe „Wirbelsäule" erstellen Selfies und posten diese in sozialen Netzwerken.*

Für alle Selbsthilfegruppen gilt, dass das Gruppenreglement im Wesentlichen aus Gesprächsregeln und dem Gebot der Verschwiegenheit besteht. Hierüber wird jede Gruppe Verbindlichkeit herstellen. Auf welche Weise dies geschieht, bleibt jeder Gruppe je nach Fluktuation und Gruppenthema vorbehalten – sei es, dass einfach immer wieder darüber gesprochen wird, sei es, dass eine schriftliche Ausarbeitung der Gruppenregeln vorliegt. Wichtig ist nur, dass jeder Teilnehmer weiß, auf was es ankommt, und sich bewusst ist, welche Verpflichtungen die Teilnahme an der Gruppe auslöst.

Dies gilt natürlich erst recht bei Gruppen, die ausschließlich aus Jugendlichen bestehen. Üblicherweise ist da die Affinität zu sozialen Netzwerken, in offenen Foren und deren spontane, manchmal unüberlegte Nutzung besonders hoch. Je nach Gruppenthema sollte daher auf das Gebot der Verschwiegenheit und den Schutz des Persönlichkeitsrechts ganz besonders abgestellt werden und das immer wieder auch in der Gruppe zum Thema gemacht werden.

Wenn, wie in unserem Beispiel, eine Selbsthilfegruppe aus dem Themenkreis körperlicher Beeinträchtigung sich aus einer plötzlichen Laune heraus entschließt, Selfies, die sie mehr oder weniger leicht bekleidet zeigen, ins Netz zu stellen, ruft dies selbstverständlich die Eltern auf den Plan.

Rechtlich gesehen stellt dies eine Verletzung des Persönlichkeitsrechts dar, und den Eltern bleibt die Möglichkeit und das Recht, dagegen vorzugehen. Aus der Verletzung ergeben sich – wie oben für die Fallkonstellation der Verschwiegenheit dargestellt – Unterlassungs- und Schadensersatzansprüche. Doch damit ist natürlich letztendlich niemandem geholfen. Zum einen stehen die Bilder dann nun einmal im Internet mit allen Konsequenzen. Zum anderen waren alle Teilnehmer der Gruppe quasi gleichermaßen Täter und Opfer. Sie haben die Rechte anderer verletzt und bleiben gleichzeitig schutzwürdig.

Gerade bei Selbsthilfegruppen, die nur aus Jugendlichen bestehen und auch nicht angeleitet werden, sollten Eltern hier im Vorfeld auf das Vorhandensein von Grenzen und Regeln und deren Einhaltung dringen. Dies gilt besonders auch dann, wenn sich Jugendliche der digitalen Medien bedienen, für die noch speziellere Regeln gelten.

## 4.4 Die Medienmündigkeit von Jugendlichen nach der Datenschutz-Grundverordnung (DS-GVO)

Verkompliziert wird die Rechtslage aber auch durch die europäische Datenschutzgrundverordnung (DS-GVO). Diese bestimmt für alle Mitgliedsstaaten rechtsverbindlich in Art. 8, dass ein Kind bereits mit Vollendung des 16. Lebensjahres selbst die Einwilligung zur Datenverarbeitung rechtswirksam erteilen kann. Die vorgenannte Vorschrift beschränkt diese Möglichkeit dem Wortlaut nach auf Angebote von „Diensten der Informationsgesellschaft". Dies wird nicht präzisiert, gemeint sein dürften damit aber Kommunikationskanäle (wie z.B. „skype") oder auch die so genannten sozialen Medien. Hierzu wird in der Literatur die Auffassung vertreten, dass diese Vorgabe der Brüsseler Gesetzgeber generell für den Datenschutz gelte. Argumentiert wird hier, dass die DS-GVO insgesamt, quasi stillschweigend, von einem Menschenbild ausgeht, das jungen Erwachsenen ab einem Alter von 16 Jahren ausreichende Einsichtsfähigkeit für die Zusammenhänge der Datenverarbeitung zuschreibt. 16-Jährigen wird also die erforderliche Medienkompetenz zugeschrieben. Dass ab diesem Alter rechtswirksam eine Einwilligung zur Datenverarbeitung erklärt werden kann, wird mit einer weiteren Vorschrift in der DS-GVO begründet. Art. 8 Abs. 1 Satz 3 DS-GVO spricht gegenüber den einzelnen Mitgliedsländern der EU das Verbot aus, in der jeweiligen Ländergesetzgebung die „Datenmündigkeit" für Jugendliche unter das vollendete 13. Lebensjahr abzusenken.

Nachdem internationales Recht insoweit dem deutschen Recht vorgeht, können also Jugendliche ihre Einwilligung zur Datenverwaltung nicht erst ab Erreichung der Grenze zur Volljährigkeit, also mit dem 18. Lebensjahr, sondern schon mit dem 16. Geburtstag rechtswirksam erklären.

Abgesehen davon, dass die – aus deutscher Sicht – faktische Herabsetzung des Alters zur Abgabe einer rechtsverbindlichen Erklärung gerade dem Jugendschutz widersprechen würde, erscheint es zumindest notwendig, in diesem Zusammenhang Eltern wie Jugendliche auf diesen Sachverhalt hinzuweisen.

Verwirrend ist weiter, dass das „Kind“ (so der Gesetzeswortlaut in der DS-GVO) zwar die Zustimmung zur Datenverarbeitung rechtswirksam erteilen kann und somit quasi international seine persönlichen Daten preisgeben kann. Jedoch bleibt die Wirksamkeit eines damit zusammenhängenden Vertragsabschlusses, sei es ein Kaufvertrag oder der Beitritt zu einer Selbsthilfegruppe, nationalem Recht vorbehalten (Art. 8 Abs. 3 DS-GVO). Somit ist der Aufnahmeantrag in einen Verein oder der rechtwirksame Eintritt in eine Gesellschaft des bürgerlichen Rechts, sofern die Selbsthilfegruppe keinen Vereinsstatus besitzt, nach deutschem Recht bis zur Genehmigung der Eltern weiterhin schwebend unwirksam.

Dies trägt mit Sicherheit weder zur Transparenz im Rechtsverkehr noch zu einem wirksamen Datenschutz für Jugendliche bei. Man darf gespannt sein, wie die zukünftige europäische Rechtsprechung diese Widersprüche einordnet und löst.

## 4.5 Das erweiterte polizeiliche Führungszeugnis: notwendig für angeleitete Gruppen

Aufgrund der seit Anfang des 21. Jahrhunderts bekannt gewordenen sexuellen Übergriffe in Heimen und Internaten gilt seit 2010 auch für die freie Jugendarbeit, dass diejenigen, die unmittelbar und regelmäßig Kontakt zu Kindern und Jugendlichen unterhalten, ein erweitertes polizeiliches Führungszeugnis vorzulegen haben (§ 72a Abs. 4 SGB VIII. i.V.m. § 30a BZRG). Dieses gibt Auskunft über bisherige Verurteilungen hinsichtlich von Straftaten unter anderem gegen die sexuelle Selbstbestimmung. Häufigster Fall sind ehrenamtlich in Vereinen tätige Übungsleiter, die diese Urkunde vorlegen müssen. Hier ist vor allem an Sport- oder andere Vereine gedacht, die Training, Chorproben, Ausflüge u.ä. mit Jugendlichen organisieren. Die dort ehrenamtlich Beschäftigen betreuen regelmäßig Jugendliche oder leiten sie an. „Art, Intensität und Dauer“ (§ 72a Abs. III SGB VIII) des Kontakts mit den Jugendlichen entscheidet darüber, ob ein erweitertes polizeiliches Führungszeugnis vorzulegen ist oder nicht. Die Entscheidung hierüber trifft das örtliche Jugendamt, und das polizeiliche Führungszeugnis ist alle fünf Jahre zu erneuern (vgl. Zentrum Bayern Familie und Soziales, Bayerisches Jugendamt: Fachliche Empfehlung zur Handhabung von § 72a SBG VIII, www.blja.bayern.de/service/bibliothek/fachliche-empfehlungen, 16.01.2017).

Für den Bereich der verbandlich organisierten Selbsthilfe ist die Frage nach einem erweiterten polizeilichen Führungszeugnis durchaus zu diskutieren. Wenn ein Landes- oder Bundesverband regional oder örtlich eigene Gruppen für Jugendliche anbietet und hierbei ein Erwachsener die Organisation übernimmt und Hilfestellung gibt, ist zu entscheiden, ob diese Tätigkeit aufgrund ihrer „Art, Intensität und Dauer“ unter dieses Erfordernis fällt. Dies ist dann der Fall, wenn die Teilnehmer der Selbsthilfegruppe überwiegend oder ausschließlich aus Jugendlichen bestehen und ein ehrenamtlich arbeitender Erwachsener Leitungsfunktionen wahrnimmt, Strukturen vorgibt und Freizeiten organisiert. Es liegt dann eine angeleitete Gruppe vor. Die Vereins- oder Verbandsleitung ist hier auf der sicheren Seite, wenn vom Gruppenleiter ein erweitertes polizeiliches Führungszeugnis gefordert wird. Im Zweifelsfall kann auch eine Rückfrage beim zuständigen Jugendamt Klarheit schaffen.

Anders liegt wohl der Fall, wenn von einer altersübergreifenden Selbsthilfegruppe – frei oder verbandlich organisiert – ausgegangen wird, in der sich neben erwachsenen Teilnehmern einige Jugendliche betätigen und der Sprecher aus der Mitte der Gruppe bestimmt wird. Ob in diesem Fall von einem unmittelbaren und regelmäßigen Kontakt zwischen einem Erwachsenen und Jugendlichen ausgegangen werden kann, ist fraglich. Denn die Vorschrift des SGB (Sozialgesetzbuch) zielt auch darauf ab, dass zwischen einem Erwachsenen und dem Jugendlichen eine gewisse Hierarchie besteht. Die Forderung nach einem erweiterten polizeilichen Führungszeugnis setzt ein Gefahrenpotenzial für den Jugendlichen voraus, zielt also darauf, ob sich zu seinem Nachteil Strukturen der Abhängigkeit bilden können. (Vgl. „Erweitertes Führungszeugnis in der offenen Kinder- und Jugendarbeit des Kinderschutzbundes, Herausgeber: Paritätisches Jugendwerk NRW, Lohstr. 7 42283 Wuppertal. www.pjw-nrw.de, September 2010)

Dies ist bei der vorstehenden Konstellation eher unwahrscheinlich. Eine weitere Überlegung ist, dass der Gruppensprecher wie alle Gruppenmitglieder selbst Betroffener auf gleicher Ebene ist und keine – bezogen auf das Alter – hierarchische Struktur wie sie zwischen einem erwachsenen Leiter und einer Gruppe minderjähriger Jugendlicher vorliegt.

Die Pflicht zur Einholung eines erweiterten polizeilichen Führungszeugnisses für freie Gruppen ohne verbandliche Anbindung und Anleitung wird mit guten Gründen zu verneinen sein. Zum einen stellt sich bereits die Frage, ob der Arbeit des Gruppensprechers die Begrifflichkeit der „Ehrenamtlichkeit“ zukommt, zum anderen liegt keine Anleitung vor, die durch einen Landes- oder Bundesverband initiiert sein könnte. Dennoch ist es für die Eltern eines Jugendlichen, der eine freie Gruppe besucht, sicherlich hilfreich und beruhigend, wenn Informationen über die Rahmenbedingungen der Gruppenarbeit ausgetauscht werden. Für den Gruppensprecher bedeutet eine Rückkopplung mit den Eltern auch eine Rückversicherung, kann er danach doch davon ausgehen, dass der Jugendliche mit Wissen und Wollen der Eltern die Gruppe besucht.

Zusammenfassend lässt sich sagen:
Jugendliche können natürlich den Treffen von freien oder von Verbänden organisierten Gruppen beitreten oder ohne Erwachsene eine eigene Gruppe gründen. Bis zum 18. Geburtstag besitzen die Eltern aber die Kompetenz, um über jede Teilnahme an einer Gruppe zu entscheiden. Trotz dieser Barriere sollte das Problem allerdings nicht zu hoch gehängt werden. Wenn einmal der Sachverhalt kommuniziert ist und für die Jugendlichen, die Eltern, die Gruppe bzw. den Gruppensprecher Klarheit herrscht, wird im Regelfall und ohne weitere formale Erfordernisse von der Einwilligung der Eltern auszugehen sein. Denn Selbsthilfe fördert ja gerade Erziehungsziele wie Eigenverantwortung und Selbstbewusstsein, und welche Mutter / welcher Vater würde sich dem widersetzen?

# II

# Die praktische Arbeit der Selbsthilfegruppe: Schweigen, Beraten, Handeln

Überlegungen, wie die Gruppe im Rechtsverkehr auftreten kann und muss oder welche Unterscheidungen zwischen einem Verein und einer „Gesellschaft des bürgerlichen Rechts" zu treffen sind, sollten in jeder Gruppe einmal diskutiert und zum Thema gemacht werden. Den Alltag der Gruppe dominieren werden diese Fragestellungen aber nicht. Viel gegenwärtiger bleibt die tägliche Arbeit. Und diese betrifft ganz verschiedene Bereiche.

Da sind zunächst die Gruppentreffen. Ein wichtiges Kennzeichen einer erfolgreichen Selbsthilfegruppe ist die Gewissheit für jeden Einzelnen, dass Vertrauliches nicht an falsche Ohren gelangt. Es geht also um Verschwiegenheit oder allgemein um *Gesprächsregeln.* Welche Vorkehrungen sind zu treffen und was passiert, wenn dagegen verstoßen wird?

Aber auch die *Beratungstätigkeit,* die ja viele Initiativen vor allem im Gesundheitsbereich umfänglich und erfolgreich anbieten, hat ihre Fallstricke. Dürfen Selbsthilfegruppen überhaupt beraten und zu welchen Themenkreisen? Dürfen konkrete Empfehlungen für Ärzte oder Einrichtungen ausgesprochen oder darf vor einem konkreten Medikament gewarnt werden? Wann können Verstöße gegen wettbewerbsrechtliche Vorschriften entstehen? Kann es bei einer Beratung zu einem Beratungsfehler mit Folgen für den Berater kommen? Steigt die Verantwortung, wenn Selbsthilfegruppen im Gesundheitsbereich finanzielle Unterstützung von den gesetzlichen Krankenkassen erhalten?



Manchmal erfordert es die Gruppendynamik oder das Thema der Selbsthilfegruppe, dass einzelne Teilnehmer einer Gruppe massiv auf die Unterstützung der anderen bauen. Muss ein Gruppenmitglied handeln, wenn es Leib und Leben eines anderen Gruppenmitglieds konkret gefährdet sieht? Was tun bei einem Depressionsschub mit Suizidgefährdung?

Ein anderer Ausnahmefall kann entstehen, wenn der Sprecher einer Selbsthilfegruppe aus dem Bereich der Suchterkrankungen der Polizei oder Staatsanwaltschaft gegenüber Auskunft erteilen soll. Nämlich dann, wenn wegen der Trunkenheitsfahrt eines Teilnehmers ermittelt wird. Besteht hier ein Zeugnisverweigerungsrecht?

## 1 „...Schweigen ist Gold!" Verschwiegenheit und Gesprächsregeln

Ein wichtiges Thema für alle ist Vertrauen. Denn fast alle Selbsthilfegruppen behandeln sensible, höchstpersönliche Themen.

Jeder einzelne Teilnehmer einer Gruppe muss sich darauf verlassen können, dass er der Gruppe alles anvertrauen kann, was mit seiner Krankheit oder seiner Problemlage zu tun hat. Aufgrund der Selbstbetroffenheit jedes Einzelnen sollte man das eigentlich als selbstverständlich voraussetzen. Und dies ist es meistens auch. Aber jeder, der seine persönlichen Probleme und Eigenheiten in der Gruppe darstellt, muss auch sicher sein, dass diese Informationen „den Raum nicht verlassen", es ist Verschwiegenheit erforderlich. Vertrauen ist gut, wie steht´s mit der Kontrolle?

Bei „jungen" Selbsthilfegruppen, in denen die Gründungsmitglieder noch aktiv sind, ist es leichter, alle auf Verschwiegenheit zu verpflichten. Die persönliche Verbundenheit spielt eine große Rolle, der Teilnehmerkreis ist noch klein. Schwieriger wird es erst, wenn „Späteinsteiger" dazukommen, die den Gruppenkodex nicht kennen oder auch gar nicht kennen können. Dann hilft nur, das neue Mitglied ausdrücklich zur Verschwiegenheit zu verpflichten.

Verbindlich ist dies auch in mündlicher Form, zumal auch „Zeugen", nämlich die anderen Gruppenmitglieder zur Verfügung stehen, die das „Schweigegelübde" mitgehört haben.

Sollte es aber ohnehin ein schriftliches Gruppenreglement oder andere Aufnahmeformalitäten geben, dann gehört der Punkt „Verschwiegenheit“ dort unbedingt hinein. Am besten lässt man sich das auch noch vom „Neuzugang“ schriftlich bestätigen. Viele Gruppen lösen dieses Problem dadurch, dass zu Beginn jeder Sitzung die Gruppenregeln verlesen oder an die Wand gepinnt werden. Lässt sich der neue Teilnehmer ausdrücklich oder durch erkennbare Akzeptanz auf diese Bestimmungen ein, dann hat er mit der Gruppe – und sie mit ihm – einen Vertrag abgeschlossen, in dem er sich z.B. zur Verschwiegenheit verpflichtet.

Soweit so gut! Doch was passiert, wenn ein Gruppenmitglied dagegen verstößt? Verschiedene Fallkonstellationen und Abstufungen sind hier unterschiedlich zu behandeln.

Erzählt ein Gruppenmitglied in anonymisierter Form eine Begebenheit eines anderen Teilnehmers in privater Runde, wird man daraus wohl keine Sanktionen herleiten können. Anders ist dies sicherlich, wenn dazu Namen genannt werden.

Aber es gibt auch vorsätzliche Formen, nämlich dann, wenn jemand nur aus dem Grund einer Selbsthilfegruppe beitritt, um an Informationen zu gelangen, und andere ausspioniert. Auch ein Betroffener kann willentlich und bewusst Information nach draußen tragen; sei es, um sich für angebliches „Mobbing“ zu rächen oder um sich einfach wichtig zu machen.

Von der Gruppe her gesehen bleiben zunächst gesellschaftsrechtliche Maßnahmen. Die Initiative kann die Kündigung der Mitgliedschaft aussprechen, praktisch also den Ausschluss aus der Gruppe. Schadensersatzansprüche der Initiative selbst werden sich selten ergeben. Nur wenn Interna, die die Gruppe als Ganzes betreffen, nach außen dringen und dadurch das Ansehen als Selbsthilfegruppe im öffentlichen Auftreten beschädigt ist, wäre dies denkbar. Dann bestehen Schadensersatzansprüche aus unerlaubter Handlung, sie setzen aber die Verletzung der eigenen Rechte der Gruppe voraus. Dabei streiten sich allerdings noch die Juristen, welche Persönlichkeitsrechte bei einer BGB-Gesellschaft verletzt sein können.

Viel wahrscheinlicher allerdings dürften die Interessen eines einzelnen Gruppenmitglieds betroffen sein. Der Teilnehmer, dessen intime Beichte ausgeplaudert wurde, hat natürlich einen zivilrechtlichen Unterlassungsanspruch und Schadensersatzansprüche gegenüber dem Schädiger. Wird auch noch die Unwahrheit verbreitet, kann das auch strafrechtliche Folgen haben. Kontrahenten einer derartigen Auseinandersetzung sind aber immer nur der Schädiger und das Gruppenmitglied, dessen Rechte verletzt wurden, nicht die Gruppe selbst.

Manchmal können auch Gesprächsregeln erforderlich werden. Dann zum Beispiel, wenn Gruppentreffen drohen aus dem Ruder zu laufen. Wenn ein Teilnehmer das Gespräch und die Aufmerksamkeit zu sehr auf sich konzentriert. In diesem Fall sollte sich die Gruppe ruhig trauen, laut über Regelungen nachzudenken, wie Redebeiträge kanalisiert werden können. Die Gruppe hat jedes Recht und jede Möglichkeit sich für ihr Innenleben Strukturen zu geben, die das erfolgreiche Arbeiten der Gruppe sicherstellen (vgl. Teil I, Ziff. 2.1). Und diese Strukturen sind dann für alle verbindlich.

Wenn das alles nicht den gewünschten Effekt bringt, sollte vielleicht Rat von außen geholt werden. Die Selbsthilfekontaktstellen stehen in diesen Fällen als Vermittler zu Verfügung. Vielleicht gelingt es so, alle Beteiligte auf eine Lösung zu verpflichten, die ein weiteres und erfolgversprechendes Miteinander möglich werden lässt.

Als letztes, aber auch härtestes Mittel bleibt, einen Teilnehmer aus der Gruppe auszuschließen. Dies ist mit Sicherheit nicht die glücklichste Lösung. Dennoch kann dies im Einzelfall die Ultima Ratio sein. An diesem Punkt sind dann wieder die Regelungen aus dem Gesellschaftsrecht aktuell (vgl. Teil I). Es ist also ein Beschluss der Gruppe erforderlich. Wie immer im Gesellschaftsrecht, sofern nichts anderes vertraglich vereinbart ist, bedarf er auch keiner bestimmten Form. Nützlich und auch um für alle Beteiligten Klarheit zu schaffen, ist eine Dokumentation dieses Beschlusses. Über das Ergebnis dieses Gruppentreffens sollte also ein schriftliches Protokoll gefertigt werden.

## 2 „Der Ton macht die Musik!" Grundsätze der Beratungstätigkeit

Ein anderer Schwerpunkt vieler Selbsthilfegruppen, z.B. derjenigen, die sich mit chronischen Erkrankungen beschäftigen, ist eine regelmäßige Beratungstätigkeit. Es werden wöchentliche oder monatliche Beratungstermine angeboten, zu denen Interessierte erscheinen können, auch Telefonberatung ist möglich. Weiter gewinnt auch das Internet als interaktives Medium in diesem Bereich immer mehr an Bedeutung.

Grundsätzlich gilt: Bestimmte Beratungstätigkeiten dürfen nur vom Spezialisten durchgeführt werden. Medizinische Behandlungen, die natürlich auch Beratung umfassen – und hier kann die Abgrenzung manchmal schwierig sein –, kann und darf nur ein Arzt vornehmen. Rechtsberatung ist ausschließlich Juristen vorbehalten. Alles andere hat strafrechtliche Folgen.

Allerdings können die Grenzen in der Beratung fließend sein. Viele Teilnehmer einer Selbsthilfegruppe sind wohl oder übel aufgrund der jahrelangen Konfrontation mit einem Krankheitsbild zum Experten in eigener Sache geworden. Gerade davon profitieren die übrigen Teilnehmer der Gruppe. Gerade Ratschläge von „erfahrenen" Selbstbetroffenen erwarten die Besucher einer Initiative, um mit ihrer Krankheit besser umgehen zu lernen. Aber darin liegt auch Gefahrenpotenzial: Oft verschwimmt die Grenze für einen Ratsuchenden zwischen den professionellen Hilfsangeboten der Krankenkassen oder der Wohlfahrtsverbände und der Anlaufstelle bei einer Selbsthilfegruppe. Vor allen Dingen etablierte und bekannte Selbsthilfeorganisationen werden von Betroffenen leicht mit öffentlichen Stellen gleichgesetzt. Manchmal entsteht auch die Erwartung, einem Arzt als Gesprächspartner gegenüber zu sitzen. Hier ist für den ehrenamtlich Engagierten Vorsicht geboten. Sich selbst, aber auch dem Ratsuchenden sollte er immer klarmachen, dass er – bei aller Kompetenz – Laie ist und bleibt. Die Beratungstätigkeit wird aufgrund von Selbstbetroffenheit ausübt.

**Tipp für den Selbsthilfe-Berater:** Zu Beginn des Beratungsprozesses immer eine Rollenklärung vornehmen! Machen Sie im Gespräch deutlich, dass Sie kein Arzt oder Therapeut sind und somit nicht erlerntes, sondern erlebtes Wissen aus eigener Betroffenheit heraus weitergeben – Sie ergänzen und bereichern das Expertenwissen des medizinischen Systems im Sinne einer ganzheitlichen Gesundheitsinformation. Sie können sich auch schriftlich bestätigen lassen: Es wurde zur Kenntnis genommen, dass die Beratung von Betroffenen durchgeführt wird.



Weiter wird die Beratung, die über den einfachen Erfahrungsaustausch hinausgeht, immer eine Gratwanderung bleiben. Auf der einen Seite steht das Bedürfnis, die eigene Krankengeschichte darzustellen und anderen Leidensgenossen manchen Fehlschlag zu ersparen, auf der anderen Seite läuft man Gefahr, über Ärzte oder Therapieeinrichtungen geschäftsschädigende Äußerungen zu treffen. Auch das Gegenteil ist denkbar: Dann wenn eine klare Empfehlung für einzelne Mediziner oder Kliniken gegeben wird. Beides kann Folgen haben: strafrechtliche, haftungsrechtliche und wettbewerbsrechtliche Konsequenzen können drohen.

# 3 Warnen und Empfehlen

## 3.1 „Alles, bloß das nicht!" – Warnung vor Ärzten, Kliniken und Medikamenten

Für jede Form der Beratung, ob sie in einem Vier-Augen-Gespräch stattfindet oder auf einer Internetplattform diskutiert wird, gilt: Äußerungen, die *unzutreffende Tatsachenbehauptungen* oder *herabsetzende Meinungsurteile* enthalten, können bei Ärzten und Institutionen als geschäftsschädigende Äußerungen gewertet werden.

Bei medizinischen Fragen ist oft schwer abzugrenzen, wann eine Meinungsäußerung aufhört und eine Tatsachenbehauptung anfängt. Wenn z.B. die Therapieformen einer Erkrankung schon in der Schulmedizin kontrovers diskutiert werden, dann existieren erst recht Vorschläge in der alternativen Medizin. Hier zu entscheiden, welche Meinung richtig oder falsch ist, dürfte unmöglich sein. Der Betroffene jedenfalls hat seine Krankheit und Behandlung als „Tatsache" erlebt und lässt selten eine andere, medizinisch vielleicht naheliegende Einschätzung gelten. Manchmal kann höchstens ein Sachverständiger klären, ob eine Tatsachenbehauptung unzutreffend ist.

Wer jedenfalls *wider besseren Wissens* eine *unwahre Tatsache* behauptet und verbreitet, ist dem Geschädigten zum Schadenersatz verpflichtet (§ 824 Abs. 1 BGB). Dies dürfte allerdings selten der Fall sein.

Grenzen sind auch dann gegeben, wenn die *Meinungsäußerungen herabsetzend* sind. Dies muss nicht gleichbedeutend sein, mit „ehrenrührig", also beleidigend. Auch vermeintlich sachliche Darstellungen können für das Renommee einer Firma oder den Ruf einer Klinik herabsetzend wirken und damit geschäftsschädigend sein.

Häufigere Fehlerquellen bei der Beratungstätigkeit dürften *unbewusst falsche Darstellungen oder Meinungsäußerungen* sein.

Zunächst gilt bei der Beratungstätigkeit – wie auch im Presserecht – natürlich der Grundsatz der freien Meinungsäußerung. Ein Unternehmen, das ein Produkt vertreibt, oder ein Arzt, der eine Praxis unterhält, müssen sich berechtigte Kritik gefallen lassen. Sie werden bis zu einem gewissen Grad auch sehr negative Meinungsäußerungen einstecken müssen, solange diese vom Recht der freien Meinungsäußerung gedeckt sind.

Wer allerdings Behauptungen aufstellt und sie nicht selbst auf Richtigkeit nachprüft, den kann ein Verschulden treffen. Wenn dann auch noch der Geschädigte Gefahr läuft, materielle Einbußen zu erleiden, ist schnell ein Schadensersatzanspruch entstanden. Das Verbreiten dieser falschen Tatsachen kann einen rechtswidrigen Eingriff in ein Unternehmen, sei es Pharmakonzern oder Arztpraxis, darstellen. Rechtswidrig ist dieser Eingriff in einen „eingerichteten und ausgeübten Gewerbebetrieb" (§ 823 Abs. 1 BGB) dann, wenn er rufschädigend ist und letztendlich die konkrete Gefahr wirtschaftlicher Einbußen beinhaltet.

Die Gratwanderung also bleibt: Wenn Betroffene anderen Betroffenen Ratschläge erteilen, fällt dies natürlich unter das Recht der Meinungsäußerung. Also keine Angst vor Kritik. Auf der sicheren Seite ist der Berater immer dann, wenn er den Satz „also bei mir ..." vorausschickt und dann seine Erfahrungen erläutert. Die Darstellung der persönlichen Sichtweise und der selbstgewonnenen Erkenntnisse über den Verlauf der Krankheit und die Erfolge und Misserfolge der Therapien ist immer und an jeder Stelle erlaubt. Der Bezug auf das Selbsterlebte schließt eigentlich auch aus, dass der Berater fahrlässig eine falsche Darstellung abgibt und damit einen Schaden anrichtet. Die Wiedergabe der eigenen Erfahrung wird in der Regel richtig sein und den Berater davor bewahren, schuldhaft einen Sachverhalt unrichtig zu interpretieren.

Auch die Darstellung einer Summe von Einzelmeinungen, also die Schilderung der Erfahrungen vieler Teilnehmer einer Gruppe, ist zulässig. Wichtig ist allerdings auch da, kenntlich zu machen – sei es im Flyer oder bei der Beratung –, dass Betroffene ihre Erlebnisse und subjektive Sicht der Dinge darstellen. Es sollte erkennbar sein, dass die Gruppenmeinung aufgrund der gesammelten Erfahrungen einzelner im Zweifel benennbarer Mitglieder entstanden ist. Verallgemeinerungen, die nicht nachprüfbar sind, und pauschale Bewertungen sind immer gefährlich.

Hilfreich ist, wenn die Ausführungen mit wissenschaftlichem Material ergänzt werden können. Manche Selbsthilfegruppen haben sich für ihr Thema schon eine ganze Bibliothek mit Gutachten, medizinischen Fachaufsätzen und Untersuchungen aufgebaut oder aus dem Internet zusammengesucht. Je fundierter Kritik angebracht werden kann, umso weniger angreifbar ist auch das Statement.

Wenn Zweifel an der Zulässigkeit der Meinungsäußerung auftreten, gilt: Je größer das Forum ist, das mit der Beratungstätigkeit bedient wird, umso genauer sollte sich der Raterteilende überlegen, ob seine Hinweise und Ausführungen einen Dritten beschädigen können, materiell oder durch Herabsetzung seiner Reputation.

Sicher wird man unterscheiden müssen, ob im Internet vor Herrn Dr. med. X dringend gewarnt wird oder die Therapie des Herrn Dr. med. X. in einem Beratungsgespräch unter vier Augen im Einzelfall als nicht erfolgreich bezeichnet wird. Beides sind unterschiedliche Stufen einer möglichen Rufschädigung, die völlig unterschiedliche Rechtsfolgen nach sich ziehen können. Herr Dr. med. X wird es wohl hinnehmen müssen, einen unzufriedenen Patienten zu besitzen; die nachhaltige Beschädigung seines Rufes im Internet kann aber für die Gruppe teuer werden.

Die Frage also, welche Äußerungen über Ärzte, Kliniken und Medikamente erlaubt sind und welche nicht, kann sich nur im Spannungsfeld zwischen mehreren Faktoren beantworten lassen. Dazu gehört, wer – als Gruppenkonsens oder als Einzelmeinung – wie – als allgemeinen Hinweis oder als konkrete Empfehlung – und in welchem Forum – in der Einzelberatung oder im Internet – welche Tatsachenäußerung in die Welt setzt. Nur aus dem Zusammenspiel all dieser Faktoren ergibt sich die Zulässigkeit oder Rechtswidrigkeit der Meinungsäußerung. Letztendlich ist wie so oft auf den Einzelfall abzustellen.

## 3.2 „Das oder keines!" – Konkrete Empfehlungen und das Heilmittelwerbegesetz

Aktive in den gesundheitsbezogenen Selbsthilfegruppen müssen sich selten mit den Bestimmungen des Heilmittelwerbegesetzes auseinandersetzen. Aber vor allem für die Arbeit der Selbsthilfeverbände kann es eine Rolle spielen. Je größer und einflussreicher ein Verband in der Öffentlichkeit präsent ist, umso mehr werden Hersteller von pharmazeutischen Produkten auch die Einstellung eines Selbsthilfeverbandes zu ihrem Erzeugnis beobachten. Sie möchten ihre Wettbewerbschancen gewahrt sehen.

Das Heilmittelwerbegesetz regelt, wer in der Öffentlichkeit und in Fachkreisen mit welchen Mitteln werben darf. Und es betrifft alle möglichen Produkte, vom Wundverband über Tabletten bis zum Herzschrittmacher.

### 3.2.1 Empfehlungen in der persönlichen Beratung

Auch bei der persönlichen Beratung in einem Vier-Augen-Gespräch oder in der Runde beim Gruppentreffen ist Vorsicht geboten. Die konkrete Empfehlung eines Medikaments als das einzig wirksame oder einer Einrichtung als die einzig Gute gilt es zu vermeiden. Diese Äußerungen können als unlauterer Wettbewerb gewertet werden. Unterlassungs- und Schadensersatzansprüche sind auch hier die Folge. Selbst hier kann ein Verstoß gegen das Heilmittelwerbegesetz vorliegen.

Auf jedem Forum, im persönlichen Gespräch wie auch bei der Veröffentlichung in Zeitung oder Internet gilt: Das Aufgreifen der eigenen Erfahrung oder das Sammeln von Erfahrungsberichten, das Schildern des Selbsterlebten also, schließt das Risiko aus, in Schwierigkeiten zu geraten. Es gelten hier die gleichen Grundsätze wie in den Fällen, in denen vor einem Medikament, einer Behandlungsmethode oder einem Arzt gewarnt wird.

Die Darstellung der Erfolge und Misserfolge durchlebter oder durchlittener Behandlungen kann die wichtigste Arbeit einer Selbsthilfegruppe sein. Betroffene, die neu zur Gruppe stoßen oder die Homepage der Initiative besuchen, suchen genau diese Informationen.

Auch hier sollte der Berater oder die Gruppe ein Problembewusstsein dafür entwickeln, an welcher Stelle, in welcher Form, auf welchem Forum diese Informationen zugänglich gemacht werden.

Wenn die Rollenverteilung zwischen Berater einerseits und Beratenem andererseits geklärt ist, ist es in einem Gespräch leicht zu vermitteln, dass eigene Erfahrungen geschildert werden. Darüber hinaus kann der Berater natürlich auch empfehlen, sich weitere Informationen zu beschaffen und auf Fundstellen im Internet, auf Veröffentlichungen, die Verbandszeitung oder den Flyer der Gruppe verweisen.

Dies alles führt beim Beratenen im Vier-Augen-Gespräch dazu, dass der Eindruck, hier würden ohne eigene Erfahrungen Empfehlungen in die Welt gesetzt, vermieden wird.

Die Erkenntnisse einer Selbsthilfegruppe, ihre oft jahrelange Erfahrung im Umgang mit der Krankheit kommen so unmittelbar neu Betroffenen zu Gute. Und dies ist ein wichtiger Punkt in der Selbsthilfearbeit.

### 3.2.2 Empfehlungen in Veröffentlichungen

Die Arbeit der Selbsthilfegruppen und -organisationen geht aber oft darüber hinaus. Mit Flyern, Verbandzeitschriften und Internetauftritten oder -foren bedienen sie auch ein öffentliches Informationsinteresse. Und dieses ist grundrechtlich geschützt. Der Grundsatz der Meinungsfreiheit umfasst eben das Recht, Informationen, die für die Allgemeinheit oder bestimmte Gruppen wichtig sind, einem größeren Publikum bekannt zu machen.

Auch wenn sich Selbsthilfegruppen nicht unbedingt im Dschungel zwischen verschiedenen Anbietern aus dem Bereich der Pharmaindustrie verorten, sollte eine Gruppe nicht blauäugig sein, wenn sie für ein bestimmtes Medikament, ein bestimmtes Heilmittel einsteht. Dem Recht auf freie Meinungsäußerung steht das Verbot des unlauteren Wettbewerbs gegenüber.

Bei Veröffentlichungen, die ein Medikament oder ein pharmazeutisches Produkt empfehlen, ist einiges zu beachten. Es können allgemeine wettbewerbsrechtliche Vorschriften verletzt sein. Darüber hinaus ist auch das Heilmittelwerbegesetz einschlägig, das bestimmte Verbote beinhaltet.

Neben Schadensersatzansprüchen können auch Kosten wegen einer Ordnungswidrigkeit oder einer Abmahnung anfallen.

Sinn und Zweck des Heilmittelwerbegesetzes ist der Schutz des „Endverbrauchers“, des Kranken. Er soll nicht durch reißerische Werbung in seiner Entscheidung beeinflusst werden, welche Heilungs- oder Linderungsmethode er versuchen möchte. Daher stellt das Gesetz bestimmte Kriterien auf, in welcher Form und in welchen Foren für Medikamente und ähnliches geworben werden darf. Die Werbung für diese Produkte ist nur eingeschränkt zulässig und unterliegt bestimmten Kriterien. Adressat des Gesetzes sind in erste Linie die pharmazeutische Industrie und diejenigen, die mit Medikamenten und Heilmitteln Handel treiben. Also letztendlich diejenigen, die mit Krankheit Geld verdienen.

Auch wenn die Intentionen einer Selbsthilfegruppe mit den gewinnorientierten Absichten eines Pharmakonzerns nicht gleichgesetzt werden können, bleibt für die Gruppen dennoch Vorsicht geboten. So erreichte im Jahr 2009 ein Berliner Selbsthilfe-Internetportal eine Abmahnung durch eine „Wettbewerbszentrale“. Hintergrund war der Hinweis auf ein neues Medikament im Rahmen eines redaktionellen Beitrages in der Vereinszeitung mit Abbildung des Produktes, Nennung des Herstellers und Wiedergabe von lobenden Äußerungen eines Wissenschaftlers. Im Ergebnis hatte der Vorgang Abmahngebühren und Rechtsanwaltskosten in Höhe von rund € 500,00 verursacht (zitiert nach Dr. Ulrike Faber, „Transparenz und Unabhängigkeit der Selbsthilfe“, NAKOS, Konzepte und Praxis Nr. 6, Berlin 2012).

Das Beispiel zeigt, dass von Seiten der Industrie durchaus ein Auge auf die Entwicklungen in der Selbsthilfeszene geworfen wird und beobachtet wird, wenn Gruppen Stellung zu Medizinprodukten beziehen. Je größer und je überregionaler eine Gruppe, ein Selbsthilfeverband dann ist, je mehr Betroffene er also erreicht, desto „interessanter“ wird er für den jeweiligen Hersteller eines bestimmten, spezialisierten Präparates.

Auch das „Wo“, die Platzierung der Information zu einem Produkt, hat Auswirkungen auf die Frage, ob ein Verstoß gegen wettbewerbsrechtliche Vorschriften vorliegen kann oder nicht.

Grundsätzlich gilt: je höher der Verbreitungsgrad einer Publikation ist, in der ein Pharmazeutikum vorgestellt wird, desto eher kann sich ein konkurrierendes Unternehmen in seinen Wettbewerbschancen verletzt sehen. Dies gilt einmal mehr, wenn eine Selbsthilfegruppe ein Internet-Portal betreibt. Umgekehrt: Je individueller ein Beratungskontakt ist, also gerade keine publikumswirksame Veröffentlichung vorliegt, desto weniger stellen sich Probleme aus dem Wettbewerbsrecht. Die persönliche Beratung auf Augenhöhe, der Konsens als Betroffener einen gleichermaßen Betroffenen zu beraten, ist eigentlich die Garantie dafür, auf der sicheren Seite zu sein.

Andererseits gehört es aber zum Kernbereich der Arbeit von Selbsthilfegruppen, Hinweise und Tipps zum Umgang mit pharmazeutischen Produkten zu veröffentlichen, also letztendlich zu beraten. Es ist ihr Interesse, Betroffene über neue Entwicklung auf dem Gebiet „ihrer" chronischen Erkrankung zu informieren und Erfahrungen mit neuen und alten Medikamenten gegenüberzustellen. Die meisten Selbsthilfegruppen im Bereich der „Volkskrankheiten" oder chronischen Erkrankungen sind längst überregional vernetzt und bundesweit tätig. Als Kommunikationsinstrument zum internen Gebrauch wie auch als Kontaktbörse für neue Interessenten eignet sich immer mehr das Internet. Aber auch die regelmäßig erscheinende Zeitschrift bleibt ein wesentliches Forum. Wenn auf diesen Plattformen also Medikamente oder andere pharmazeutische Produkte besprochen werden, sind ein paar Grundsätze aus dem Heilmittelwerbesetz zu beachten.

### – Werbung

Das eindeutigste und einfachste Mittel, sich keinem Verstoß gegen das Wettbewerbsrecht im Sinn des Heilmittelwerbegesetzes auszusetzen, ist eben keine Werbung zu betreiben. Der Begriff Werbung ist sehr weit zu fassen. Er umfasst alles, was irgendwie dazu dienen kann, den Absatz für ein Produkt zu steigern. Dennoch gibt es einige Merkmale, die per se eine absatzfördernde Wirkung unterstellen. Dazu zählen das kritiklose Loben eines Produktes, die unkommentierte Übernahme der Werbeaussagen des Herstellers, deren Wiederholung im Text und auch das Nennen des Handelsnamens, des Namens also, unter dem das Medikament in der Apotheke gekauft werden kann. Je häufiger der Produktname und der Hersteller genannt werden, umso schneller wird man von Werbung sprechen können.



Um die Fallstricke des unlauteren Wettbewerbs bereits beim Begriff der Werbung zu umgehen, empfiehlt es sich, mit dem besprochenen Produkt „kritisch" umzugehen. Eine sogenannte „redaktionelle Auseinandersetzung“ mit dem Medikament ist erforderlich. Dies bedeutet, dass nicht nur die Angaben des Herstellers übernommen werden, sondern versucht wird, weitere, unabhängige Informationen über das Produkt in den Text aufzunehmen. Ein Für und Wider in der Darstellung, vielleicht auch der Hinweis auf ähnlich wirkende Produkte ist notwendig.

Auch wenn es im Text sperrig wirkt und ungebräuchlich ist, besser als die wiederholte Nennung des geläufigen Produktnamens ist die Bezeichnung des Wirkstoffes.

### – verschreibungspflichtige und abhängig machende Medikamente

Weiter ist Vorsicht geboten, wenn es um verschreibungspflichtige Medikamente geht. Für pharmazeutische Produkte, die nur der Arzt verordnen kann, darf nur gegenüber einem eingeschränkten Fachpublikum, nämlich bei „Ärzten, Zahnärzten, Tierärzten, Apothekern und Personen, die mit diesen Arzneimitteln erlaubterweise Handel treiben, geworben werden“ (§ 10 Abs. 1 HWG).

Dies kann für viele Gruppen aus dem Bereich der chronischen Erkrankungen wichtig sein, denn in der Regel sind die Betroffenen auf hochwirksame, verschreibungspflichtige Medikamente angewiesen.

Konsequenz ist, dass Veröffentlichungen in Verbandszeitungen oder im Internet, die sich mit einem verschreibungspflichtigen Medikament auseinandersetzen, besonders problematisch sind. Hier hilft eigentlich nur der sorgfältige Umgang mit dem Text, der ausschließt, dass von „Werbung“ gesprochen werden kann, und sicherstellt, dass eine redaktionelle Auseinandersetzung mit dem Produkt erfolgt.

Zur Verdeutlichung ein Beispiel zum Umgang mit dem Medikament „x-pharma.forte“:

a.) Werbung: Bei allen Spielarten der Morbus exempel ist x-pharma.forte das Mittel der Wahl. Es lindert bereits nach viermaliger Einnahme die oft lästigen und augenfälligen Symptome und verschafft spürbar Erleichterung.

b.) Redaktionelle Auseinandersetzung: Uns liegen zwei Studien aus den Niederlanden (Quellenangabe) und der Uniklinik in A-Stadt (Quellenangabe) vor, dass x-pharma.forte bei Typ A und C der Morbus exempel spürbare Symptomverringerungen bewirkt hat. Dies war zum einen bei 71 % und zum anderen bei sogar 83 % der Probanden der Fall. Allerdings ist hinzuzufügen, dass nur bei der ersten Untersuchung eine Kontrollgruppe geprüft wurde und die Forschungsreihen mit n = 221 und n = 158 als ausgesprochen klein anzusehen sind, somit also wissenschaftlichen Maßstäben nicht genügen. Zu Typ B liegen noch keine Studien vor. Dennoch ist davon auszugehen, dass x-pharma.forte eine vielversprechende Medikation bei Morbus exempel darstellt.

Allerdings können und dürfen sich auch Personen außerhalb des „eingeschränkten Fachpublikums", also Laien, Informationen über verschreibungspflichtige Medikamente wie den Beipackzettel oder die behördlich genehmigte Zusammenfassung der Arzneimittelmerkmale aus dem Internet herunterladen. Voraussetzung gegenüber den Herstellern der Produkte bleibt aber, dass diese Informationen nicht unaufgefordert zur Verfügung gestellt werden, sondern sich der Betroffene selbst um den Link bemühen muss (§ 1 Abs. 8 HWG).

Weitere Einschränkungen gelten für – nicht verschreibungspflichtige – Psychopharmaka und Mittel gegen Schlafstörungen. Für sie darf „außerhalb von Fachkreisen" nicht geworben werden (§ 10 Abs. 2 HWG).

Für den Bereich der Selbsthilfe kann interessant sein, dass mit dieser Vorschrift die Verbreitung von abhängig machenden Pharmaka, so auch für Mittel, die schmerzlindernd sind, kontrolliert werden soll. Pflanzliche, nicht abhängig machende Substanzen fallen darunter nicht.

Die Fachkreise werden im Gesetz – verkürzt – wie folgt definiert: Zu ihnen zählen alle „Angehörige von Heilberufen oder des Heilgewerbes … oder sonstige Personen, soweit sie mit Arzneimitteln, Medizinprodukten, Verfahren, Behandlungen … erlaubterweise Handel treiben oder sie in Ausübung ihres Berufes anwenden (§ 2 HMG). Es wird also immer auf einen professionellen, beruflichen Zusammenhang abgestellt. Damit ergibt sich, dass Selbsthilfegruppen, die ja im Sinn eines bürgerschaftlichen Engagements und nicht berufsmäßig unterwegs sind, nicht darunter fallen.



Auch hier gilt also, dass bei Veröffentlichungen in Verbandszeitungen u.ä. oder im Internet Vorsicht geboten ist. Durch die textliche Ausgestaltung muss der Eindruck, dass Werbung betrieben wird, vermieden werden.

### – nicht verschreibungspflichtige Medikamente

Auch bei nicht verschreibungspflichtigen Medikamenten ist eine gewisse Vorsicht geboten (§ 11 HWG). Die Präsentation dieser Medikamente außerhalb von Fachkreisen (vgl. § 2 HMG), also die sogenannte Laienwerbung, unterliegt ebenfalls bestimmten Regularien.

Zulässig ist ausdrücklich die Zuhilfenahme von Gutachten und wissenschaftlichen Veröffentlichungen. Dies dürfte die Arbeit von Selbsthilfegruppen durchaus erleichtern. Denn nur so lässt sich auch eine ordentliche, redaktionelle Auseinandersetzung mit einem Produkt betreiben.

Außerdem dürfen Krankengeschichten geschildert und bildliche Darstellungen von Erkrankungen gezeigt werden. Als Einschränkung bleibt, dass die Darstellung nicht in „missbräuchlicher, abstoßender oder irreführender Weise" erfolgt (§ 11 Abs. 1 Ziff. 5 HWG). Darüber hinaus muss bei der Wiedergabe von Krankheitsgeschichten vermieden werden, dass die Betroffenen Selbstdiagnosen stellen (§ 11 Abs. 1 Ziff. 3 HWG).

Weiter dürfen auch Bilder von in Gesundheitsberufen Tätigen – so zum Beispiel von Ärzten – in Ausübung ihrer Tätigkeit, also in Berufskleidung, gezeigt werden.

Grundsätzlich bleibt es aber verboten, mit der Angst eines Kranken zu spielen und Aussagen zu treffen, dass die Nichtanwendung des Produktes zu gesundheitlichen Beeinträchtigungen führen würde. Irreführende Werbung und manipulative Aussagen sind verboten.

Gerade diese Vorschriften können aber in anderer Hinsicht für Selbsthilfegruppen Relevanz zeigen. Vielleicht ist in Zukunft Vorsicht geboten, wenn Pharmaunternehmen einzelne Teilnehmer einer Selbsthilfegruppe oder ganze Verbände als Werbeträger entdecken. Dadurch können auch neue Abhängigkeiten entstehen (vgl. hierzu: NAKOS, Hsgb., Konzepte und Praxis Nr. 6, „Transparenz und Unabhängigkeit der Selbsthilfe", Berlin 2012).

Abhängigkeiten können auch dadurch entstehen, wenn Gruppen durch Sach- oder Geldleistungen gesponsert werden. Dies ist in steuerrechtlicher Hinsicht wichtig, weil dann Einnahmen aus Einkünften (vgl. Teil IV, Ziff. 4.3.2) entstehen.

Zusammenfassend lässt sich Folgendes festhalten:
Gruppen, die sich lobend mit Pharmazeutika in der Öffentlichkeit auseinandersetzen, sollten in jedem Fall den Eindruck vermeiden, für das Produkt Werbung zu machen.

Im Übrigen sollten die in der Beratung Tätigen trotz ihres Spezialwissens nicht aus den Augen verlieren, dass Selbsthilfe auch immer selbstbetroffen heißt. Es wird also aus der Sicht eines zwar versierten Laiens, aber nicht als Wissenschaftler, Arzt oder Rechtsanwalt gehandelt. Aus der Sicht des Beratenen sollte der Berater nie den Anschein erwecken, ein Fachmann mit akademischen Weihen zu sein. Dann kann bei der Beratung, gleich auf welchem Forum, eigentlich nichts schiefgehen.

## 4 „... da stimmt was nicht!" Beratungsfehler

Manchmal können sich aber auch Irrtümer und Fehler in der Beratung eingeschlichen haben, sei es im Gespräch oder auf der Homepage. Wie verbindlich sind dann die Aussagen des Beratenden? Kann er oder die Initiative für einen Fehler haftbar gemacht werden?

Grundsätzlich – auch wenn eine Gruppe Fördergelder erhält – bleibt sie eine Selbsthilfegruppe mit allen rechtlichen Konsequenzen (vgl. Teil I, Ziff. 2.1). Durch eine Bezuschussung mutiert die Gruppe nicht zur öffentlichen Einrichtung, an die höhere Erwartungen gestellt werden. Es ergibt sich daraus keine quasi öffentlich-rechtliche Haftung.

Gekennzeichnet sind Selbsthilfegruppen durch die freiwillige und unentgeltliche Arbeit ihrer Mitglieder. Diese leisten dadurch ihren Beitrag zu ihrer „Gesellschaft des bürgerlichen Rechts". Dann gilt aber auch für den Berater, der im Auftrag der Gruppe handelt, die Haftungserleichterung des § 708 BGB (vgl. Ziff. II 2.3). Wer also für die Initiative berät und einen Erkenntnisstand referiert, den er sich in der für sich selbst üblichen Sorgfalt erarbeitet hat, und aus eigener Erfahrung berichtet, braucht für einen Fehler nicht einzustehen. Aus dem Gesellschaftsrecht heraus besteht zwischen der erforderlichen Sorgfalt beim Einsatz für die Gruppe und für seine eigenen Angelegenheiten kein Gefälle. Letztendlich haftet der Berater also nur, wenn er vorsätzlich, also wider besseren

Wissens eine falsche Auskunft erteilt. Dies gilt für das Verhältnis zwischen dem beratenden Mitglied und der Gruppe.

Ähnliche Konsequenzen ergeben sich auch, wenn die Beziehung zwischen der Gruppe und einem unbeteiligten Dritten, einem Ratsuchenden beleuchtet wird. Auch da sollte man das Grundkonzept der Selbsthilfe nicht aus dem Auge verlieren. Auf gleicher Ebene beraten Betroffene gleichermaßen Betroffene. Und auch der Beratene weiß, dass er einem Freiwilligen gegenübersteht, der aus eigener Interessenlage heraus Hilfestellungen geben möchte. Daraus verbindliche Ratschläge mit haftungsrechtlichen Konsequenzen herzuleiten, erschließt sich wohl nicht. Es wurde weder ein Beratervertrag geschlossen, noch ist der Beratene in irgendeiner Weise gehalten oder gar verpflichtet, dem Ratschlag zu folgen.

Und wenn der Berater selbst die Richtigkeit seiner Äußerungen überprüft hat, dann ist eine vorsätzliche oder grob fahrlässige Handlungsweise ohnehin ausgeschlossen, so dass auch aus diesem Grund das Haftungsrisiko äußerst eingeschränkt ist.

Der Grundsatz, dass Beratung bei der Selbsthilfe Erfahrungsaustausch auf Augenhöhe ist, sollte immer präsent sein.

## 5 Ausnahmesituation: Verpflichtung zum Handeln?

Zum Abschluss des Kapitels über die praktische Arbeit der Initiativen noch ein paar Worte zu schwierigen Themenkreisen.

Selbsthilfegruppen, deren Themen um Depression und Suizidgefahr kreisen, können immer in folgende problematische Situation kommen: Wie und auf welche Art und Weise muss gehandelt werden, wenn die Gruppe Kenntnis von der konkreten Suizidgefährdung eines Teilnehmers hat? Welche Anforderungen können überhaupt an den Teilnehmer einer Depressionsgruppe gestellt werden?

Eine Antwort auf diese Fragestellungen kann sich nur aus dem Strafrecht ergeben. Im Strafgesetzbuch gibt es zwei Anknüpfungstatbestände für Taten, die durch ein Unterlassenlassen, also durch Untätigkeit begangen werden können.

Zum einen kann sich eine Pflicht zu Handeln aus einer sogenannten „Garantenstellung“ (§ 13 StGB) ergeben, zum anderen bleibt der Straftatbestand der Unterlassenen Hilfeleistung (§ 323c StGB) zu diskutieren. Bei Sucht- und/oder Depressionsgruppen können Fragen entstehen, welche Pflichten sich für Teilnehmer oder den Gruppensprecher ergeben, wenn Kenntnisse über eine Suizidankündigung oder -absicht eines Teilnehmers vorliegen.

Eine *Garantenstellung,* also eine Verpflichtung zum Handeln, trifft im Großen und Ganzen auf Berufsgruppen zu, die von Berufs wegen einen „Erfolg“ abzuwenden haben. Hierzu zählen vor allen Dingen Ärzte, Therapeuten, Krankenschwestern, Sozialarbeiter u.v.m. In Ausnahmefällen und überdies in weit zurückliegenden Urteilen wurde in der Rechtsprechung auch von einer Garantenstellung aus „besonderem Vertrauensverhältnis“ gesprochen. Hierzu wurden Beispiele herangezogen wie z.B. die Verbundenheit in einer Bergsteigergruppe, einer Wohngemeinschaft oder auch einer Ehe oder Lebensgemeinschaft. Gemeinsam war all diesen Fällen, so die Kommentarliteratur, dass neben dem Vorliegen dieses Gemeinschaftsgefüges weitere Indizien hinzukommen müssten, die zu einer ganz besonderen Vertrauensstellung, auf die der Betroffene auch bauen dürfe, bestehen müsste.

Der „Garant“ müsse deutlich gemacht haben, eine Schutzfunktion im konkreten Fall gegenüber dem Betroffenen auch übernommen zu haben (vgl. BGH, Urteile vom 07.09.1983, Az.: 2 StR 239/83 und vom 08.04.1987, Az. 3 StR 91/87).

Vor diesem Hintergrund erscheint für den Bereich der Selbsthilfe das Vorliegen einer Garantenstellung eines Gruppenmitglieds für das jeweils andere doch sehr fraglich. Hier liegen als Grundvoraussetzung weder eine häusliche Gemeinschaft noch eine familiäre Verpflichtung vor. Entscheidend allerdings ist, dass es an einer Erklärung der Gruppenmitglieder, eine konkrete Schutzfunktion zu übernehmen, mangelt.

*Die Pflicht Hilfe zu leisten*, um ein *Unglück abzuwenden (Unterlassene Hilfeleistung*, § 323c StGB) trifft allerdings jeden.

In der Rechtsprechung wird ein Suizid oder ein Suizidversuch als Unglück gewertet. Grundsätzlich ergibt sich also – für jedermann – aus dem Gesetz, die Verpflichtung auch einen Suizidversuch zu verhindern.



Um allerdings den Straftatbestand der Unterlassenen Hilfeleistung zu erfüllen, müssen bestimmte Voraussetzungen zusammentreffen.

Ein wichtiges Unterscheidungskriterium ist, ob lediglich eine *Ankündigung* vorliegt oder das Suizidgeschehen *bereits im Gange* ist. Damit im Zusammenhang steht, inwiefern der Suizident noch *Herr seiner Sinne* ist oder nicht mehr. Je mehr der Eindruck besteht, der Suizident wäre nicht mehr Herr der Lage, könne seine Handlungen also nicht mehr steuern, umso dringender ist die Verpflichtung einzugreifen. Weiter muss Hilfe aus der Sicht des Helfenden *erforderlich* und notwendig erscheinen.

Außerdem muss dem Helfenden das Handeln *zumutbar* sein. Hier ist immer auf den Einzelfall abzustellen. Die Rechtsprechung sagt dazu, dass der Tatbestand der unterlassenen Hilfeleistung beispielsweise auch für einen Arzt keine Sonderpflichten schaffen würde. Einem Arzt wäre gegebenenfalls geeignete Hilfestellung am ehesten möglich, aber selbst bei ihm ist die Zumutbarkeit des Handelns in der konkreten Situation zu prüfen. Vielleicht lässt diese Argumentation folgenden Rückschluss zu: Eine gesteigerte Verpflichtung zum Eingreifen entsteht für einen Teilnehmer einer Depressionsgruppe nicht schon dadurch, dass er Mitglied der Gruppe ist. Er nimmt an der Gruppe als Betroffener teil und ist gegebenenfalls selbst auf Hilfe angewiesen. Die strafrechtliche Verantwortung für den Suizid eines anderen Teilnehmers muss nach den konkreten Umständen des Einzelfalles und der Zumutbarkeit des Handelns geprüft werden.

Als letztes Kriterium sei angeführt, dass in dieser konkreten Situation die Hilfe dann *vorsätzlich* unterlassen werden müsste. Denn strafbar ist nur die *Vorsatztat*; der Teilnehmer einer Gruppe müsste also konkrete Kenntnis von den Umständen haben und sich dann bewusst gegen ein Eingreifen entscheiden. Aber gerade Teilnehmern dieser Gruppen kann aus eigener Betroffenheit ein sorgfältiger Umgang mit der Problematik und Sensibilität unterstellt werden. Damit wäre sogar Fahrlässigkeit ausgeschlossen.

Die vorgenannten Punkte, also Erforderlichkeit und Zumutbarkeit der Hilfe, sind unbestimmte Rechtsbegriffe, die in einer Vielzahl von Entscheidungen und nicht einheitlich entschieden wurden, so dass die Rechtslage in der Tat unübersichtlich bleibt. Die Beurteilung wird sich immer am Einzelfall entscheiden.

Für den Bereich der Selbsthilfe erscheint aber ausschlaggebend: Es kann so gut wie nie unterstellt werden, dass Hilfe vorsätzlich unterbleibt.

Spätestens also beim *subjektiven Tatbestand des Vorsatzes* dürfte der Straftatbestand der Unterlassenen Hilfeleistung zu verneinen sein.

Daneben und darüber hinaus ist natürlich die Einschaltung von fachkundiger psychologischer und medizinischer Hilfe immer richtig und wichtig. Das Strafrecht versucht an dieser Stelle, mit einer nicht immer übersichtlichen Judikatur lediglich die Grenzen einer Handlungspflicht für einen „durchschnittlichen" Betroffenen gesetzlich zu normieren.

An dieser Stelle nochmal: Eine konkrete oder allgemein anwendbare Richtlinie für diese Fälle wird es nie gegeben, jede Fallkonstellation ist anders und muss der Prüfung durch einen Juristen vorbehalten bleiben.

# 6 Ausnahmesituation: Verpflichtung zur Aussage?

Es gibt noch andere Situationen für Selbsthilfegruppen, die die Teilnehmer oder Gruppensprecher an ihre Grenzen bringen. Eine dieser Situationen eröffnet sich für eine Selbsthilfegruppe aus dem Suchtbereich zum Beispiel dann, wenn die Polizei Auskunft über die Trunkenheitsfahrt eines Gruppenmitglieds haben möchte. Wie geht die Gruppe, der Gruppensprecher damit um? Welche Rechte und Pflichten hat jeder einzelne Teilnehmer?

Rechtlich gesehen sind dies die Fragen nach einem Zeugnisverweigerungsrecht nach der Strafprozessordnung, das bestimmten Personengruppen zusteht. Zeugnisverweigerungsrecht ist das Recht, *gegenüber Staatsanwaltschaft und Gericht* keine Aussage machen zu müssen.

Bekannte Beispiele sind das Zeugnisverweigerungsrecht aus persönlichen Gründen, also dasjenige der Verwandten (§ 52 StPO), und aus beruflichen Gründen. Letzteres betrifft z.B. Ärzte, Pastoren, Rechtsanwälte (53 StPO).

Grundsätzlich gilt, dass es gegenüber der Polizei keine Verpflichtung gibt auszusagen, sei es als Zeuge oder auch als Beschuldigter. Wer hingegen von der Staatsanwaltschaft oder dem Gericht *als Zeuge* aufgefordert wird, auszusagen, muss dieser Verpflichtung auch nachkommen. Hiervon gibt es enge, gesetzlich normierte Ausnahmen für bestimmte Personengruppen.

Für den Suchtbereich interessant ist, dass nach § 53 Abs. I Ziff. 3b StPO zur Aussageverweigerung berechtigten Berufsgruppen u.a. auch Beauftragte von Beratungsstellen für Fragen der Betäubungsmittelabhängigkeit zählen.

Diese Privilegierung von Beratern in Beratungsstellen bezieht sich nach dem Wortlaut des Gesetzes nur und ausschließlich auf die Suchtform „Betäubungsmittel". Analogien und analoge Schlussfolgerungen, dass auch Beratungsstellen für andere Suchtformen privilegiert wären, verbieten sich aufgrund der klaren gesetzlichen Aussage.

Zur Frage, ob Selbsthilfegruppen aus dem Bereich der Betäubungsmittelsucht als „staatlich anerkannte Beratungsstelle" gelten können, sei eine Entscheidung des Bundesverfassungsgerichts vom 18.01.1996 (Az.: 2 BvR 2886/95) zitiert.

Mit dem Hinweis auf die ehrenamtliche Tätigkeit in einer Selbsthilfegruppe führt das Bundesverfassungsgericht aus, dass eine Beratung in einer „sogenannten Selbsthilfegruppe" (BVerG a.a.O.) – im konkreten Fall einer Gruppe von Eltern drogenabhängiger Kinder – nicht mit einer Beratung in amtlich anerkannten oder eingerichteten Beratungsstellen gleichgesetzt werden könne. Das Bundesverfassungsgericht entschied also klar, dass Gruppensprecher oder Teilnehmer einer Selbsthilfegruppe aus dem Bereich der Drogensucht im Sinne der Strafprozessordnung nicht staatlich anerkannt sind und somit für diese Gruppen kein Zeugnisverweigerungsrecht besteht. Gruppensprecher oder -teilnehmer einer Gruppe aus dem Bereich der Betäubungsmittelsucht müssen also als Zeuge gegenüber Gericht und Staatsanwaltschaft aussagen.

Für alle Gruppen aus den übrigen Suchtbereichen besteht ohnehin kein Zeugnisverweigerungsrecht. Sofern also Gruppensprecher oder Teilnehmer von der Staatsanwaltschaft oder vom Gericht eine Ladung erhalten, um eine Aussage zu machen, dann besteht für den gesamten Bereich der Selbsthilfe kein Zeugnisverweigerungsrecht.

# III

# Datenschutz und Öffentlichkeitsarbeit

## 1 Die Datenschutz-Grundverordnung (DS-GVO)

## Der richtige Umgang mit Daten innerhalb der Gruppe

„Was in der Gruppe gesprochen wird, bleibt auch in der Gruppe!" Dieser Grundsatz ist jedem geläufig, der sich in der Selbsthilfe engagiert. Dieser Satz gehört so sehr zu den Grundlagen einer nachhaltigen und erfolgreichen Arbeit einer Selbsthilfegruppe, dass seine Gültigkeit zu jeder Zeit vorausgesetzt wird und oft innerhalb der Gruppe überhaupt nicht mehr thematisiert werden muss.

Dahinter steht aber das Wissen darüber, dass alle Teilnehmer einer Selbsthilfegruppe detaillierte Kenntnisse über sehr persönliche Dinge, über Lebensumstände und gesundheitliche Probleme der anderen besitzen. Und Selbsthilfe funktioniert nur dann, wenn sich jeder aus der Gruppe sicher sein kann, dass die ihn betreffenden Informationen nicht in falsche Hände geraten. Kurz: Verschwiegenheit hat einen hohen Stellenwert und verpflichtet jeden einzelnen, sich auch daran zu halten. Rechtlich gesehen wird Verschwiegenheit in der Gruppe durch eine auf zivilrechtlichem Weg erzielte Vereinbarung zwischen den Teilnehmern erreicht. Den Weg dorthin bestimmt jede Gruppe selbst. Sei es eine schriftliche Erklärung, die von jedem Teilnehmer zu unterzeichnen ist, oder eine mündliche Vereinbarung: Das Ziel ist Verbindlichkeit, eine vertragliche Vereinbarung untereinander.

Das Bündeln von höchstpersönlichen Informationen über andere Menschen ruft aber auch den Staat auf den Plan. Denn: Wo Daten gesammelt und verarbeitet werden, besteht immer die Gefahr, dass diese an unbefugte Dritte gelangen und der Betroffene so in seinen verfassungsmäßig garantierten Persönlichkeitsrechten verletzt wird. Das Recht an und über seine persönlichen Daten ist ein hohes Gut.

Der staatliche verordnete Datenschutz ist daher die Schnittstelle zwischen der freiwilligen, zivilrechtlichen Vereinbarung der Gruppenmitglieder untereinander und dem öffentlichen Recht. Datenschutzgesetze sollen den Anspruch jedes einzelnen Bürgers auf seine Integrität und Unversehrtheit garantieren. Daher nimmt sich der Staat auch das Recht, dem Datenschutz notfalls mit Strafen zum Erfolg zu verhelfen.

Seit vielen Jahren, nicht erst seit dem Zeitalter des World Wide Web, wurden Regelungen zum Datenschutz aufgestellt. 1977 trat in Deutschland das erste Datenschutzgesetz in Kraft. Seit dem 25.05.2018 gilt nun ein neues, für die gesamte Europäische Union einheitliches Datenschutzrecht: die Europäische *„Datenschutz-Grundverordnung" (DS-GVO).*

In einer immer komplexeren Welt, in der grenzüberschreitend mit den Mitteln des Internets, der sozialen Medien und Online-Shops kommuniziert wird und Geschäfte getätigt werden, war es nur konsequent, zumindest für das Gebiet der Europäischen Union ein einheitliches Datenschutzrecht anzustreben.

Die Datenschutz-Grundverordnung (DS-GVO) als europäische Norm gibt den Rahmen vor, innerhalb dessen die einzelnen Mitgliedsstaaten dem Datenschutz zur Wirksamkeit zu verhelfen haben. Die DS-GVO ermöglicht aber auch den Ländern an einzelnen Stellen eigene, nationale Vorstellungen umzusetzen. So sind also beim Datenschutz sowohl europäische Normen wie auch an manchen Stellen deutsche Gesetze, nämlich das neue deutsche Datenschutzgesetz (BDSG), zu beachten.

## 1.1 Anwendungsbereich und Begriffe

Die DS-GVO eröffnet ihren Anwendungsbereich bei der Verarbeitung personenbezogener Daten in praktisch allen Lebensbereichen und für alle Arten von Verwendern.



Ausgenommen vom Anwendungsbereich der DS-GVO sind lediglich natürliche Personen, die Daten ausschließlich für *persönliche oder fami-*

*liäre Tätigkeiten* erheben und speichern (Art. 2 Abs. 2c DS-GVO). Damit sind im Wesentlichen die Daten gemeint, die für Einladungen zu einem Familienfest u.ä. erforderlich sind.

Alle übrigen Sachverhalte und Lebensbereiche, mit denen das Sammeln von Daten einhergeht, gehören in den Bereich der DS-GVO.

Jede Gruppe benötigt einen gewissen Grundstock an Daten, um die Gruppenarbeit zu organisieren. Manche Gruppen verwalten für ihre Teilnehmer Daten, die höchstpersönlich und gesundheitsbezogen sind. Hier ist besondere Vorsicht geboten. Selbst wenn die Verwaltung nur darin besteht, Termine bekannt zu geben, über Abwesenheit und Erkrankung zu informieren, werden Daten im Sinn des Gesetzes verarbeitet und dies nicht nur zu persönlichen oder familiären Zwecken. Somit unterliegen Selbsthilfegruppen den Kriterien der DS-GVO.

Der Begriff „*Verarbeitung*" umfasst das Erheben, Erfassen, Ordnen und Speichern von Daten (Art. 4 Ziff. 2 DS-GVO), um nur die wichtigsten Stichworte herauszugreifen. „Verarbeitung" meint einfach alles, jeden Umgang mit Daten. Dabei ist es unerheblich, ob dies automatisiert, also mit einer Liste oder einem Unterordner im PC, oder nichtautomatisiert z.B. mittels Karteikarten erfolgt. Jede Selbsthilfegruppe, die mit einer Teilnehmerliste arbeitet, ob sie nun vom Gruppensprecher in einem Aktenordner aufbewahrt oder auf dem PC gespeichert wird, verarbeitet also Daten.

Es wäre daher ein Irrtum, wenn die Gruppe das Thema „Datenschutz" mit dem Hinweis abschließt, sie würde ja ohne Computer auskommen. Auch eine Archivierung auf Papier fällt unter die Datenschutzbestimmungen. Die Gruppe braucht sich in diesem Fall natürlich keine Gedanken über IT-Sicherheit machen, dennoch muss der Aktenordner sicher verwahrt werden und auch die übrigen Vorgaben des Datenschutzes müssen erfüllt sein.

*Personenbezogene Daten* sind alle Informationen, die sich auf eine identifizierte oder identifizierbare natürliche Person beziehen (Art. 4 Ziff. 1 DS-GVO). Dazu gehören also der Name, die Adresse, Telefon und/oder E-Mail-Adresse, aber auch die IP-Adresse oder die Kontenverbindung. Letztendlich sind alle Informationen, die es möglich machen, Daten einer bestimmten Person zuzuordnen und diese so zu individualisieren, „personenbezogene Daten". So kann in einem kleinen Ort ein Betroffener aus dem Zusammenspiel zwischen Vornamen und einem weiteren Merkmal wie z.B. „Rollstuhlfahrer“ leicht identifiziert werden. Auch eine Teilnehmerliste, die ohne vollständigen Namen arbeitet, aber aus einigen Einzelinformationen Rückschlüsse auf eine konkrete Person zulässt, macht letztere identifizierbar.

Hinzukommt, dass in der Selbsthilfe fast immer auch mit sensiblen Daten hantiert wird. Dazu gehören alle Informationen über Krankheiten, psychische, physiologische oder genetische Merkmale oder soziale und kulturelle Umstände. Für diese „besondere Kategorie der personenbezogenen Daten“, wie sie die Verordnung nennt (Art. 9 DS-GVO), gelten auch spezielle Vorschriften.

Für den Anwendungsbereich der DS-GVO ist auch die *Rechtsform einer Selbsthilfegruppe* unerheblich. Da lediglich natürliche Personen, die Daten ausschließlich zu persönlichen oder familiären Zwecken sammeln, ausgenommen sind, gelten die Datenschutzbestimmungen auch für Selbsthilfegruppen. Ob die Gruppe nun selbst ein Verein ist oder einem Verein angehört oder einfach ein „loser Zusammenschluss“ von Personen ist, spielt keine Rolle. Rechtlich gesehen ist der eben zitierte „lose Zusammenschluss“ eine Personengesellschaft, eine Gesellschaft des bürgerlichen Rechts. Diese BGB-Gesellschaften, juristische Personen wie Vereine ohnehin, aber auch Einzelpersonen können Verwender von Daten sein.

Geschützt werden durch das Gesetz nur natürliche Personen, deren Daten unterliegen dem Datenschutz. Sie sind die *„Betroffenen“*. Das bedeutet, dass die Selbsthilfegruppe als Gruppe nicht unter die Kriterien des Datenschutzes fällt und somit keine eigenen Betroffenenrechte besitzt. Aber: Jeder Teilnehmer der Gruppe wie auch der Gruppensprecher als „natürliche Person“ ist „Betroffener“ und kann auf der Einhaltung des Datenschutzes bestehen.

## 1.2 Die wichtigsten Fragestellungen



Datenrechtlich auf der sicheren Seite ist, wer *Problembewusstsein* im Umgang mit personenbezogenen Daten hat. Wenn sich die Gruppe mit folgenden Fragestellungen auseinandersetzt und Antworten findet, dann ist eigentlich die ganze Vorarbeit für den richtigen Umgang mit dem Datenschutz getan.

Diese Überlegungen sind anzustellen:

- Welche Daten über unsere Teilnehmer besitzen wir bereits?
- Welche Daten benötigen wir?
- Sind die Daten aktuell?
- Welche Daten können wir löschen?
- Wie sind unsere Daten aufgehoben?
- Wer hat Zugang dazu?

In der Gruppe kann so diskutiert werden, ob der vollständige Name des Teilnehmers bekannt sein soll. Werden Telefon und E-Mail-Adresse benötigt oder genügt eine der beiden Möglichkeiten? Ist das Geburtsdatum erforderlich oder genügt die Kenntnis über den Geburtstag? Welche gesundheitsbezogenen Daten benötigen wir? Benötigen wir überhaupt Daten, die sich mit dem Handicap, der Krankheit des Teilnehmers auseinandersetzen? Ist die Liste noch aktuell oder enthält sie Angaben über Personen, die längst ausgeschieden sind? Wer führt überhaupt die Liste und wie wird sie aufbewahrt?

Für bestehende Selbsthilfegruppen bietet die jetzige Notwendigkeit, sich mit diesen Vorgaben auseinanderzusetzen, vielleicht auch eine Chance, eine gruppeninterne Diskussion über Verantwortlichkeiten und Datenminimierung in Gang zu setzen.

Denn Ziel ist immer, dem Gebot der Datenminimierung gerecht zu werden. Es sollen also nur die unbedingt notwendigen Daten verarbeitet werden.

Sicherlich wird jede Gruppe die Fragen, welche Daten notwendig sind und auf welche verzichtet werden kann, anders beantworten können. Aber dies meint der Gesetzgeber damit, dass einer rechtmäßigen Datenverarbeitung immer eine konkrete Zweckbindung zugrunde liegen muss, und die kann natürlich jeweils verschieden sein. Zur Zweckbindung siehe auch nachfolgend 1.3).

So kann es für die Beantragung von Geldern aus den verschiedenen Fördersträngen durchaus erforderlich sein, dass die einzelnen Teilnehmer innerhalb der Gruppe mit vollständigem Namen erfasst werden, um dem Geldgeber die Anzahl der Gruppenmitglieder bei nochmaliger Nachfrage überprüfbar mitteilen zu können.

Letztendlich zielt die Frage nach der Zweckbindung immer darauf ab, dass Datenminimierung erreicht wird. Es sollen nur die absolut notwendigen Daten gesammelt und verarbeitet werden.

## 1.3 Die Zielvorstellungen der DS-GVO

Die Datenschutz-Grundverordnung, DS-GVO, wie auch das frühere deutsche Datenschutzgesetz sind ein „Verbotsgesetz mit Erlaubnisvorbehalt".

Mit dieser Formulierung wird umschrieben, dass jegliches Erheben, Sammeln und Verarbeiten von Daten verboten ist. Dies überrascht, setzt sich doch ein ganzes kompliziertes Regelwerk mit dem Gegenteil auseinander.

Dennoch blieb der Gesetzgeber bei dieser Prämisse und fordert bei der Datenverarbeitung *Transparenz*, eine klare, nachprüfbare *Zweckbindung* und eine *Rechtsgrundlage* („Erlaubnisvorbehalt"), wenn entgegen des „Verbotsgesetzes" dennoch Daten verarbeitet werden (Art. 5 DS-GVO).

Ziel der Datenschutz-Verordnung ist weiter, die Rechte der EU-Bürger gegenüber den Verwendern von Daten zu stärken. Die *Betroffenen* erhielten klarer formulierte *Rechte.* Die DS-GVO zeigt Mittel auf, wie diese Rechte auch durchgesetzt werden können. Hier seien vor allen Dingen der Auskunftsanspruch und das Recht auf Löschung von Daten genannt. Wer Daten verwaltet und diese Rechte nicht beachtet oder nicht ernst nimmt, läuft Gefahr, sich gegenüber der zuständigen Aufsichtsbehörde rechtfertigen zu müssen. Es können bei groben Verstößen auch Strafen drohen (vgl. Ziff. 1.11 dieses Teils).

Der Weg zu einem wirksamen Datenschutz führt auch über *technische und organisatorische Maßnahmen.* So soll der Datenschutz praktisch umgesetzt werden. Und zu guter Letzt sieht die europäische Datenschutz-Verordnung auch vor, dass über all diese Vorgaben auch *Rechenschaft* abgelegt werden muss.

*Zweckbindung und Transparenz* (Art. 5 Abs. 1a u. 1b DS-GVO) sind hier zentrale Begriffe, die zu beachten sind. Die Gruppe muss zu jeder Zeit beantworten können, zu welchem Zweck die Daten ihrer Teilnehmer oder auch von unbeteiligten Dritten gesammelt und gespeichert werden. Hier kann die Gruppe nochmals die unter Ziffer 1.2 dargestellten Fragen durchgehen. Aus der Beantwortung der dort angesprochenen Themen ergibt sich für jede Gruppe individuell der Zweck für die konkrete Datenverwaltung.

Damit einher geht auch der Begriff der *Transparenz*. Wenn der Zweck der Verarbeitung einzelner Datenkategorien (Namen, Adresse etc.) benannt werden kann, so ist auch für das einzelne Gruppenmitglied der Umgang der Gruppe mit seinen Daten transparent.

Auch wenn diese Begriffe etwas unbestimmt klingen, so sind sie doch konkret mit Leben zu füllen. Wenn ein Betroffener die Frage an die Gruppe richtet, warum seine Daten gespeichert sind, dann muss der Zweck auch zu benennen sein. Außerdem besteht auch eine Pflicht zur Offenlegung gegenüber dem Betroffenen, welche Daten seine Person betreffend verwaltet werden. Das Gebot der Transparenz leitet zu den Rechten des Betroffenen über.

## 1.4 Die Rechte des Betroffenen

In der DS-GVO sind nun die Rechte des Betroffenen gestärkt und die Pflichten des Verantwortlichen klarer und eindeutiger umrissen als in der Vergangenheit.

Um es nochmals zu verdeutlichen: Der Betroffene, der seine Rechte im Datenschutz wahren möchte, muss immer eine natürliche Person sein. Die Gruppe als Gesamtheit, ein Verein oder eine Institution besitzen keine Betroffenenrechte.

Die Rechtsposition des Betroffenen und damit korrespondierend die Handlungspflicht des Verantwortlichen lassen sich im Grunde auf drei Komponenten zusammenfassen: Der Betroffene besitzt ein Recht auf Auskunft, auf Berichtigung und auf Löschung (Art. 12–Art 19 DS-GVO).

### 1.4.1 Recht auf Auskunft

Ein Betroffener kann jederzeit vom Verwender der Daten *Auskunft* darüber verlangen, welche Daten über ihn vorliegen.

Der Verwender, also der Verantwortliche für Datenschutz in der Gruppe, muss dann innerhalb eines Monats (Art. 12 Abs. III S. 1 DS-GVO) folgende Informationen gemäß Art. 13 DS-GVO erteilen:



- Zweck der Verarbeitung,
- welche Daten gespeichert wurden,

- Empfänger der Daten,
- geplante Speicherdauer,
- Hinweise auf Beschwerdemöglichkeiten,
- Hinweise, wie die Daten wieder an den Betroffenen „zurückgegeben“ werden können.

Die Auskunft kann schriftlich, per Post oder E-Mail, aber auch mündlich erteilt werden. Die Herausgabe einer Kopie des Datenbestandes über den Betroffenen kann nicht gefordert werden.

### 1.4.2 Berichtigungsanspruch

Das Gesetz sieht ausdrücklich auch einen Berichtigungsanspruch für den Fall vor, wenn vom Betroffenen falsche Daten vorhanden sind (Art. 16 DS-GVO). Auch hier gibt es eine Frist zu beachten, die Berichtigung hat „unverzüglich“ zu erfolgen. Soweit nach deutschem Recht mit „unverzüglich“ eine Frist von drei Tagen gemeint ist, so ist das europäische Recht hier gnädiger und gewährt mit diesem Begriff einen Monat Zeit, um die Berichtigung vorzunehmen. Die Berichtigung muss also innerhalb eines Monats erfolgen.

Manchmal kann Streit darüber bestehen, ob die Information über den Betreffenden richtig oder falsch ist. Ist hier also keine Übereinstimmung zu erzielen, so hat der Betroffene ein Recht auf „Einschränkung der Verarbeitung“, d.h. seine Daten dürfen zwar noch gespeichert, aber nicht mehr weiter verarbeitet, insbesondere nicht an Dritte weiter übermittelt werden (Art. 18 Abs. 1 DS-GVO).

### 1.4.3 Löschungsanspruch

Die *Löschung von Daten* war bei der Diskussion über ein europäisches Datenschutzrecht eines der ganz großen Themen. Es sollte auch für das Internet ein „Recht auf Vergessen“ (Art. 17 DS-GVO) wirksam installiert werden. Ob dies gelungen ist, wird sich nun in Zukunft zeigen.

Zunächst hat die Gruppe von sich aus Sorge dafür zu tragen, dass diejenigen Daten gelöscht werden, die nicht mehr benötigt werden, und sich der ursprüngliche Zweck der Datenspeicherung erfüllt hat. Allgemein gesprochen: Daten sind zu löschen, wenn keine Rechtsgrundlage mehr zur Datenspeicherung gegeben ist. Die Rechtsgrundlage entfällt auch dann, wenn die Einwilligung durch den Betroffenen widerrufen wird. Dies dürfte für die Praxis der wichtigste Fall sein. Verlässt also ein Teilnehmer die Gruppe, so hat der Verantwortliche seinerseits selbst dafür zu sorgen, dass dessen Daten gelöscht werden, spätestens allerdings dann, wenn der Betroffene die Löschung verlangt.

Aber wie immer im Leben, auch hier sind Ausnahmen zu beachten: Dem Löschungsanspruch können vitale und berechtigte Interessen der Gruppe entgegenstehen (Art. 6 Abs. 1f DS-GVO). Ein berechtigtes Interesse kann in vielerlei Hinsicht gegeben sein. Denkbar ist, dass die Daten aus technischen Gründen nur mit einem unverhältnismäßig hohen Aufwand gelöscht werden können. Dies kann dann der Fall sein, wenn Daten mit einem Dachverband oder einer internationalen Organisation verlinkt sind.

Ein weiterer Fall ist, wenn der Verantwortliche die Daten noch zur Erfüllung eigener vertraglicher oder gesetzlicher Verpflichtungen benötigt. Denkbar sind hier wieder die Fälle, in denen Nachweispflichten gegenüber Fördergeldgebern bestehen oder Aufbewahrungspflichten in steuerlicher Hinsicht zu beachten sind. Sollte kein Einvernehmen hergestellt werden können, wird der Betroffene widersprechen und es ist für die Gruppe ratsam, eine „Einschränkung der Verarbeitung" vorzunehmen, also die Daten zumindest nicht mehr an Dritte weiterzuleiten.

Wenn also ein Betroffener Auskunft von der Gruppe über den dort bestehenden Datensatz fordert, so ist das sein gutes Recht und die Gruppe muss Rechenschaft für den Zweck der Datenspeicherung ablegen und offenbaren, welche Daten von ihr verwaltet werden. Darüber hinaus ist auch die Berechtigung zur Datenverarbeitung zu benennen.

## 1.5 Rechtsgrund zur Datenverarbeitung

Sind Transparenz und Zweckbindung noch als unbestimmte Rechtsbegriffe zu bezeichnen, ändert sich dies bei der Benennung des Rechtsgrundes für die Datenverarbeitung.

Es muss ein *Rechtsgrund (Art. 6 DS-GVO), also eine Norm* vorliegen, die es erlaubt (Erlaubnisvorbehalt), Daten zu verarbeiten. Rechtsgrund kann eine vertragliche oder gesetzliche Verpflichtung des Verwenders sein oder es liegt die Einwilligung des Betroffenen vor.

### 1.5.1 Gesetzliche Verpflichtung

Gesetzliche Verpflichtungen zur Dokumentation, dass zivilrechtliche oder öffentlich-rechtliche Vorschriften eingehalten werden, bestehen natürlich umso umfänglicher, je größer die Institution oder die Firma ist. Man denke nur an Vorgaben aus dem Arbeits- oder Sozialrecht, wenn es Angestellte zu verwalten gilt. In diesen Fällen gibt es langjährige Aufbewahrungspflichten.

In der Selbsthilfelandschaft sind gesetzliche Verpflichtungen zur Dokumentation überschaubar.

Bei Selbsthilfegruppen in der Rechtsform des Vereins sind gesetzliche Verpflichtungen aus dem Vereinsrecht und dem Steuerrecht zu beachten. Hier gibt es Aufbewahrungspflichten für Belege und Nachweise, z.B. in Hinblick auf die Mitgliedsbeiträge. Die Aufbewahrungspflicht kann sich auch auf die Daten von Spendern oder Ehrenamtlichen beziehen, die eine Übungsleiter- oder Ehrenamtspauschale vom Verein erhalten haben.

Bei Selbsthilfegruppen ohne Vereinsstatus kommt das Steuerrecht eigentlich nur dann zum Tragen, wenn die Gruppe steuerpflichtige Einnahmen erzielt und eine Umsatz- oder Einkommensteuererklärung abgeben muss.

Im Übrigen gibt es nur quasi-gesetzliche Verpflichtungen, nämlich dann, wenn von öffentlichen Fördergeldgebern durch eine Verordnung oder einen Erlass eine Verpflichtung zur Datenaufbewahrung besteht.

### 1.5.2 Vertragliche Verpflichtung

Alles Übrige regeln einzelvertragliche Verpflichtungen, die zwischen Fördergeldgebern und einer Gruppe bestehen. Hierzu zählen beispielsweise Dokumentationspflichten gegenüber Fördergeldgebern im Bereich der Verwendungsnachweise. Dies ergibt sich aus der jeweiligen Ausgestaltung der Förderung.

Ein anderer Aspekt, der zum Rechtsgrund „Berechtigung zur Datenverwaltung aufgrund vertraglicher Verpflichtung“ führt, ergibt sich aus dem Verhältnis der Gruppe gegenüber ihren Mitgliedern.

Für Vereine liegt der Rechtsgrund im Vereinsrecht. Für Selbsthilfegruppen ohne Vereinsstatus weist das Gesellschaftsrecht weitere Berechtigungen aus. Wenn die Gruppe oder der Verein zum Beispiel Teilnehmer für eine Veranstaltung, einen Selbsthilfetag oder zu einem organisierten Ausflug anmelden möchte, sind Daten erforderlich. Der Gruppensprecher oder Organisator kann sich also dem Teilnehmer gegenüber immer darauf berufen, aufgrund der vertraglichen Verbundenheit zwischen der Selbsthilfegruppe und dem Mitglied tätig geworden zu sein. Denn das Mitglied möchte ja an der Veranstaltung teilnehmen.

Es erleichtert die Gruppenarbeit sicherlich, wenn die vertragliche Verbundenheit zwischen dem einzelnen Teilnehmer und der Selbsthilfegruppe mitgedacht wird. Viele organisatorische Erfordernisse erklären sich aus dieser rechtsverbindlichen Beziehung und geben den Aktiven Handlungsspielraum im Sinn eines Rechtsgrundes aus vertraglicher Verpflichtung.

Gesetzliche und vertragliche Verpflichtungen können also ein Rechtsgrund zur Datenverarbeitung sein. In diesen Fällen ist die Einholung einer Einwilligung des Betroffenen nicht erforderlich. Dies bezieht sich allerdings nur auf „einfache" personenbezogene Daten wie Name, Adresse, Telefonnummer, Kontenverbindungen oder IP-Adressen.

### 1.5.3 Einwilligung des Betroffenen

Der wichtigste Rechtsgrund, der es erlaubt Daten zu verarbeiten, ist und bleibt für die Selbsthilfegruppen aber die *Einwilligung des Betroffenen (Art. 9 Abs. 2a DS-GVO).*

Grund hierfür ist, dass im Bereich der gesundheitsbezogenen und sozialen Selbsthilfe quasi immer ein Umgang mit, wie es der Gesetzgeber nennt, „besonderen Kategorien personenbezogener Daten" vorliegt.

Diese Kategorie von Daten umfasst neben Informationen über ethnische Herkunft, politische Meinungen, religiöse oder weltanschauliche Überzeugungen vor allen Dingen genetische, biometrische oder gesundheitsbezogene Daten oder Daten zum Sexualleben oder der sexuellen Orientierung. Diese Daten dürfen nur und mit ausdrücklicher Einwilligung des Betroffenen verarbeitet werden. Somit ist es praktisch für die meisten Selbsthilfegruppen notwendig, sich der Einwilligung ihrer Teilnehmer zu vergewissern.



Es dürfte kaum eine Selbsthilfegruppe aus diesem thematischen Umfeld geben, die verneinen könnte, Gesundheitsdaten zu speichern. Hierzu sei folgende Überlegung angestellt: Bereits aus der Speicherung „einfacher“ personenbezogener Daten in Korrelation mit dem Gruppenthema ergibt sich zwangsläufig eine eindeutige Verbindung zwischen einer Person und einer Erkrankung, eines Handicaps oder einer sozialen Problemlage. Damit ist die Grenze zur Kategorie „besondere personenbezogene Daten“ längst überschritten.

Eine der wesentlichen Erneuerungen, die die DS-GVO bringt, ist auch die Dokumentationspflicht über die Einwilligung des Betroffenen zur Datenverarbeitung. Diese Einwilligung ist im Zweifel nachzuweisen.

Es gehört zu den Eigentümlichkeiten dieses Gesetzes, dass für die Einwilligungserklärung, die ja ein zentraler Punkt des Datenschutzes ist, keine bestimmte Form vorgeschrieben ist. Sie kann somit auch mündlich wirksam erklärt werden. Da allerdings die Einwilligung im Zweifel bewiesen werden muss, empfiehlt es sich dringend, dass diese schriftlich vorliegt. Dies kann dann auch elektronisch, z.B. in Form einer E-Mail, geschehen, also ohne Originalunterschrift des Betroffenen. Wird das Einverständnis in Papierform eingeholt, muss darauf geachtet werden, dass sie mit einer Unterschrift im Original oder Kopie (bei Fax) versehen ist.

Zum Inhalt dieser Einwilligung gibt Art. 7 Abs. 2 der DS-GVO weitere Hinweise: Diese Vorschrift setzt so stillschweigend voraus, dass sie vom Verwender, hier also der Selbsthilfegruppe, schon vorformuliert an den Betroffenen herausgegeben wird. Sie soll in einfacher Sprache, verständlich und abgegrenzt zu anderen Sachverhalten erfolgen.

Dies bedeutet z.B. für Vereine, dass die Einwilligungserklärung zwar mit dem Mitgliedsantrag verbunden sein kann, von diesem aber optisch deutlich abgesetzt sein sollte. Denn die Einwilligung stellt neben dem Antrag auf Aufnahme in den Verein eine weitere rechtlich bindende Erklärung, eine sogenannte Willenserklärung dar. Die Einwilligung in die Datenverarbeitung könnte z.B. in einem gesondert abgesetzten „Kasten“ mit eigener Unterschriftszeile auf dem Aufnahmeantrag erscheinen.

Sofern die Einwilligung in die Satzung des Vereins eingearbeitet werden soll, sollte der Aufnahmeantrag auf diesen Umstand deutlich und wiederum abgegrenzt von anderen Bestimmungen hinweisen.



Auch inhaltlich muss die Einwilligung konkret erkennen lassen, in was der Betroffene einwilligt. Es ist deutlich zu machen, für welche Sachverhalte er sein Einverständnis erklärt, Daten zu überlassen. Berechtigt die Einwilligung nur zur Verarbeitung von Daten für gruppeninterne Absprachen wie Terminvereinbarungen oder dürfen sie auch an Dritte, z.B. den Dachverband oder den Fördergeldgeber, weitergeleitet werden?

Der Betroffene muss also bei Erhebung der Daten darüber informiert werden, für welche Sachverhalte seine Daten verarbeitet werden.

Außerdem soll die Einwilligung dokumentieren, dass der Betroffene ein Auskunfts- und Widerspruchsrecht besitzt, also der Verarbeitung widersprechen und die Einwilligung widerrufen kann.

*Siehe hierzu vertiefend unter Literaturhinweise und Materialien: Erste Hilfe zur Datenschutz-Grundverordnung für Unternehmen und Vereine.*

Wenn einer Selbsthilfegruppe bereits Einwilligungserklärungen vorliegen, so ist die neuerliche Einholung der Zustimmung dann nicht erforderlich, wenn die Einwilligung inhaltlich den neuen Bestimmungen entspricht.

Es wird sicherlich oft der Fall sein, dass einige Teilbereiche der vorliegenden Erklärung durchaus ausreichen. Aber es ist empfehlenswert, eine aktuelle Erklärung von den Betroffenen nochmals anzufordern. Bereits bestehende Erklärungen müssten bis Mai 2020 aktualisiert sein (Erwägungsgrund Nr. 171 der DS-GVO).

### 1.5.4 Exkurs: die Einwilligung Jugendlicher

Bei der Verarbeitung personenbezogener Daten genießen Kinder und Jugendliche wiederum einen besonderen Schutz. So möchte man meinen. Bei isolierter Betrachtung aus Sicht des deutschen Rechts wäre bei Minderjährigen zur Erklärung der Einwilligung in die Datenspeicherung die Zustimmung oder Genehmigung durch einen Erziehungsberechtigten, also eines Elternteils, nötig. Dies ist z.B. dann der Fall, wenn Minderjährige an einer Selbsthilfegruppe mit oder ohne Anleitung von Erwachsenen teilnehmen möchten.

Europaweit rechtsverbindlich bestimmt die DS-GVO in Art. 8, dass ein Kind bereits mit Vollendung des 16. Lebensjahres selbst die Einwilligung zur Datenverarbeitung rechtswirksam erteilen kann. Näheres zur Rechtslage von Jugendlichen zwischen dem 16. Lebensjahr und der Volljährigkeit ist in Teil I, Ziff. 4.4 zu finden.

## 1.6 Der Verantwortliche

Wurde bisher behandelt, wie in der Gruppe mit den Erneuerungen im Datenschutz umzugehen ist, so wurde bis dato noch nicht geklärt, wer diese Schritte praktisch umzusetzen hat.

Hier muss nun der Begriff des „*Verantwortlichen*“ (Art. 4 Ziff. 7 DS-GVO) fallen. Für die Umsetzung der Bestimmungen des Datenschutzes ist immer ein Verantwortlicher zu benennen. Um dies gleich klarzustellen: Der Verantwortliche ist nicht mit dem Datenschutzbeauftragten zu verwechseln. Es handelt sich hierbei um zwei verschiedene Funktionsträger.

Der Verantwortliche ist in der Tat verantwortlich, dass alle Vorgaben des Datenschutzes umgesetzt werden und keine Daten an unbefugte Dritte gelangen. Er ist der Ansprechpartner, wenn der Betroffene seine Rechte geltend macht oder die Datenschutzbehörde Anfragen an die Gruppe stellt. Weiter ist er auch in der Pflicht, wenn ein Verstoß gegen den Datenschutz behauptet wird oder tatsächlich vorliegt. Er ist also Adressat des Vorwurfs einer Ordnungswidrigkeit oder eines Straftatbestandes.

Für Gruppen, die selbst vereinsrechtlichen Status besitzen, fällt diese Aufgabe dem Vorstand zu. Er ist verantwortlich und vertritt den Verein. Der Vorstand kann die Funktion des Verantwortlichen allerdings delegieren; sei es an eine einzelne, natürliche Person oder an eine Personenmehrheit oder auch an eine juristische Person.

Für Gruppen, die mit einem überregionalen Verband, einem Landes- oder Bundesverband assoziiert sind, sollte mit dem Verband diskutiert werden, ob jede einzelne Ortsgruppe insoweit selbständig ist und einen eigenen Verantwortlichen stellt oder ob über den Weg des Verbandes hier eine Lösung für alle Gruppen gefunden werden kann.

Für diejenigen Gruppen, die sich als loser Zusammenschluss begreifen, wird die Suche nach dem Verantwortlichen sicher eine lebhafte Diskussion provozieren. Oft genug verhält es sich ja so, dass Gruppensprecher, einmal zu Amt und Würden gekommen, gerne von der Gruppe bis auf Weiteres in die Pflicht genommen werden. Hier sollte Klarheit darüber geschaffen werden, dass die Funktion des Verantwortlichen im Sinn des Datenschutzes eine weitere Aufgabe ist, die Zeit und Engagement erfordert. Es ist keineswegs notwendig, dass der Verantwortliche mit dem Gruppensprecher identisch ist. Vielleicht bietet sich hier gerade die Möglichkeit, Arbeit und Verantwortung auf mehrere Schultern zu verteilen.

## 1.7 Das Verarbeitungsverzeichnis

Eine der wichtigsten Erneuerungen der DS-GVO ist das *Verarbeitungsverzeichnis (Art. 30 DS-GVO)*. Natürlich stellt dies ein „Mehr" an Bürokratie dar. Das lässt sich nicht leugnen. Dennoch, wenn der Versuch unternommen wird, sich auf das Wesentliche zu konzentrieren, dann ist auch das Erstellen und Unterhalten eines Verarbeitungsverzeichnisses für jede Gruppe machbar.

Ausgangspunkt sind wie immer die Fragestellungen nach dem Zweck der Datenspeicherung und der Art von Daten, die überhaupt gespeichert werden. Sofern die Gruppe die Themen, die unter Ziffer 1.2 dieses Teils erläutert wurden, besprochen hat, steht auch der Erstellung der Formalie „Verarbeitungsverzeichnis" nichts mehr im Wege.

Das Verarbeitungsverzeichnis muss in jedem Fall schriftlich vorliegen. Im Gegensatz zur Einwilligung, die ohne Einhaltung von Formvorschriften erteilt werden kann, gibt es hier eine gesetzliche Vorgabe. Schriftlichkeit bedeutet, dass das Verarbeitungsverzeichnis elektronisch und/oder in Papierform vorliegen muss. Sicherheitshalber ist anzuraten, neben der Abspeicherung im PC auch noch eine Version in Papier zu erstellen.

Jede Gruppe benötigt dieses Verzeichnis und zu jedem Zeitpunkt. Es muss also in jedem Fall vorhanden sein. Es wäre zu spät und würde zumindest eine Rüge der Datenschutzbehörde nach sich ziehen, wenn mit der Erstellung erst auf Nachfrage des Landesamtes für Datenschutzaufsicht begonnen würde.

Das Verarbeitungsverzeichnis ist außerdem immer wieder zu aktualisieren und das Datum der Aktualisierung ist auf dem Dokument zu vermerken.

Inhaltlich müssen folgende Mindestanforderungen erfüllt sein:

- Name und Kontaktdaten des Verantwortlichen,

- Name und Kontaktdaten des Datenschutzbeauftragten (sofern erforderlich),
- Zweck der Verarbeitung (z.B. Abrechnung mit den Fördermittelgebern, Einladung zum Gruppentreffen),
- Rechtsgrundlage der Verarbeitung (z.B. Einwilligung),
- Kategorie der Betroffenen (z.B. Teilnehmer),
- Kategorie der personenbezogenen Daten (z.B. Name, Adresse, Geburtsdatum, Diagnose),
- Verarbeitungstätigkeit (z.B. per Post, per E-Mail, per Telefon),
- externe Empfänger der Daten (z.B. Krankenkasse, Bundesverband, Kontaktstelle),
- voraussichtliche Löschung der Daten (z.B. Austritt eines Teilnehmers, nach Ablauf von gesetzlichen Aufbewahrungspflichten),
- technische und organisatorische Maßnahmen zur Datensicherung.

Sollte eine Selbsthilfegruppe Auslandskontakte unterhalten und personenbezogene Daten in ein Drittland, also ein Land außerhalb der EU, oder an eine internationale Organisation übermitteln, so ist auch dies im Verarbeitungsverzeichnis aufzuführen.

Hinsichtlich der formalen Gestaltung empfiehlt sich eine Tabelle, die links die einzelnen Kriterien benennt und rechts daneben die gruppenspezifischen Antworten aufführt. Die beste und klarste Lösung ist die Erstellung eines Verarbeitungsverzeichnisses als gesondertes Dokument, das vom Verantwortlichen geführt wird.

Denkbar und für kleine Gruppen, deren Verarbeitungsverzeichnis naturgemäß sich auf ganz wenige Punkte beschränken dürfte, ist auch, dieses Verarbeitungsverzeichnis mit einer Teilnehmerliste oder mit den Gruppenregeln, sofern diese schriftlich vorliegen, zu verknüpfen. Das Verarbeitungsverzeichnis wäre dann sozusagen eine Leitvereinbarung für die Gruppe.

Vorteil davon ist, dass somit auch dem Gebot der Transparenz und Information Genüge getan wird. Allen Teilnehmern bleibt so bewusst, dass personenbezogene Daten verarbeitet werden und welche Kategorien von Daten, um in der Sprache des Gesetzes zu bleiben, verarbeitet werden.



*Weitere Informationen zum Verarbeitungsverzeichnis und Links finden Sie unter Literaturhinweise und Materialien.*

## 1.8 TOM! Ganz einfache Maßnahmen zur Datensicherheit

In Art. 24 DS-GVO werden mit „TOM“ *t*echnische und *o*rganisatorische *M*aßnahmen umschrieben, mit denen der Datenschutz in der Praxis umgesetzt werden soll. Auch die Umsetzung des Datenschutzes unter Berücksichtigung von Organisation und technischem Equipment ist ein wichtiges Ziel des DS-GVO.

Das vorliegende Kapitel befasst sich mit den rechtlichen Grundlagen und kann daher nicht auf IT-spezifische Einzelheiten eingehen. Andererseits haben umfangreiche und technisch aufwändige Sicherungssysteme vor allen Dingen bei großen Unternehmen und internationalen Konzernen eine große Bedeutung, dort werden auch an die Datensicherheit hohe Anforderungen gestellt.

Für den Bereich einer nicht kommerziell arbeitenden Selbsthilfegruppe mit einer überschaubaren Anzahl von Teilnehmern, deren Arbeit grundsätzlich auch nicht in der Weitergabe von personenbezogenen Daten besteht, hier ein paar Hinweise:

- Wichtig bleibt auch hier immer die Frage nach dem *Zweck der Datenverarbeitung*. Die Gruppe sollte immer wieder reflektieren, welche Daten für ihre Arbeit überhaupt erforderlich sind. Datenminimierung mindert auch grundsätzlich die Möglichkeit eines Missbrauchs oder Verlusts.
- Wenn Daten auf einem privaten PC gespeichert werden, sollte darauf geachtet werden, für den Ordner „Selbsthilfegruppe“ einen eigenen Zugang, ein *eigenes Passwort* einzurichten. Dies umso mehr, wenn es sich um den „Familien-PC“ handelt.
- Sofern Daten auf einem eigenen „Gruppen-PC“ verwaltet werden, sollte ebenfalls ein Passwort eingerichtet werden und Klarheit bestehen, wer hierzu Zugang hat (Zehn-Personen-Grenze in Hinblick auf den Datenschutzbeauftragten beachten! Vgl. auch Ziff. 1.9).
- Beim E-Mail-Verkehr darauf achten, dass Rundmails grundsätzlich als *blindcopy (bcc)* verschickt werden. Dies gilt besonders auch für E-Mails, die an außenstehende Dritte gerichtet sind und von denen die Teilnehmer Kenntnis erlangen sollen.

- Beim Versenden von „einfachen E-Mails" ohne gesonderte Sicherungssysteme den Empfänger darüber aufklären, dass diese E-Mails von elektronisch Versierten leicht gelesen werden können, sie also vor Missbrauch nur bedingt geschützt sind. Dies lässt sich ggf. durch einen unter die Unterschriftszeile gesetzten Standardtext erreichen.
- Sich über Verschlüsselungsprogramme informieren und die Möglichkeiten der Verschlüsselung, sofern wirtschaftlich vertretbar, nutzen. *Arzt- und Patientendokumente* sollten grundsätzlich nur *verschlüsselt* versandt werden.
- Selbstverständlich sind die üblichen Sicherheitsstandards bei der elektronischen Datenverarbeitung zu beachten und gängige Programme wie *Firewalls oder Virenschutz* anzuwenden und zu aktualisieren.
- Für Gruppen, die einen eigenen Internetauftritt, eine Website unterhalten, gelten noch weitaus mehr Verpflichtungen. Hierzu zählen vor allen Dingen die *Anbieterkennzeichnung*, und der Disclaimer, also die Erklärung über den Haftungsausschluss für verlinkte Seiten (vgl. 2.4.1).
- Vor allem aber ist eine Datenschutzerklärung erforderlich. Letztere muss darüber aufklären, wie mit den Daten des Besuchers der Website umgegangen wird. Hier muss mit dem Betreiber der Website geklärt werden, welche Daten wo und wie lange gespeichert werden (vgl. 2.4.2).
- Auch für Selbsthilfegruppen, die auf die Nutzung elektronischer Medien vollständig verzichten, gelten die gleichen Maßstäbe: Der Gruppenordner ist sicher, auch vor der Zugriffsmöglichkeit von Familienangehörigen, aufzubewahren. Es ist sicherzustellen, dass Unbefugte auch nicht zufällig Einblick in die Akte nehmen können. Auch hier ist *abzuklären, wer die Gruppendaten verwaltet und aufbewahrt,* wer also im Sinne des Gesetzes als Verantwortlicher zeichnet.

## 1.9 Der Datenschutzbeauftragte

Viel Wirbel gibt es nach wie vor um den Datenschutzbeauftragten. Aber ist er wirklich für Selbsthilfegruppen erforderlich?

Zunächst nochmals der Hinweis: Der Datenschutzbeauftragte ist nicht mit dem Verantwortlichen identisch (vgl. 1.6). Jede Selbsthilfegruppe benötigt einen Verantwortlichen im Sinne des Datenschutzes. Ob aber eine Gruppe immer und zwingend einen Datenschutzbeauftragten benötigt, ist davon unabhängig zu klären.

Um das Ergebnis vorweg zu nehmen: Eine Selbsthilfegruppe benötigt dann keinen Datenschutzbeauftragten, wenn weniger als zehn Personen mit der automatisierten Verarbeitung von Daten beschäftigt sind.

Um zu diesem Resultat zu gelangen, bedarf es aber einer stufenweisen und komplizierten Prüfung der Gesetzeslage nach europäischem und deutschem Recht.

Die europäische DS-GVO überlässt es den Ländern, genauer zu bestimmen, wann ein Datenschutzbeauftragter nötig ist. So besagt also das neue deutsche Bundesdatenschutzgesetz, dass dieser erforderlich ist, wenn mindestens zehn Personen ständig mit der automatisierten Verarbeitung von personenbezogenen Daten beschäftigt sind (§ 38 Abs. 1 BDSG, neu).

So wäre dann kein Datenschutzbeauftragter notwendig, wenn lediglich der Gruppensprecher die Daten verwaltete, also die Schallgrenze von zehn Personen bei Weitem nicht erreicht würde. Aber wie immer steckt der Teufel im Detail: Eine Ausnahme von der Zehn-Personen-Regelung ist immer dann gegeben, wenn besonders sensible Daten, also aus der „besonderen Kategorie personenbezogener Daten“ (Art. 9 Abs. 1 DS-GVO), verarbeitet werden. Hier gilt also das, was bereits zur Einwilligung in die Datenverwaltung (vgl. 1.5.3) gesagt wurde. Immer wenn es z.B. um gesundheitsbezogene Daten oder diejenigen Daten geht, die sich mit dem Sexualleben oder der sexuellen Orientierung befassen, gilt die Zehn-Personen-Regel nicht, so dass ein Datenschutzbeauftragter notwendig bleibt.

Die gesamteuropäische Regelung lässt wiederum eine Ausnahme von der Ausnahme zu und bestimmt, dass in diesen Fällen nur dann ein Datenschutzbeauftragter notwendig ist, wenn die umfangreiche Verarbeitung dieser Daten die Kerntätigkeit des „Unternehmens" darstellt (Art. 37 Abs. 1c DS-GVO).

Für das Arbeitsfeld einer Selbsthilfegruppe kann dies mit guten Gründen verneint werden. Das „Kerngeschäft" der Selbsthilfegruppe besteht im gegenseitigen Informations- und Erfahrungsaustausch. Es ist ein gegenseitiges Geben und Nehmen. Das Sammeln von Betroffenen-Daten, deren Speicherung und Weitergabe oder ein Verkauf dieser Daten ist nicht das Ziel der Gruppe. Im Gegenteil: Das Gebot der Verschwiegenheit zeugt von einer entgegengesetzten Interessenlage.

Außerdem dürfte im seltensten Fall eine umfangreiche Verarbeitung vorliegen. Denn selbst „professionellen" Verarbeitern sensibler Daten wie Ärzten oder Rechtsanwälten wird zugestanden, dass sie keine umfangreiche Datenverarbeitung betreiben. Dann trifft dies für den Fall einer ehrenamtlich arbeitenden Selbsthilfegruppe erst recht zu, deren Datenmenge im Vergleich hierzu wirklich gering sein dürfte.

Bei der Frage nach dem Datenschutzbeauftragten lässt sich also zusammenfassend festhalten:

Selbsthilfegruppen, in denen weniger als zehn Personen ständig mit der automatisierten Datenverarbeitung befasst sind, benötigen keinen Datenschutzbeauftragten.

Und für jede Gruppe, die für die Arbeit auf den Einsatz elektronischer Medien ohnehin verzichtet, ist der Datenschutzbeauftragte kein Thema. Aber Vorsicht: Bereits die Kommunikation innerhalb der Gruppe und mit Dritten per E-Mail führt zu elektronischer Datenverwaltung, denn es werden zumindest E-Mail-Adressen gespeichert und diese sind wieder dem Gruppenthema zuzuordnen. Es wird wenige Gruppen geben, die für ihre Terminabsprachen und Einladungen auf das praktische Medium des E-Mail-Verkehrs verzichten wollen. Auch bei dieser einfachen Informationsübermittlung sollte auf das „wie" geachtet werden. Also darauf, dass der Gruppensprecher die Teilnehmer nur mit blindcopy (bcc) einlädt. Damit wird vermieden, dass die ganze Gruppe Daten „verarbeitet" und so die Zehn-Personen-Grenze übersprungen wird.

Noch ein Hinweis zur gesetzlichen Umschreibung „ständig. …. mit der Verarbeitung ….beschäftigt" (§ 38 Abs. 1 BDSG neu).



Hier ist wichtig zu wissen, dass darunter weder ein Arbeitsverhältnis zu verstehen ist noch eine Tätigkeit in Vollzeit gemeint ist. Ständig mit der Verarbeitung automatisierter Daten befasst ist auch der ehrenamtlich Tätige, der in regelmäßigen Abständen immer wieder am PC sitzt und mit den Daten der Gruppe hantiert. Unter „regelmäßig“ wiederum wird verstanden: Wer mehr als 50 % seiner gesamten Tätigkeit am Computer verbringt, der verarbeitet „regelmäßig“ Daten. Selbsthilfegruppen, die doch einige Aktive besitzen, die sich um Verwaltung und Pflege der Daten kümmern, sollten darauf achten, dass nicht auf diesem Weg die Zehn-Personen-Grenze überschritten wird.

Die Zehn-Personen-Grenze gilt auch dann nicht, wenn beispielsweise zur Erstellung einer Jubiläumsschrift das „Festkomitee“ bestehend aus sechs Personen ausnahmsweise in die Daten der Gruppe, die im Übrigen von fünf Aktiven verwaltet werden, Einblick erhalten. Hier liegt keine „ständige“ und „regelmäßige“ Datenverarbeitung vor.

Wenn in der Selbsthilfegruppe nun doch zehn oder mehr Personen ständig und regelmäßig für die Gruppe am PC sitzen, dann ist ein Datenschutzbeauftragter erforderlich. Dieser Datenschutzbeauftragte ist dann durch den Verantwortlichen der Aufsichtsbehörde, also dem Landesamt für Datenschutzaufsicht, gegenüber zu benennen. Seine Aufgaben bestehen in der Kontrolle und Beratung des Verantwortlichen und, wenn nötig, in der Unterstützung von Betroffenen.

## 1.10 Verpflichtung zur Löschung von Daten

Aus der Systematik des „Verbotsgesetzes mit Erlaubnisvorbehalt“ ergibt sich logisch, dass nicht nur auf Wunsch oder Aufforderung des Betroffenen Daten zu löschen sind.

Grundsätzlich sind Daten – auch ohne Aufforderung durch einen Betroffenen – immer dann zu löschen, wenn sie nicht mehr benötigt werden. Hier stellt sich wieder einmal die Frage nach dem Zweck der Datenspeicherung. Eine Pflicht zur Löschung bezieht sich zum Beispiel auf Daten von Personen, die aus der Gruppe ausgeschieden sind, wie auch auf Personen, die nur einmal in die Gruppe „hineingeschnuppert“ haben. Starre, kalendarisch festgelegte Bestimmungen gibt es hierzu nicht, sondern es gilt der Grundsatz, dass Daten nur dann verarbeitet werden dürfen, wenn dies erforderlich ist. Fällt der Rechtsgrund und/oder der Zweck zur Verwaltung weg, so sind die Daten zu löschen.

Ausnahmen von der Verpflichtung bestehen dann, wenn dem ein berechtigtes Interesse der Gruppe entgegensteht. Hier sind vor allem, wie bereits dargestellt, vertragliche und gesetzliche Aufbewahrungs- oder Dokumentationspflichten zu nennen.

Im Verarbeitungsverzeichnis ist auf die Problematik der Löschung einzugehen und eine Lösung darzustellen. Hilfreich ist hier eine Formulierung wie „unverzüglich, nachdem der Verarbeitungszweck entfallen ist“, oder „unverzüglich nach Aufforderung durch den Betroffenen, sofern dem keine vertraglichen oder gesetzlichen Aufbewahrungspflichten entgegenstehen“.

## 1.11 Die Aufsichtsbehörde

Das Inkrafttreten der europäischen DS-GVO ging einher mit einer großen Verunsicherung bei Ehrenamt und Selbsthilfe. Gerade kleine Vereine und Zusammenschlüsse von Freiwilligen sahen und sehen sich vor einem Berg von Bürokratie einerseits und fürchten die im Gesetz teilweise horrenden Strafandrohungen andererseits.

Bei genauerer Betrachtung zeigt sich aber, dass sich für Selbsthilfegruppen, gleich in welcher Rechtsform, der bürokratische Aufwand überschaubar halten lässt.

Aber was passiert, wenn ein Teilnehmer seine Rechte verletzt sieht oder ein Außenstehender wissen möchte, ob die Gruppe seine personenbezogenen Daten gespeichert hat? Was passiert, wenn Daten verloren gehen oder gestohlen werden?

Das rechtliche Gefüge zwischen dem Betroffenen und dem Verantwortlichen wurde oben unter Ziffer 1.4 und Ziffer 1.6 dargestellt.

Sollte sich aber mit den dort genannten Möglichkeiten keine zufriedenstellende Lösung erzielen lassen, so kommt die Aufsichtsbehörde ins Spiel. Dies sind die jeweiligen Landesämter für Datenschutz. Sie haben je nach Bundesland etwas abweichende Bezeichnungen. In Bayern z.B. ist dies das Landesamt für Datenschutzaufsicht mit Sitz in Ansbach. In Berlin zeichnet der Beauftragte für Datenschutz und Informationsfreiheit als zuständige Behörde.

### 1.11.1 Meldepflicht

Jeder Betroffene, jeder Verantwortliche und auch der Datenschutzbeauftragte, sofern vorhanden, müssen die Verletzung des Schutzes personenbezogener Daten dort melden.

Stellt der Verantwortliche fest, dass Informationen, die eindeutige Rückschlüsse auf die Identität eines Teilnehmers zulassen, versehentlich einer völlig falschen Stelle übermittelt wurden, so stellt dies bereits eine Verletzung des Schutzes personenbezogener Daten dar.

Ebenso verhält es sich, wenn der PC, auf dem die Gruppendaten gespeichert sind, versehentlich im Zug vergessen wurde. Auch dies ist eine Verletzungshandlung und muss der Aufsichtsbehörde gemeldet werden.

Des Weiteren ist ein elektronischer Datenverlust oder Hacker-Angriff zu melden. Aber damit nicht genug, in all diesen Fällen sind auch die Betroffenen darüber zu informieren.

Nur der guten Ordnung halber: die gleiche Meldepflicht trifft auch denjenigen, der den Aktenordner mit den Teilnehmerlisten der Selbsthilfegruppe im Zug liegen ließ.

Das Gesetz sieht hier eine Frist von 72 Stunden nach Kenntnis der Verletzungshandlung oder des Datenverlusts vor.

Und auch der Betroffene seinerseits hat die Möglichkeit, sich an die Aufsichtsbehörde zu wenden und sich beraten zu lassen, wie mit seinem vermeintlichen oder tatsächlichen Unrecht umzugehen ist. Dies dürfte vor allem dann der Fall sein, wenn er beim Verantwortlichen mit seinem Anspruch auf Löschung oder Widerspruch gescheitert ist.

### 1.11.2 Aufgaben der Aufsichtsbehörde

Die Aufsichtsbehörde sieht sich vor allem als beratende Instanz. Von den Landesämtern für Datenschutz wurden zahlreiche Materialen bereitgestellt, nicht nur um Unternehmen und Gewerbetreibende bei der Umsetzung des neuen Rechts unterstützen. Fast jedes Bundesland hat darüber hinaus auch Hilfestellungen für Vereine erarbeitet. Im Blick haben diese Hinweise, Links und Formularvorschläge vor allem kleinere oder kleine Vereine aus dem Bereich des Sports oder der Kultur. Aber auch für die Selbsthilfelandschaft lassen sich dort gute Tipps und „Gebrauchsanleitungen“ von den jeweiligen Internetseiten herunterladen.

Sofern die Aufsichtsbehörde eine Beschwerde erreicht, wird mit dem Verantwortlichen Kontakt aufgenommen und zunächst abgeklärt, ob ein Datenschutzkonzept vorliegt und welche Formalien zum Datenschutz, insbesondere also das Verarbeitungsverzeichnis, vorliegen. Es gibt zwei zentrale Fragen, die in jedem Fall vom Datenschutzamt gestellt werden und die es zu beantworten gilt. Wer ist der Verantwortliche? Wo ist das Verarbeitungsverzeichnis und welche Informationen bildet es ab? Sollte ein Datenleck bestehen, wird Hilfestellung angeboten, um den Missstand beheben zu können.

Eine Bestrafung oder die Verhängung eines Bußgeldes wegen einer Ordnungswidrigkeit ist da noch in weiter Ferne.

### 1.11.3 Ordnungswidrigkeiten und Straftaten

Richtig ist, dass die DS-GVO wie auch das BDSG empfindliche Strafen vorsehen. Genauso richtig ist allerdings, dass jeder Verhängung eines Bußgeldes oder einer Strafe nicht nur eine objektiv falsche Handlungsweise eines Verantwortlichen zu Grunde liegen muss, sondern er auch subjektiv vorwerfbar falsch gehandelt haben muss. Er muss mit Vorsatz oder Fahrlässigkeit gegen wesentliche Bestimmungen des Datenschutzes verstoßen haben.

Wenn Selbsthilfegruppen sich mit Problembewusstsein dem Datenschutz gestellt haben und darüber Entscheidungen getroffen haben, die für die Gruppe maßgeschneidert sind, dann ist in der Regel sowohl Vorsatz wie auch Fahrlässigkeit auszuschließen. Denn, die Gruppe hat sich ja Gedanken gemacht, ob und wie ihre Daten sicher aufbewahrt werden und wer überhaupt Daten übermittelt bekommt. Wenn die Gruppe sich dann im Rahmen des von ihr zusammengestellten Verarbeitungsverzeichnisses bewegt, hat sie vielleicht nicht alles richtig gemacht, aber dennoch fehlt es wohl zumindest an einer vorwerfbaren Fahrlässigkeit.

Bei der Strafbewehrung des Datenschutzes ist immer mitzudenken, dass der Gesetzgeber die Sicherheit des einzelnen Bürgers gegenüber international agierenden Firmen mit kommerziellen Interessen im Auge hatte. Deren Übermacht und deren elektronische Möglichkeiten zur Datennutzung und zum Datenhandel sollte in geregeltere Bahnen gelenkt werden.

Dass für einen Personenkreis aus dem Spektrum bürgerschaftlichen Engagements andere Maßstäbe zur Erfüllung der Datenschutzformalien wie bei einem großen Konzern anzulegen sind, liegt auf der Hand.

Wenn der Datenschutz in der Selbsthilfe mit der gleichen Ernsthaftigkeit wie das Gebot der Verschwiegenheit angegangen wird, dann ist eigentlich ein vorsätzliches oder fahrlässiges Verhalten ohnehin ausgeschlossen. Denn nur wer wider besseres Wissen eine geforderte Auskunft gegenüber dem Betroffenen verweigert, um ein Beispiel zu nennen, kommt in den Bereich des Vorsatzes. Fahrlässig würde in diesem Zusammenhang nur derjenige handeln, der das Auskunftsbegehren zwar zur Kenntnis nimmt, sich aber nicht schnellstmöglich informiert, was nun zu tun ist.

Wer das ausschließen kann, braucht vor Sanktionen keine Angst zu haben.

## 2 Selbsthilfe goes public<br>Öffentlichkeitsarbeit mit Flyer und Internet

Wie beim Datenschutz gilt auch beim Presserecht, dass mit Informationen über Personen sensibel umgegangen werden muss. Daneben aber gibt es genaue Vorschriften, wie bei Veröffentlichungen zu verfahren ist. Bei Printmedien, zum Beispiel bei einem Flyer, muss immer ein Verantwortlicher mit Namen genannt werden. Andere und teilweise strengere Gesetze gelten, wenn die Möglichkeiten des Internets genutzt werden sollen. Vielen Selbsthilfegruppen ist es wichtig Publizität zu suchen, denn sie wollen an die Öffentlichkeit gehen, um ihr Anliegen, ihre Arbeit zu präsentieren oder auf wöchentliche Treffs und einmalige Aktionen aufmerksam zu machen.

Hierzu haben Gruppen grundsätzlich zwei Möglichkeiten. Zum einen kann man versuchen, einen interessierten Journalisten zu finden, der über die Gruppe oder die geplante Veranstaltung berichten möchte. Dann ist der Pressevertreter in der Pflicht, dass alle Vorschriften beachtet werden.

Die andere Möglichkeit ist: Ein oder mehrere Teilnehmer der Gruppe werden selbst Reporter und gestalten ein Faltblatt oder einen Flyer. Technisch Versierte wagen sich an die Einrichtung einer Website im Internet. In diesen Fällen ist die Gruppe selbst dafür verantwortlich, dass alles richtig gemacht wird.

## 2.1 Nie ohne Impressum!

### 2.1.1 In Druckmedien

Für die Printmedien gilt das Pressegesetz. Jedes Bundesland besitzt dafür ein eigenes Gesetz, denn Presserecht ist „Ländersache". Inhaltlich sind diese Gesetze aber nahezu deckungsgleich, so dass dieselben Grundsätze im ganzen Bundesgebiet gelten.

In ganz Deutschland gilt also, dass bei einem „Druckwerk", bei dem kein Verleger verantwortlich zeichnet, der *Verfasser oder Herausgeber* genannt sein muss. Wird eine Druckerei mit der Erstellung eines Faltblattes betraut, dann ist auch sie zu nennen. Entsteht der Flyer am Kopierapparat, entfällt dieses Erfordernis natürlich; es kann keine Druckerei genannt werden.

Initiativen, die ihr erstes Faltblatt erstellen oder nur sporadisch einen Flyer drucken, haben keinen Verlag und gelten für ihre „journalistische Tätigkeit" als Selbstverlag, d.h. sie müssen als Herausgeber oder Autor kenntlich sein. Dies ist eigentlich selbstverständlich, denn die Initiative will ja klar identifiziert werden. Dennoch stellt das Gesetz Mindestanforderungen zu den Angaben über den Verfasser bzw. den Herausgeber.

Hierzu ist an geeigneter Stelle unter der Überschrift *Impressum* die Selbsthilfegruppe mit Adresse und dem Namen eines *Verantwortlichen* aufzuführen.

Vorschriften über die Platzierung, also z.B. am Ende oder Anfang eines Flyers, gibt es nicht.

Nachdem Selbsthilfegruppen in der Regel keine juristischen Personen sind (vgl. hierzu Teil 1 Ziff. 1.2), ist die Angabe eines Verantwortlichen zwingend erforderlich. Bei einer juristischen Person, wie zum Beispiel einem Verein, ist das automatisch der Vorstand. Bei einer Selbsthilfegruppe in der Form einer Gesellschaft des bürgerlichen Rechts muss dies eine natürliche Person sein. Dies kann der Sprecher der Gruppe oder auch jeder andere Teilnehmer der Gruppe sein, der als „verantwortlich im Sinne des Presserechts" zeichnet. Üblicherweise wird dies wohl der Verfasser des Textes sein. Umstritten ist weiter, ob dieser Autor mit mindestens einem ausgeschriebenen Vornamen genannt werden muss. Überwiegend wird die Meinung vertreten, dass als Namensbestandteil ein Vorname vollständig genannt sein muss. Dies gilt insbesondere in Verbindung mit sehr häufigen Nachnamen wie Müller oder Schmid.

Weiter ist eine vollständige, sogenannte „ladungsfähige" *Anschrift* notwendig. Dies ist also eine Adresse, die aus Postleitzahl, Ort, Straße und Hausnummer besteht. Nicht ausreichend ist eine Postfachadresse. Dazu kann es in der Gruppe Diskussionsbedarf geben, wenn sie keine festen Gruppenräume besitzt, an die Post zugestellt werden kann. In diesen Fällen bleibt nur die Nennung der Privatadresse eines Mitglieds.

Besonderheiten können sich bei Gruppen ergeben, die sich oder das einzelne Mitglied schützen wollen oder müssen. Bei diesen Gruppen kann es schwierig oder sogar gefährlich sein, den vollständigen Namen oder die Wohnadresse zu nennen. Betroffen davon können alle Gruppen sein, die sich z.B. mit einer Missbrauchs- oder Gewaltproblematik auseinandersetzen. Diese Initiativen sollten gründlich überlegen, wie der Widerspruch zwischen Impressumspflicht einerseits und dem Wunsch nach Anonymität andererseits gelöst werden kann.

Für Gruppen, die sich in einer Kontaktstelle für Selbsthilfegruppen, sei es bei den Kommunen, den Landratsämtern oder auch in Krankenhäusern treffen, gibt es eine einfache Lösung: Diese „Hausgruppen" – die in der Regel einen Raumnutzungsvertrag abgeschlossen haben – können anfragen, ob sie dort auch einen „Briefkasten" unterhalten können. Damit existiert eine „ladungsfähige Anschrift", ohne dass die Adresse eines Gruppenmitglieds aufgeführt werden muss. Wenn diese Lösung in Frage kommt, tritt sicherlich eine Entschärfung der Situation ein. Klargestellt werden muss allerdings, dass nicht die Kontaktstelle „verantwortlich im Sinne des Presserechts" ist, sondern immer die jeweilige Selbsthilfegruppe. Das bedeutet weiter, dass man um die Namensnennung eines Verantwortlichen nicht herumkommt.



Für Einzelfälle, wenn auch der Name eines Verantwortlichen im Sinne des Presserechts nicht genannt werden sollte, bieten manche Kontaktstellen eine weitere Lösungsmöglichkeit an. Nach Absprache mit den

Selbsthilfeunterstützern, den Mitarbeitern der Kontaktstellen, kann in Einzelfällen vereinbart werden, dass dann die Kontaktstelle für einen Flyer „verantwortlich im Sinne des Presserechts“ zu zeichnen bereit ist. Dann ist die namentliche Nennung eines Gruppenmitglieds in der Öffentlichkeit vermieden. Voraussetzung dafür ist allerdings, dass der Inhalt des Presseerzeugnisses mit der Kontaktstelle nicht nur abgesprochen, sondern durchdiskutiert ist und Einigkeit über den Inhalt und das Erscheinungsbild des Flyers hergestellt wurde. Schließlich muss der Inhalt der Veröffentlichung ja von den Mitarbeitern der Kontaktstelle verantwortet werden können. Eine ausführliche Beratung und bindende Vereinbarung ist die Voraussetzung.

### 2.1.2 Auf der Website

Die Impressumspflicht gilt natürlich auch für die elektronischen Medien. Das Telemediengesetz stellt an die Identifizierbarkeit des Website-Betreibers noch höhere Ansprüche. Außerdem gilt es darüber hinausgehende Vorgaben wie einen Haftungsausschluss und die Datenschutzerklärung zu beachten (vgl. dazu: Ziff. 2.4).

Das Impressum für die Website heißt hier *„Anbieterkennzeichnung“* und legt neben den Kriterien, die auch bei Druckerzeugnissen erfüllt sein müssen, weitere Erfordernisse fest. Lediglich eine Druckerei braucht verständlicherweise nicht genannt zu werden.

Das Gesetz spricht davon, dass diese Informationen „leicht erkennbar, unmittelbar erreichbar und ständig verfügbar“ sein müssen (§ 5 Abs. 1 TMG, Telemediengesetz).

Neben dem Mindestinhalt des Impressums, der für Druckerzeugnisse erforderlich ist, also dem vollständigen Namen des Herausgebers oder Verfassers und der Adresse, ist die Angabe einer Email-Adresse notwendig. Damit soll unmittelbare Erreichbarkeit erzielt werden.

War früher strittig, ob daneben auch die Angabe einer Telefonnummer erforderlich ist und ob dieser Telefonanschluss bei einem Anrufbeantworter enden darf, hat ein Urteil des Europäischen Gerichtshofs dies zwischenzeitlich entschieden. Der EuGH (C – 298/73 vom 16.10.2008) entschied im Jahr 2008, dass die Angabe einer Telefonnummer nicht mehr zwingend erforderlich sei. Es sei ausreichend, wenn eine unmittelbare Kontaktaufnahme auf andere Weise möglich sei. Hier wird beispielweise eine „elektronische Anfragemaske“ neben der Möglichkeit eines Kontaktes per Email genannt. Die Anfrage des Interessierten solle allerdings innerhalb von 30-60 Minuten bearbeitet sein.

Der EuGH schrieb weiter vor, dass es in jedem Fall erforderlich sei, neben einer Email-Adresse noch ein zweites „Medium“ wie eine elektronische Anfragemaske zu unterhalten, wenn keine Telefonnummer angegeben wird. Im Übrigen sei eine Telefonnummer für die Fälle anzugeben, wenn Kunden keinen Internetzugang hätten. Letztendlich ist es doch ratsam, eine Telefonnummer zu benennen.

Während das Pressegesetz für die Platzierung und Bezeichnung des Impressums keine Richtlinien vorgibt, muss die Anbieterkennzeichnung „leicht erkennbar“ sein. Die leichte Erkennbarkeit des Impressums bezieht sich insbesondere darauf, dass die Informationen des Anbieters eine geeignete Größe besitzen müssen und innerhalb der optischen Gestaltung der Website gut wahrnehmbar sind.

Neben diesen allgemeinen Anforderungen scheinen sich die weiteren Kriterien durch die neuere Rechtsprechung eher verschärft zu haben. Die leichte Erkennbarkeit des Impressums muss sich auch aus der Überschrift ergeben. Sichergestellt werden soll, dass der Besucher der Internetseite sofort erkennt, wo er die Angaben über den Betreiber, also das Impressum findet. Eine Überschrift wie „backstage“ wurde so zum Beispiel vom Oberlandesgericht Hamburg verworfen. Der Bundesgerichtshof hat andererseits die Zulässigkeit der Überschrift „Kontakt“ bestätigt. Sicher ist in jedem Fall, bei den „klassischen“ Begriffen wie „Impressum“ oder „Anbieterkennzeichnung“ zu bleiben.

Mit der *unmittelbaren Erreichbarkeit* der Anbieterkennung soll sichergestellt werden, dass jeder Besucher der Seite ohne Umwege und Zwischenschritte sofort auf den Betreiber der Homepage stößt. Der Bundesgerichtshof hat schon im Jahr 2006 (Az.: I ZR 228/03) entschieden, dass das Erreichen der Anbieterkennung mittels zweier Links von der Startseite aus möglich sein muss. Dies scheint gefestigte Rechtsprechung zu sein. Dennoch scheint Vorsicht geboten und Sicherheit, dass die Regelungen sich in Zukunft nicht verschärfen, gibt es nicht. Um sicher zu gehen, sollte versucht werden, die Anbieterkennzeichnung bereits mit einem Klick erreichbar zu machen.

### 2.1.3 Bei sozialen Netzwerken

Auch wenn dies für Facebook, Twitter und, wie sie alle heißen, wenig bekannt ist: Wer einen Auftritt in einem sozialen Netzwerk unterhält und dieser so konzipiert ist, dass damit nicht nur ausschließlich private oder familiäre Zwecke erfüllt werden, fällt unter die Pflicht, eine Anbieterkennzeichnung auszuweisen (zitiert nach: „Allgemeine Hinweise zur Anbieterkennzeichnungspflicht im Internet“, Bundesministerium der Justiz vom 18.02.2008).

Keine Impressumspflicht besteht nur dann, wenn der Austausch in einem geschützten, abgeschlossenen Rahmen, also zwischen einer abgrenzbaren Zahl von Nutzern und somit quasi privat, passiert. Alle übrigen Fälle bezeichnet das Telemediengesetz (§ 5 Abs. 1 TMG) als „geschäftsmäßig“. Dies darf nicht mit „gewerblich“ verwechselt werden und bedeutet auch nicht, dass dafür ein Entgelt zu bezahlen ist. „Geschäftsmäßig“ in diesem Zusammenhang bedeutet lediglich die regelmäßige, auf Dauer angelegte Benutzung dieses Mediums.

Eine Entscheidung des Landgerichtes Aschaffenburg (Az: 2 HK 0 54/11) hat dies auch bestätigt und die Anforderungen an die Anbieterkennzeichnungen mit den Definitionen „leicht erkennbar, unmittelbar erreichbar und ständig verfügbar“ ausdrücklich auch für „social medias“ für anwendbar erklärt.

Das vorgenannte Landgericht ging sogar noch einen Schritt weiter und setzte sich mit dem Begriff „Info“ als Überschrift für das Impressum auseinander. Konnte man sich früher mit der Überschrift „Info“ auf der Homepage auf der sicheren Seite wähnen, so könnte dies in Zukunft zumindest für die interaktiven Medien problematisch werden. Das Landgericht Aschaffenburg hat jedenfalls schon entschieden, dass der Hinweis „Info“ für den Weg zur Anbieterkennzeichnung nicht ausreichend ist.

### 2.1.4 Und wenn´s schief gelaufen ist?



Nur ein Wort, falls beim Druck oder dem Einrichten des Internetauftritts Fehler unterlaufen sind:

Am besten sofort korrigieren, was bei einer Homepage einfach ist. Beim Flyer bleibt nur die Überarbeitung und „Neuauflage“. Denn ein

Verstoß dagegen kann als Ordnungswidrigkeit geahndet und mit einer Geldstrafe versehen werden! Den Praktikern der Selbsthilfeszene sind allerdings bis heute für die Printmedien keine derartigen Fälle bekannt geworden.

In der Internetszene ist die Pflicht zur Anbieterkennzeichnung ernst zu nehmen. Wenn die Gruppe also einen Internetauftritt unterhält oder interaktiv im Netz kommuniziert und diese Kommunikation frei zugänglich ist und auch sein soll, muss sie ein Auge auf die aktuellen Entwicklungen haben. Ein Internetauftritt erfordert auch, sich um Informationen zu kümmern, welche Richtlinien hinsichtlich des Impressums zu beachten sind und welche Neuerungen sich ergeben.

> **Tipp:** Ständige Verfügbarkeit im Internet heißt auch, dass die Anbieterkennzeichnung ständig verfügbar sein muss. Also: Ab und zu prüfen, ob nicht ein Link oder Hinweis irgendwie verlorengegangen ist!

## 2.2 Vorsicht bei fremden Fotos und Texten!

Auch beim Umgang mit fremden Bildern und Texten gilt es, wie auch beim Datenschutz einiges zu beachten. Die wichtigste Grundregel lautet: Wer bei einem Flyer oder beim Internetauftritt Fotos eines professionellen Fotografen verwenden möchte, sollte in jedem Fall dessen Einverständnis einholen. Der gleiche Grundsatz gilt auch für jeden anderen Dritten, der für die Gruppe Fotos fertigt. Denn jeder „Künstler“ hat ein Urheberrecht an seinen Werken und kann bestimmen, wer wie über seine Arbeiten verfügt und sie veröffentlicht.

Neben der Verwendung von Fotos gibt es auch einen Urheberrechtsschutz an Texten, Reden, Veröffentlichungen aller Art und Kunstwerken.

Das Urheberrecht schützt also den Autor eines Textes oder einen Künstler bei einer Veröffentlichung, die nicht vom „Urheber“ erlaubt wurde. Es muss daher die Erlaubnis eingeholt werden, das Werk zu verwenden. Meistens wird der Betreffende die – erneute – Veröffentlichung von der Nennung seines Namens und einem Entgelt abhängig machen.



Dieses Verwendungsverbot gilt auch für „nicht-journalistische“ Texte, so z.B. für konkret ausformulierte Therapiekonzepte, hier seien nur

Der Vorbehalt der Rechte kann Ihnen auf verschiedene Weise begegnen:
- „alle Rechte vorbehalten“
- „Nachdruck – auch auszugsweise – nicht gestattet“
- „die Vervielfältigung mit mechanischen, fotografischen oder elektronischen Mitteln ist verboten“
- „copyright by....“
- „ohne ausdrückliche schriftliche Erlaubnis der (Name der Institution, des Verlages etc.) darf kein Teil dieser Unterlagen für irgendwelche Zwecke vervielfältigt oder übertragen werden, unabhängig davon, auf welche Art und Weise oder mit welchen Mitteln, elektronisch oder mechanisch, dies geschieht“

Alle diese Formulierungen drücken das gleiche Verbot aus. Sie finden sie im „Impressum“ oder auf den ersten Seiten eines Buches, einer Broschüre o.ä.

die 12 Schritte der Anonymen Gruppen genannt. Auch diese Texte sind urheberrechtlich geschützt, wenn sie unkommentiert und ohne Quellenangabe gedruckt werden.

Für den vielleicht häufigsten Fall, nämlich den Abdruck eines Zeitungsartikels in das Faltblatt oder als Link im Internet, gibt es aber Vereinfachungen: Artikel in einer Tageszeitung, die politische, wirtschaftliche und religiöse Tagesfragen betreffen und nicht mit einem „Vorbehalt der Rechte“ versehen sind, dürfen auch ohne ausdrückliche Zustimmung weiterverwendet werden. Übrigens fallen auch sogenannte Publikumszeitschriften, die sich aktuellen politischen Fragen widmen, unter den Begriff „Zeitung“. In beiden Fällen muss die Quelle genannt werden und der Autor besitzt einen Vergütungsanspruch.

Immer möglich ist, auch ohne Bezahlung, das Zitieren aus einem Artikel, wenn im übrigen Text eine inhaltliche Auseinandersetzung mit dem Zitat erfolgt. Es muss also eine „redaktionelle Auseinandersetzung“ mit dem Artikel (vgl. auch Teil II, Ziff. 3.2.2) stattfinden und die Quelle, aus der zitiert wird, genannt werden.

Weiter ist für die Aufarbeitung z.B. einer öffentlichen Veranstaltung interessant: Man darf auch einen „Pressespiegel“ erstellen, also die Zusammenstellung einiger oder aller Artikel zu einem Ereignis oder einer Problemstellung.

Wichtig für die Arbeit mit fremdem Pressematerial ist vor allem ein gewisses Bewusstsein, dass Rechte Fremder verletzt sein können; sei es dadurch, dass sich ein Konterfei plötzlich im Internet befindet oder sich der Autor eines wissenschaftlichen Artikels um seine Arbeit gebracht sieht.

Als Grundsatz kann festgehalten werden: Vor der Veröffentlichung sich immer mit dem Urheber, dem Fotografen oder Autor in Verbindung setzen und die Rechtslage klären. Denn Verstöße dagegen können teuer werden. Neben einem Verbreitungsverbot, das der Geschädigte aussprechen kann, hat er auch Anspruch auf Entschädigung. Gegebenenfalls drohen auch strafrechtliche Folgen.

Bei der Verwendung von Fotografien, bei Abbildungen von Personen ist die Situation besonders heikel. Hier gilt es neben dem Urheberrecht des Fotografens auch das Persönlichkeitsrecht des Abgebildeten zu beachten.

## 2.3 Verwendung eigener Fotografien

Selbsthilfegruppen und Initiativen, die sich öffentlich gegen die Diskriminierung eines Krankheitsbildes oder die Ausgrenzung bestimmter Bevölkerungsgruppen einsetzen, sollten bei der Verwendung von Bildmaterial besonders sensibel sein. Das Augenmerk muss darauf gerichtet sein, ob und in welcher Form der Abgebildete mit dem Text in Verbindung gebracht wird. Wenn also der Eindruck entsteht, der Betreffende kämpfe selbst mit der Krankheit oder gehöre zu einer Bevölkerungsgruppe, die in der Öffentlichkeit keinen guten Stand hat, liegt eine Verletzung des Persönlichkeitsrechts vor. Das kann für den Verwender solcher Fotografien teuer werden. Denn dann müssen Schadensersatzansprüche bedient werden.

Auch bei Abbildungen von Personen, die sich bei einer öffentlichen Veranstaltung oder in einem der Öffentlichkeit zugänglichen Raum befinden, ist Vorsicht geboten. Zur geschützten Privatsphäre eines Menschen gehört es auch, wenn eine Abbildung ungewollt persönliche Lebensumstände preisgibt; z.B. bei Fotos einer Warteschlange im Sozialbürgerhaus.

Dennoch möchten viele Gruppen ihre Arbeit für sich, die Nachwelt oder auch zum Zweck der Veröffentlichung dokumentieren. So werden auf der Weihnachtsfeier der Selbsthilfegruppe, beim Verbandstreffen oder bei Veranstaltungen der Selbsthilfekontaktstelle Fotos gemacht. Aber dürfen sie ins Internet gestellt werden oder in der Verbandszeitung veröffentlicht werden?

Ausgangspunkt für diese Frage ist wie bei der Verschwiegenheit immer das Persönlichkeitsrecht des Betroffenen. Nur der Vollständigkeit halber: Bei Fotos kommen immer auch urheberrechtliche Fragen, also die Nutzungs- und Verwertungsrechte des Fotografen hinzu. Beim Thema „Datenschutz“ spielt allerdings das Urheberrecht keine Rolle, sondern hier geht es rein um das Persönlichkeitsrecht des Abgebildeten.

Früher, bis zur Einführung der DS-GVO, wurde dies mit Vorschriften aus dem KUG, dem Kunsturhebergesetz, begründet. Jetzt fallen Fotos oder Videosequenzen unter den Begriff „personenbezogene Daten“, sodass die Zulässigkeit von Veröffentlichungen von Fotos an Hand dieses rechtlichen Instrumentariums (Art. 6, Abs. 1 f DS-GVO) zu prüfen ist. Prüfungsmaßstab sind dennoch die angestammten Grundsätze, wie sie seit vielen Jahrzehnten auf der Grundlage des KUG entwickelt wurden. Auf sie wird quasi „eins zu eins“ Bezug genommen. Insoweit hat sich also derzeit trotz der neuen DS-GVO nichts geändert.

Grundsätzlich ist zu sagen, dass jeder das Recht am eigenen Bild, an der eigenen Abbildung besitzt, und es somit unzulässig ist, dieses Foto zu veröffentlichen (§ 22 KUG). Um dennoch dem berechtigten Interesse an Berichterstattung und/oder Öffentlichkeitsarbeit einer Selbsthilfegruppe oder -organisation Rechnung zu tragen, gibt es Ausnahmen (§ 23 KUG). Auch hier gilt sozusagen das Schlagwort des Verbotsgesetzes mit Erlaubnisvorbehalt.

*Siehe hierzu auch: Literaturhinweise und Materialien: Bayerisches Landesamt für Datenschutzaufsicht (Hrsg.): Erste Hilfe zur Datenschutz-Grundverordnung für Unternehmen und Vereine, C.H.Beck 2018*

### 2.3.1 Gruppenaufnahmen

Auch wenn sich das Gerücht hartnäckig hält, Gruppenfotos würden die Persönlichkeitsrechte eines Einzelnen nicht berühren, ist dies durch nichts belegbar. Ein Gruppenfoto, auf dem sechs oder sieben Personen abgebildet sind, berechtigt nicht zur Veröffentlichung ohne die Einwilligung der Abgebildeten. Das Foto mit sechs Teilnehmern auf der Weihnachtsfeier darf also nicht ohne Einwilligung ins Internet gestellt werden.

Allerdings ist von einer konkludenten Einwilligung auszugehen, wenn beispielsweise der Vorstand eines Vereins zum Fototermin gebeten wird und sich hierzu aufstellt. Die bereitwillige Mitwirkung der Vorstandsmitglieder lässt rechtsverbindlich den Schluss zu, dass diese Fotos zur Veröffentlichung freigegeben wurden.

### 2.3.2 Verbandstreffen und Selbsthilfetage

Keine Einwilligung ist gemäß § 23 Ziff. 3 KUG zum Beispiel dann erforderlich, wenn bei einer größeren Veranstaltung im Saal oder unter freiem Himmel beliebige Zuschauer und Teilnehmer abgebildet und zu sehen sind. Argumentiert wird hier, dass Bilder von „Versammlungen, Aufzügen und ähnlichen Vorgängen“, an denen die dargestellten Personen teilgenommen haben, keiner Erlaubnis bedürfen. Dies betrifft auch den Fall einer Abbildung des Hauptredners oder Ehrengastes zusammen mit einigen Zuhörern.

Dennoch gilt diese Grundregel, die für Sportvereine oder kulturelle Veranstaltungen entwickelt wurde, wohl für den Bereich der Selbsthilfe nur sehr eingeschränkt. Hier muss bei der fotografischen Berichterstattung zwischen dem Persönlichkeitsrecht des Einzelnen und dem berechtigten Interesse der Öffentlichkeit eine Abwägung getroffen werden. Denn es kann nicht davon ausgegangen werden, dass jeder Teilnehmer einer Veranstaltung in der Öffentlichkeit mit „seinem“ Gruppenthema oder dem Anlass der Veranstaltung in Verbindung gebracht werden möchte. Nicht jeder ist bereit, einer großen Öffentlichkeit seine Krankheiten oder sein Handicap zu offenbaren. Daher muss das Interesse jedes einzelnen Betroffenen mitbedacht werden.

Eine Abwägung zwischen der fotografischen Berichterstattung über die fröhliche Stimmung bei einer Selbsthilfeveranstaltung einerseits und der Verbindung zu einem von einer Krankheit konkret Betroffenen ist immer eine Gratwanderung.

Vielleicht lässt sich als Regel festhalten: Umso weniger sich aus dem Bildzusammenhang in Hinblick auf den Betroffenen ein konkretes Gruppenthema ermitteln lässt und somit lediglich die Information an der Teilnahme einer Veranstaltung zum Thema „Selbsthilfe" übrigbleibt, umso mehr tritt das Persönlichkeitsrecht des Einzelnen gegenüber der Berichterstattung zurück.

Aber mit dieser Überlegung müsste natürlich immer und für jede Aufnahme eine Einzelfallabwägung vorgenommen werden. Daher hat es sich im Bereich der Selbsthilfe schon seit langem eingebürgert, zu Beginn jeder Veranstaltung zu klären, wer einverstanden ist, auch im Bild zu erscheinen, und wer nicht fotografiert werden möchte. Eine Formvorschrift gibt es hierfür nicht, diese Einwilligung kann also auch konkludent, durch Verhalten erteilt werden. Oft wird der Weg gewählt, dass die Betreffenden, die nicht im Bild erscheinen möchten, sich beim Fotografen melden können.

Eine Einwilligung des Betroffenen ist bei einer größeren Veranstaltung grundsätzlich auch dann erforderlich, wenn es sich um eine Großaufnahme der Person, also ein Einzelportrait, handelt. Hier sollte in jedem Fall eine schriftliche Einwilligung eingeholt werden.

### 2.3.3 Druckerzeugnisse und Internet

Wird das Gruppen- oder Verbandsjubiläum auch mit einer Festschrift oder mit einer Fotostrecke auf der Homepage begangen, so ist es ebenfalls empfehlenswert, sich des Einverständnisses des Abgebildeten zu versichern. Denn einem Widerspruch des Betroffenen kann oft nicht mehr Genüge getan werden. Die Festschrift ist gedruckt und Veröffentlichungen können sich trotz Löschung durch den Verantwortlichen im Internet hartnäckig halten.

### 2.3.4 Abbildungen von Kindern



Auch ohne Ansehung von Art. 8 DS-GVO, der die rechtswirksame Einwilligung eines 16jährigen Minderjährigen in die Datenverarbeitung zulässt, ist für den deutschen Rechtsraum wohl immer noch uneingeschränkt vom Elternrecht bis zur Volljährigkeit des Kindes auszugehen. Die Erziehungsberechtigen müssen der Veröffentlichung von Fotos ihrer Kinder zustimmen.

Gerade weil gesundheitsbezogene Selbsthilfe und Minderjährigkeit ein besonderes Schutzinteresse hervorrufen, sollte bei Veröffentlichungen in diesem Zusammenhang immer eine schriftliche Einverständniserklärung der Eltern vorliegen. Es wird hier sogar davon gesprochen, dass das Einverständnis beider Erziehungsberechtigter vorliegen sollte.

*Siehe hierzu auch: Literaturhinweise und Materialien: Bayerisches Landesamt für Datenschutzaufsicht (Hrsg.): Erste Hilfe zur Datenschutz-Grundverordnung für Unternehmen und Vereine, C.H.Beck 2018*

### 2.3.5 Inhalt und Form der Einverständniserklärung

Die Einwilligung kann mündlich erteilt werden, dennoch empfiehlt sich die Schriftlichkeit.

Bei einer schriftlichen Einwilligung bestehen keine weiteren Formvorgaben. Jedoch sollte Ort, Zweck und Umfang der Veröffentlichung klar umrissen sein. Der Betroffene sollte wissen, ob es sich um eine einmalige Veröffentlichung in der Tageszeitung, um die Abbildung für die Jubiläumsfestschrift oder um eine Veröffentlichung auf der Homepage des Verbandes handelt. In jedem dieser Fälle sollte dem Betroffenen die Möglichkeit gegeben werden, die Güterabwägung zwischen seinem Persönlichkeitsrecht einerseits und dem Interesse der Selbsthilfegruppe oder -organisation andererseits zu treffen. Dies gilt für die Einwilligung der Eltern in ganz besonderem Maß.

Einige Selbsthilfeverbände haben in der Zwischenzeit selbst vorformulierte Einwilligungserklärungen erarbeitet und stellen sie ihren Gruppen zur Verfügung. Aber auch Selbsthilfeunterstützungseinrichtungen und auch die Landesämter für Datenschutz haben Vorschläge ins Netz gestellt. So kann beispielsweise unter www.seko-bayern.de ein Formular heruntergeladen werden.

## 2.4 Besonderheiten beim Internetauftritt

Noch einmal zur Website und zum Internet: Natürlich drängt sich für Initiativen immer mehr die Nutzung des Internets und das Erstellen eines eigenen Internetauftritts auf. Mit vergleichsweise wenig Zeit und personellem Einsatz kann hier ein hoher Grad an Publizität erreicht werden.

Nicht vergessen werden sollte allerdings, dass auch der Auftritt im Internet gepflegt werden muss. Der alte Grundsatz der Zeitungsmacher „Nichts ist älter als die Zeitung von gestern!“ gilt umso mehr für das www. Wenn die letzte Aktualisierung Monate zurückliegt und auf Aktivitäten der Gruppe aus dem vorletzten Jahr verwiesen wird, präsentiert sich die Initiative als nicht besonders dynamisch, außerdem können auch Verstöße gegen das Telemediengesetz vorliegen.

Wie auch schon beim Kapitel über die Anbieterkennzeichnung dargestellt (Vgl. Teil III, Ziff. 2.1.2 und Ziff. 2.1.3) muss sichergestellt sein, dass diese ständig verfügbar und dauerhaft funktionstüchtig bleibt.

### 2.4.1 Disclaimer und Links

Beim Betreiben einer Website, wie auch bei der Nutzung von interaktiven Medien sollte auch auf die Links geachtet werden.

Schon vor über 10 Jahren wurde gerichtlich entschieden, dass sich durch die Verlinkung mit anderen Seiten eine Verantwortung für den Inhalte der verlinkten Seite ableiten lässt (Landgericht Hamburg, Urteil vom 12.05.1998, Az.: 312 0 85/98). Denn Links werden vom Besucher einer Website als Empfehlung wahrgenommen und mit dem Betreiber in Verbindung gebracht.

Eine Selbsthilfegruppe sollte also genau untersuchen, ob der Inhalt der Verknüpfung zur Präsentation der Gruppe passt und von ihr mitgetragen werden kann. Dies trifft vor allen Dingen dann zu, wenn über einen Link Informationen über ein pharmazeutisches Präparat, ein Heilmittel oder eine Klinik- oder Reha-Einrichtung gegeben werden sollen. Zunächst wäre zu prüfen, ob der Link als Kontroverse oder Diskussionsgrundlage für das Forum überhaupt taugt. Aus dem Auge verlieren sollte man auch nicht, ob sich auf diese Art und Weise nicht Werbung für ein Präparat eingeschlichen hat. Denn dann handelt es sich zwar nicht um einen Verstoß gegen das Presserecht, aber wettbewerbsrechtliche Verstöße können vorliegen (vgl. Teil II, Ziff. 3.2).

Manchmal verändern auch die Betreiber des Links ihre Seiten, ohne dass dies vom Website- Betreiber bemerkt wird. Es können sich dadurch nicht nur strafbare Äußerungen einschleichen, es reicht auch, wenn der Betreiber der verlinkten Seite Textpassagen verändert. Der neue Text muss nicht immer den Vorstellungen der Gruppe entsprechen, manchmal läuft er auch deren erklärter Meinung zuwider. Davor muss sich die Gruppe schützen.

Wer auf seiner Internetseite einen sogenannten „Disclaimer" anbringt, kann vor unliebsamen Überraschungen weitgehend sicher sein. Ein Disclaimer ist eine Erklärung zum Haftungsausschluss. Der Erklärende stellt damit klar, dass er keinerlei Einfluss auf Inhalt und Gestaltung der verlinken Seite besitzt. Am besten wird im Weiteren ausdrücklich die Haftung für diese Seiten abgelehnt. Musterbeispiele und Formulierungshilfen hierzu finden sich – wo sonst! – im Internet wie z.B. bei www.nakos.de/impressum/ oder www.seko-bayern.de/impressum/.

Trotzdem: Auch wenn die Selbsthilfegruppe bis dahin alles richtig gemacht: Vertrauen ist gut, Kontrolle ist besser!

Auch wenn ein Disclaimer vorhanden ist, gilt: Der Selbsthilfegruppe kommt eine Kontroll- und Überwachungspflicht zu. Wie schon öfter erwähnt, sollte immer einmal wieder kontrolliert werden, ob die Anbieterkennzeichnung funktionsfähig ist und auch der Disclaimer noch vorhanden ist.

Dies gilt auch und vor allem für die Betreiber von interaktiven Seiten wie z.B. Blogs. Denn durch das willkürliche Einstellen von Kommentaren wird dem Betreiber noch mehr die Kontrolle über das eigene Erscheinungsbild entzogen wie z.B. durch „feste" Links. Daher besteht in diesen Fällen noch eine weitergehende Prüfungspflicht (§§ 7 ff. TMG). Ein Betreiber dieser Seiten muss prüfen, ob im Blog Kommentare z.B. diskriminierender oder rassistischer Art eingestellt werden, ob Straftatbestände erfüllt werden. Zunächst müssen diese Kommentare unverzüglich nach Kenntnis gelöscht werden. Das hat zur Folge, dass die Kommentare in zumutbaren Zeitspannen auf diese Gesichtspunkte hin gelesen werden müssen.



Was zumutbar ist oder nicht, ist wie so oft am Einzelfall zu entscheiden. So hat der BGH entschieden, dass – sozusagen vorauseilend – keine Vorsichtsmaßnahmen zu treffen sind, wenn es im betreffenden Web-Blog noch nie zu einem Verstoß gekommen ist (BGH I ZR 101/6). Es wurde aber auch für den Bereich einer professionell betriebenen Seite gerichtlich entschieden, dass, wenn Verstöße zu erwarten sind, eine mehrmals tägliche Prüfungspflicht bestünde (vgl. LG Hamburg z. 324 C 794/07). Hier scheinen die Übergänge fließend zu sein. Die Kriterien, welche Prüfungspflichten im Bereich der Selbsthilfe zumutbar sind oder nicht, dürften sich daran entscheiden, ob mit einem Gesetzesverstoß überhaupt gerechnet werden musste, ob es bereits einen Vorfall gab und welchen Zuspruch das Forum erfährt. Sollten üblicherweise nur einige Kommentare pro Woche dazukommen, ergeben sich sicherlich andere Prüfungspflichten als bei Blogs, die Tag und Nacht mit Neueinträgen überschwemmt werden.

### 2.4.2 Die Datenschutzerklärung

Seit der Einführung der europäischen Datenschutz-Grundverordnung hat auch der Begriff der Datenschutzerklärung an Brisanz gewonnen. Gleichwohl es schon früher eine Verpflichtung gab, einen Betroffenen darüber zu informieren, dass Daten, die ihn betreffen, erhoben und gespeichert, also verarbeitet werden, wurde diese Verpflichtung durch die DS-GVO (Art. 13) noch konkretisiert.

Im Kern besagt Art. 13 DS-GVO, dass bei Erhebung der Daten der Betroffene darüber zu informieren ist, welche Daten von ihm erhoben werden und wie sie verarbeitet werden, gegebenenfalls ob sie an Dritte weitergegeben werden.

Wenn man sich gegenübersitzt und einen Aufnahmeantrag zusammen ausfüllt, dann mag dies einfach und leicht umsetzbar sein. Derjenige, der die personenbezogenen Daten, wie Name, Adresse, Telefonnummer, gegebenenfalls auch Kontonummer aufnimmt, legt offen, was er notiert. Und die betroffene Person kann sich mit der Datenverarbeitung einverstanden erklären oder nicht.

Aber auch bei der „Papierversion“ der Datenverarbeitung ist es ratsam, den Betroffenen nochmals über diesen Umstand zu informieren und sich durch eine Unterschrift bestätigen zu lassen, dass die Erlaubnis zur Datenverarbeitung vorliegt.

Weitaus schwieriger allerdings ist eine Datenschutzerklärung auf der Website. Denn auch dort, und vor allem dort gehört sie hin.

Vielen Besuchern einer Website, den Usern, ist nicht bekannt, dass schon allein beim Besuch der Internetseite Spuren, nämlich personenbezogene Daten wie die IP-Adresse hinterlassen werden. Auch wenn sich die wenigsten Normalsterblichen die Mühe machen oder die Kenntnisse besitzen, diesen Datensatz zu eruieren, gehört dieser Hinweis in die Datenschutzerklärung.

Zum Inhalt einer Datenschutzerklärung gehören weiter folgende Angaben:

- Welche personenbezogene Daten,
- für welchen Zweck verwendet werden,
- ob eine Weitergabe an Dritte erfolgt und
- wann die Daten gelöscht werden.

Weiter muss darauf hingewiesen werden, dass das Einverständnis zur Datenverarbeitung widerrufen werden kann und dass es Beschwerderechte des Betroffenen gibt.

Weitere Informationen finden Sie z.B. auch unter:

www.nakos.de/themen/datenschutz/
www.seko-bayern.de/selbsthilfe-in-bayern/datenschutz-in-der-selbsthilfe/

Seit Einführung der Datenschutzgrundverordnung ist viel darüber spekuliert worden, ob sie eine neue Abmahnwelle durch berüchtigte Abmahnkanzleien zur Folge haben könnte. Dies ist bis dato ausgeblieben und es steht zu erwarten, dass es auch nicht eintritt. Denn Datenschutz ist das Recht des einzelnen Bürgers, seine persönlichen Daten gut geschützt zu sehen. Anders ist es bei der Frage der unerlaubten Downloads, wodurch Urheber- und Verwertungsrechte verletzt sein können. Hier steht ein wirtschaftliches Interesse dahinter. Beim Schutz des Persönlichkeitsrechts gibt es kein wettbewerbsrechtliches Strafszenario. Dennoch, und dies kann dann doch für den Betreiber einer Website unangenehm werden: Wenn die Datenschutzerklärung fehlt, liegt ein Verstoß vor, der geahndet werden kann und zu Bußgeldern führt.



Wenn also eine Website betrieben wird, muss eine Datenschutzerklärung vorliegen.

# IV

## „… das liebe Geld!“

Fragen rund ums Bankkonto sind nicht nur für Selbsthilfegruppen, die gerade den Kinderschuhen entwachsen sind und ihren ersten Förderantrag stellen, von Bedeutung. Sie bleiben auch für Gruppen aktuell, die schon seit Jahren Anträge z.B. bei den Krankenkassen stellen. Denn die Vorgaben der Geldgeber können sich ändern. So müssen Selbsthilfegruppen aus dem Gesundheitsbereich den jeweils gültigen „Leitfaden zur Selbsthilfeförderung“ des GKV-Spitzenverbandes, also die Richtlinien der gesetzlichen Krankenkassen, berücksichtigen. Dazu gehören auch die entsprechenden Bestimmungen auf Orts- und Landesebene, die umgesetzt werden müssen.

Das Thema Geld und Steuern ist weiter für Gruppen und Initiativen interessant, die auf einem Straßenfest Gelder eingenommen haben oder in der glücklichen Lage sind, von einer Firma oder einem Betrieb „gesponsert“ zu werden. Es geht also um die Finanzen der Gruppe, ums Geld und dessen Verwaltung.

## 1 Das Gruppenkonto

Beim Umgang mit Geld ist immer Transparenz wichtig, vor allen Dingen dann, wenn mit fremdem Geld hantiert wird.

Transparenz ist auch im eigenen Interesse der Gruppe notwendig. Jedes Gruppenmitglied, jeder Teilnehmer einer Selbsthilfegruppe möchte über den Einsatz und die Verwendung der Gruppenmittel Bescheid wissen und hat auch Anspruch darauf.

Um dem Gebot der Transparenz Genüge zu tun, empfiehlt es sich, ein eigenes, separates Bankkonto für die Gruppe zu eröffnen. Der Vorteil eines vom Privatvermögen getrennten Gruppenkontos ist, dass leicht und übersichtlich alle Geldangelegenheiten der Initiative nachvollzogen werden können. So können Unklarheiten und Konflikte innerhalb der Gruppe vermieden werden. Und Situationen, in denen die Mittel der Gruppe blockiert sind, werden umgangen.

Aber bei Banken und Sparkassen ein Konto zu erlangen, das nur auf den Namen der Selbsthilfegruppe lautet, und davon können viele Selbsthilfegruppen ein Lied singen, war und ist leider immer noch schwierig. Vereine, gemeinnützig oder nicht, sind Kreditinstituten als Kunden natürlich geläufig. Sie können problemlos ein Konto eröffnen. Aber der Abordnung einer Selbsthilfegruppe begegnet man am Bankschalter oft mit blankem Unverständnis.

## 1.1 Das private Girokonto/Unterkonto

Selbsthilfegruppen behelfen sich oft damit, dass ein Verantwortlicher, meist der Gruppenleiter, ein auf sich lautendes neues Konto oder ein Unterkonto zu einem seiner bestehenden Konten eröffnet. Über dieses Konto laufen alle Zahlungsflüsse der Gruppe.

Beim neu eröffneten Girokonto oder dem Unterkonto bleibt aber der Gruppenleiter Inhaber des Kontos oder Unterkontos und die Bankverbindung ist rechtlich diesem zugeordnet. Beim Unterkonto sind darüber hinaus auch die Kontonummern praktisch identisch, meist besitzt das Unterkonto nur noch zwei Ziffern mehr. Das führt auch optisch zu einer noch engeren Verknüpfung.

Transparenz kann gegenüber der Gruppe zwar so hergestellt werden, weil Zahlungseingänge und Überweisungen gut nachvollzogen werden können. Aber ein separates Girokonto des Gruppenleiters oder ein Unterkonto bergen – ungeachtet der Frage, ob es den Förderrichtlinien noch entspricht – Gefahren.



Ein paar typische Fallkonstellationen sollen hier angesprochen werden: Was passiert, wenn der Kontoinhaber verstirbt oder krankheitsbedingt nicht mehr handlungsfähig ist? Was passiert, wenn der Kontoinhaber mit einer Pfändung überzogen wird? Und was passiert, wenn der Kontoinhaber beispielsweise Arbeitslosengeld II beantragt?

Zunächst ist festzuhalten, dass das private Girokonto mit und ohne Unterkonto, auch wenn es in der zweiten Adresszeile z.B. den Zusatz „Selbsthilfegruppe Brustkrebs“ ausweist, immer ein Konto des (Haupt-) Kontoinhabers bleibt, mit allen Konsequenzen.

So bieten diese Konten im Erbfall keine Garantie, dass die Erben, das Nachlassgericht und das Finanzamt erkennen, dass diese Gelder nicht in den Nachlass fallen. Wenn der Gruppe die Erben des Kontoinhabers nicht bekannt sind oder mit ihnen auf unbürokratischem Weg keine Einigung erzielt werden kann, weil beispielsweise ein Erbschaftsstreit droht, dann stehen komplizierte und langwierige Verfahren ins Haus. Gegenüber dem Nachlassgericht muss überhaupt die Berechtigung zur Akteneinsicht nachgewiesen werden, denn die Selbsthilfegruppe ist nicht Beteiligte im Nachlassverfahren. Aber nur über die Akteneinsicht bei Gericht können die Erben in Erfahrung gebracht werden. Wenn dann die Erben noch untereinander streiten, können die Finanzen der Gruppe für lange Zeit blockiert sein.

Eine ähnliche Problematik ergibt sich bei einer dauerhaften Erkrankung des Kontoinhabers. Hier kann der Fall eintreten, dass auf nicht absehbare Zeit ein Ansprechpartner fehlt, der wirksam über das Konto verfügen kann.

Weiter bieten diese Konten keinen Schutz im Falle der Insolvenz des Kontoinhabers oder bei einer Kontenpfändung. Insolvenz und Kontenpfändung bleiben sicherlich Ausnahmen. Aber im Geschäftsleben und im Rechtsverkehr Unerfahrene machen doch ab und zu die Erfahrung mit dem Gerichtsvollzieher und sehen sich mit einer Zwangsvollstreckung überzogen. Wenn diese dann in Form einer Kontenpfändung durchgeführt wird, wird keine Rücksicht auf ein Konto mit dem Zusatz z.B. „Selbsthilfegruppe Brustkrebs“ genommen. Vor so einem Risiko sollte sich die Gruppe schützen.

Übrigens: Auch ein sogenanntes „P-Konto“, also ein Konto, auf dem die Leistungen z.B. auf Arbeitslosengeld II nicht gepfändet werden dürfen, schützt nicht, denn Fördergelder für eine Selbsthilfegruppe sind keine schützenswerten Beträge im Sinne des P-Kontos.

Auch in anderer sozialrechtlicher Hinsicht ist Vorsicht geboten. Zum Beispiel dann, wenn der Kontoinhaber einen Antrag zur Sicherung des

Lebensunterhaltes stellt. In diesem Fall muss er ausführlich und vollständig Auskunft über seine wirtschaftlichen Verhältnisse erteilen. Außerdem sind immer Kontoauszüge, und zwar für all seine Konten, also auch für das Gruppenkonto vorzulegen. Meist ergeben sich aber daraus keine allzu großen Schwierigkeiten. Der Antragsteller kann z.B. mit dem Förderbescheid belegen, dass er lediglich als Bevollmächtigter der Gruppe fungiert, der Überweisungsbetrag also nicht ihm persönlich gehört.

Etwas gewarnt werden soll an dieser Stelle vor dem Schwärzen der Kontobewegungen die Gruppe betreffend. Wer glaubt, es wäre ausreichend, diese Zahlungszuflüsse lediglich unkenntlich zu machen, erweckt erst recht die Neugierde des Sachbearbeiters. Es ist praktikabler mit „offenen Karten" zu spielen. Der Nachweis, dass diese Beträge kein eigenes Geld darstellen, ist ja ohne großen Aufwand zu führen.

Ein anderer Aspekt kann aber ein erstzunehmendes Interesse des Kontoinhabers sein. Nicht jeder Sachbearbeiter in einer Behörde muss wissen, wer in welcher Gruppe zu welchem Selbsthilfethema aktiv ist. Aber auch da gibt es eine gute Möglichkeit: In diesen Fällen sollte die Gruppe darauf dringen, dass die Fördermittel mit einer neutralen Bezeichnung, die keinen direkten Bezug zum Gruppenthema haben, angewiesen werden.

> Manche Fördergeldgeber sind mit „neutralen Überweisungen", also ohne den Gruppennamen – einverstanden, z.B. „Selbsthilfegruppenförderung für 2020".

Und zu guter Letzt gibt es auch noch steuerrechtliche Aspekte zu beachten. Bei jeder Privatperson, die aus Bankguthaben Zinsen erhält, fällt Abgeltungssteuer an. Bei einer Vermischung von privatem Vermögen und Mitteln der Selbsthilfegruppe müssen die Beträge erst mühsam auseinander dividiert und in den steuerpflichtigen privaten Teil und den nicht steuerpflichtigen Gruppenanteil aufgeteilt werden. Und dies müsste dann auch so dem Finanzamt erklärt werden. Wenn das Konto auf den Namen der Selbsthilfegruppe lautet, entfällt dies, da für das Vermögen einer BGB-Gesellschaft aufgrund der Besteuerung der einzelnen Mitglieder keine Abgeltungssteuer anfällt.

Die Lösung, ein privates Girokonto auf den Namen eines Gruppenmitglieds zu unterhalten oder ein Unterkonto zu einem Hauptkonto des Gruppenleiters zu führen, birgt also doch einige Nachteile.

## 1.2 Das Treuhandkonto auf fremde Rechnung

Aufgrund dieser Problematik wurde in der Selbsthilfeszene schon seit langem nach Abhilfe gesucht. Es ist der Hartnäckigkeit der Selbsthilfegruppen und einzelner Kontaktstellen zu verdanken, dass jetzt manche Banken und Sparkassen anbieten, eine spezielle Form eines Treuhandkontos zu führen.

Diese Konten heißen manchmal „offene Fremdkonten“ oder auch „Treuhandkonto auf fremde Rechnung“. Sie lauten auf den Namen eines Gruppenmitglieds, meist des Gruppenleiters, und führen im Adressfeld z.B. den Zusatz „Selbsthilfegruppe Brustkrebs“.

Das ist sicherlich ein guter Schritt in die richtige Richtung und bietet Vorteile. Bedacht werden sollte allerdings, dass im Bankverkehr ein Treuhandkonto nur auf bestimmte Berufsgruppen wie Rechtsanwälte, Notare, Testamentsvollstrecker oder Verwalter von Wohnungseigentümergemeinschaften zugeschnitten ist. Nur bei diesen Gruppen ist garantiert, dass diese Konten von den Bankverbindungen des Kontoinhabers vollständig getrennt betrachtet werden und abgespalten sind.

Bei einem „offenen Fremdgeldkonto“ oder bei einem „Treuhandkonto auf fremde Rechnung“ bleiben aber die Nähe und die Zuordnung zum Kontoinhaber, der an erster Stelle steht, immer bestehen. Es ist letztendlich eine gesonderte Form des Unterkontos, allerdings mit deutlich abgeschwächten Risiken.

Diese „privaten Treuhandkonten“ haben zwei entscheidende Vorteile: Sowohl im Todesfall wie auch bei der Pfändung ist mehr Transparenz gegeben als bei einem bloßen Unterkonto. Dies bedeutet, dass die Gruppe beim Versterben des Kontoinhabers den Erben und dem Nachlassgericht schnell und unkompliziert die Eigentumsverhältnisse an dem Guthaben darlegen kann. Im Fall der Pfändung kann eine Rückforderungs- oder Schadensersatzklage gegebenenfalls leichter begründet werden.

Für die Praxis ist diese Art von „offenem Fremdgeldkonto" oder „Treuhandkonto auf fremde Rechnung" sicherlich eine gute Möglichkeit, Risiken zu minimieren und die Kontenfrage unkompliziert zu handhaben.

## 1.3 Das Konto der Selbsthilfegruppe als „Gesellschaft bürgerlichen Rechts"

Die sauberste und für die Selbsthilfegruppen erstrebenswerteste Lösung ist allerdings diejenige, die bei Banken die größte Überzeugungsarbeit erfordert.

Die Lösung ergibt sich aus den Bestimmungen für die Gesellschaft des bürgerlichen Rechts (vgl. Teil I, Ziff. 2). Die Selbsthilfegruppe sollte darauf dringen, ein Konto auf den Namen der Selbsthilfegruppe zu erhalten.

Diese Forderung begegnet in der Praxis noch vielen Ressentiments. Meist wird zunächst die Gruppe nach ihrem Status als Verein gefragt und wenn dies verneint wird, ihr die Möglichkeit verweigert, ein Gruppenkonto zu eröffnen. Die Gruppe hätte ja keine Rechtspersönlichkeit, die Klassifizierung einer Selbsthilfegruppe erscheint schwierig. Hier ist Hartnäckigkeit gefragt.

Eine freie Selbsthilfegruppe ist eine Gesellschaft des bürgerlichen Rechts. Sie ist eine Personengesellschaft, die – wenn auch mit weniger Rechten als eine juristische Person ausgestattet – im Rechtsverkehr auftreten kann und dies auch seit langem tut. Man denke nur an all die kleinen Handwerksbetriebe oder Einzelhandelsgeschäfte, die von zwei oder drei Personen betrieben werden. Auch diese sind Gesellschaften des bürgerlichen Rechts und geben sich Namen, die nicht notwendigerweise mit den Namen der Gesellschafter identisch sind. Keine Bank verwehrt einer solchen Personenvereinigung ein Konto. Die Kontoführungsbefugnis einer Gesellschaft des bürgerlichen Rechts ist seit langem unbestritten (vgl. Dorothee Einsele, „Bank und Kapitalmarktrecht", Mohr Siebeck Tübingen, 2006, S. 50).



Voraussetzung bleibt, dass sich der „Firmenname" aus dem Gesellschaftsvertrag ergibt und die Gesellschafter, also die Mitglieder der Gruppe, vollständig und mit vollständigen Personenangaben im Kontenstammblatt der Bank aufgeführt werden. Daneben muss noch Klarheit geschaffen werden, welches oder welche Mitglieder verfügungsberechtigt sind. Dazu sind die Banken auch verpflichtet.

Neben den gesetzlichen Vorgaben, die es zu erfüllen gilt, ist der Grund für die von Bankenseite vielfach an den Tag gelegte Zurückhaltung, dass eine Selbsthilfegruppe oft als „amorphes Gebilde“ mit einer nicht abgrenzbaren Zahl an Mitgliedern ohne vertragliche Verbindung erscheint.

Dies ist zugleich richtig und falsch. Selbsthilfegruppen sind von ihrer Zielsetzung her offen für neue Teilnehmer und haben deshalb oft keine Antwort auf die Frage nach der Zahl der „Gesellschafter“ (Mitglieder der Gruppe). Und hier haken die Banken ein. Sie möchten sich den Verwaltungsaufwand sparen, das Kontenstammblatt immer wieder zu aktualisieren und ausgeschiedene Teilnehmer zu streichen und durch neue zu ergänzen. Das ist verständlich, zumal die Bank auch immer darauf angewiesen ist, dass die Selbsthilfegruppe auf sie zukommt und Veränderungen bekanntgibt.

An diesem Punkt sollte sich die Gruppe auf ihren „harten Kern“ besinnen und darlegen, dass zumindest dieser „harte Kern“ die Gesellschaft des bürgerlichen Rechts bildet. Diese Kerngruppe, bestehend aus mindestens zwei Teilnehmern, kann dann für die Gruppe verantwortlich zeichnen.

Außerdem sind die übrigen Kriterien der Bank gegenüber zu erfüllen, was vor allem die Vorlage eines Gesellschaftsvertrages bedeutet.

Ein Vertrag im herkömmlichen Sinn wird selten existieren. Dieser kann aber gegebenenfalls ersetzt werden. Hier ist z.B. an das Gründungsprotokoll der Gruppe oder an die Bestätigung durch die Krankenkasse zu denken, dass die Gruppe gefördert wird. Für die Gruppen hat es sich auch als nützlich erwiesen, wenn die örtliche Selbsthilfeunterstützungsorganisation bescheinigt, dass die betreffende Gruppe dort bekannt ist. Diese Dokumente können den „klassischen“ Gesellschaftsvertrag ersetzen. Die wesentlichen Eckpunkte, die dokumentiert werden müssen, sind der Gruppennamen, der -zweck, der Sitz und der „harte Kern“ der Teilnehmer, der aus mindestens zwei Teilnehmern bestehen muss. Damit liegt sozusagen ein Gesellschaftsvertrag vor. Letztendlich geht es dabei darum, die auf Dauer angelegte Existenz der Gruppe und feste Teilnehmer darstellen zu können.

Dann kann das Konto den Gruppennamen als Kontonamen an erster Stelle führen. Eine Zuordnung des Kontos im Erb- oder Pfändungsfall zu einem Gruppenmitglied ist damit nicht mehr möglich. Es ist das Konto der Gruppe.

Der Vollständigkeit halber muss aber erwähnt werden, dass bei Kontoüberziehungen alle Gruppenmitglieder, die in dem Dokument genannt werden, das die Bank als Gesellschaftsvertrag akzeptiert, für die Bankschulden gemeinsam haften. Dieses Risiko lässt sich aber überschaubar gestalten, wenn die Bank ohnehin keine Überziehung zulässt, oder vereinbart ist, dass die Gruppe verständigt wird, bevor das Konto durch eine Überweisung ins Minus rutscht.

In der Zwischenzeit ist auch der vor einigen Jahren noch gebräuchliche Zusatz in der Adresszeile „Inhaber: Frau X und Herr Y" nicht mehr erforderlich. Es genügt also als Kontobezeichnung der Gruppenname.

Der Weg zum eigenen Konto auf den Namen der Gruppe ist für viele bestimmt noch nicht ausgestanden, aber vielleicht zahlen sich Hartnäckigkeit und der Hinweis auf das Gesellschaftsrecht doch aus.

## 1.4 Die Richtlinien des GKV-Spitzenverbandes

Neben diesen allgemeinen Überlegungen zur Ausgestaltung des Gruppenkontos gibt es für gesundheitsbezogene Selbsthilfegruppen noch einiges mehr zu beachten. Gruppen, die sich mit chronischen Erkrankungen beschäftigen oder deren Thema z.B. die Lebenssituation nach Schlaganfall oder Herzinfarkt ist, werden von den gesetzlichen Krankenkassen seit Jahren gefördert. Dafür wurden vom Spitzenverband der gesetzlichen Kranken- und Pflegekassen (GKV-Spitzenverband) Richtlinien aufgestellt und in größeren Abständen immer wieder überarbeitet.

Diese Vorschriften befassen sich auch mit den Voraussetzungen, die ein Gruppenkonto zu erfüllen hat. Seit Jahren wird im „Leitfaden zur Selbsthilfeförderung" des GKV-Spitzenverbandes u.a. festgeschrieben, welche Erfordernisse es für ein Gruppenkonto für verbandlich organisierte Gruppen sowie für diejenigen Gruppen, die keinem Verband angehören, gibt – so auch in der derzeit geltenden Fassung vom Juli 2019 (Leitfaden zur Selbsthilfeförderung, Grundsätze des GKV-Spitzenverbandes zur Förderung der Selbsthilfe gemäß § 20h SGB V vom 10. März 2000 in der Fassung vom 11.07.2019).

Für alle Gruppen gilt, dass ihnen ein spezielles, nur für diese Gruppe bestehendes Konto zuzuordnen sein muss. Dieses muss weiter sicherstellen, „dass die Fördermittel ausschließlich für Zwecke der Gruppe unter Berücksichtigung des Leitfadens zur Selbsthilfeförderung verwendet werden" (vgl. „Leitfaden zur Selbsthilfeförderung a.a.O. S. 17 und 18).

Im Folgenden werden dann Unterscheidungen getroffen, je nachdem, ob eine Gruppe zu einem überregionalen Verband gehört oder sozusagen eine „freie Gruppe" ist.

Für das Konto der verbandlich organisierten Gruppe gilt:

- Gruppen, die Mitglied in einem überregionalen Verband sind, können dort ein eigenes Konto oder ein Unterkonto unterhalten. Dieses muss gewährleisten, dass die Selbsthilfegruppe über ihre Mittel „in voller Höhe und unmittelbar" verfügen kann (vgl. „Leitfaden zur Selbsthilfeförderung a.a.O. S. 17).

  In der Sprache der Krankenkassenförderung werden diese Gruppen als „rechtlich unselbständige Untergliederungen" von rechtsfähigen Bundes-, Landes- oder Regionalverbänden bezeichnet.

Alle anderen Gruppierungen bezeichnen die vorgenannten Förderrichtlinien als „nicht verbandlich organisierte Selbsthilfegruppen" (vgl. „Leitfaden zur Selbsthilfeförderung a.a.O. S. 17).

Diese auch als „freie Gruppen" bezeichneten Vereinigungen können wiederum selbst Vereinsstatus besitzen oder aber „lediglich" eine Gesellschaft des bürgerlichen Rechts sein.

Für das Konto der nicht verbandlich organisierten Gruppe mit Vereinsstatus gilt:

- Vereine haben mit der Eröffnung eines Gruppenkontos, wie oben dargestellt, kein Problem. Sie erhalten als juristische Person mit dem Vorstand als Vertretungsorgan problemlos bei jeder Bank ein Konto und besitzen dann ein „nur für die Zwecke der Gruppe gesondertes Konto". Insoweit ist an dieser Stelle für die Gruppen nichts weiter zu beachten.

Für das Konto der nicht verbandlich organisierten Gruppe ohne Vereinsstatus gilt:

- Für alle anderen Gruppen, also diejenigen, die weder einem Verband angehören noch ein Verein sind, hat der GKV-Spitzenverband weitere Kriterien zur Kontenfrage entwickelt. Damit sollte dem Umstand Rechnung getragen werden, dass es gerade sie bei der Eröffnung eines Bankkontos oft schwer haben.

Seit 2013 werden zwei Kontoformen als Regel genannt, nämlich das von einem Gruppenmitglied eingerichtete Treuhandkonto oder ein Konto, das für die Gruppe als Gesellschaft des bürgerlichen Rechts geführt wird (vgl. „Leitfaden zur Selbsthilfeförderung“ a.a.O. S. 17).

Aus beiden Varianten wird ersichtlich, dass die Krankenkassenförderung vor allem auf die eindeutige Nachvollziehbarkeit der Verwendung der von ihr geleisteten Förderung abstellt.

- Nachdem die Krankenkassen 2013 von ihrer bis dahin gültigen Richtlinie abwichen und der Begriff der „Gesellschaft des bürgerlichen Rechts“ akzeptiert wurde, besteht für die freien Gruppen mehr Transparenz und rechtliche Klarheit. Auf diese Weise wird der rechtliche Status auch von Seiten der Krankenkasse so definiert. Sowohl die juristische Einordnung wie auch die Abgrenzung zu anderen Vereinigungsformen werden damit erleichtert. Und so ist es nur konsequent, wenn als Regelfall des Gruppenkontos nun das Konto der Gesellschaft des bürgerlichen Rechts (vgl. Teil IV, Ziff. 1.3) genannt wird.
- Als zweite Möglichkeit wird „ein von einem Gruppenmitglied für die Gruppe eingerichtetes Treuhandkonto“ zugelassen. Damit wird wohl ein Konto zu verstehen sein, das auch als „Treuhandkonto auf fremde Rechnung“ (vgl. Teil IV, Ziff. 1.2) bezeichnet wird. Es ist also ausreichend, wenn ein Gruppenmitglied, in der Regel wird es der Gruppenleiter sein, bei seiner Bank unter dieser Überschrift ein Konto eröffnet.
- Auch damit wird praktischen Erfordernissen Rechnung getragen. Auf Seiten der Banken und Sparkassen wurde nach einiger Skepsis doch gesehen, dass Selbsthilfegruppen ohne Vereinsstatus ihre Daseinsberechtigung im privaten Geldverkehr haben und auch ihre Interessen adäquat vertreten müssen.
- Es bleibt zu wünschen, dass sich bei den Kreditinstituten sowohl das Konto der BGB-Gesellschaft wie auch das „Treuhandkonto auf fremde Rechnung“ weiter durchsetzen. Damit könnten die vom GKV-Spitzenverband noch zugelassenen Ausnahmen in Zukunft vielleicht nicht mehr notwendig sein.

## 1.5 Ausnahmeregelungen des GKV-Spitzenverbandes

Die Förderrichtlinien des GKV sehen für nicht verbandlich organisierte Selbsthilfegruppen wie auch schon in der Vergangenheit Vereinfachungen vor. Diese Ausnahmen gelten allerdings nur für diejenigen Gruppen, die weder Mitglied in einem Verband sind noch Vereinsstatus besitzen.

Auch in den derzeit geltenden Förderrichtlinien in der Fassung vom 20.08.2018 können also Selbsthilfegruppen, die kein „Treuhandkonto auf fremde Rechnung“ oder ein Konto für eine Gesellschaft des bürgerlichen Rechts besitzen, auf das Unterkonto eines privaten Girokontos zurückgreifen oder ein Sparkonto unterhalten. Und eine dritte Möglichkeit besteht: die Gruppe kann ein von einem Treuhänder geführtes Konto benennen (vgl. „Leitfaden zur Selbsthilfeförderung“ a.a.O. S. 17).

Viele Selbsthilfegruppen, die schon seit langem bestehen, haben ohnehin schon seit Jahren ein Unterkonto zum Konto eines Gruppenmitglieds oder ein Sparkonto als Lösung gewählt.

- Für das Unterkonto gilt:
  Hier kann in vollem Umfang auf das unter Teil IV, Ziff. 1.1 Gesagte verwiesen werden. Ein Unterkonto bleibt immer ein Konto des Haupt-Kontoinhabers mit allen rechtlichen Verflechtungen, die sich daraus ergeben. Es sollte also wirklich nur im Ausnahmefall ein Ausweg sein.
- Für das Sparkonto gilt:
  Ein Sparkonto, wie hinlänglich bekannt, ist für den alltäglichen Zahlungsverkehr etwas umständlich und dürfte wohl nur für wenige Gruppen eine gute Lösung sein. Wenn sich eine Gruppe aber dennoch dazu entschließt, dann sollten zwei Teilnehmer Inhaber und zeichnungsberechtigt sein, um den Zugriff auf das Konto für die Gruppe sicherzustellen, wenn der alleinige Kontoinhaber auf unabsehbare Zeit verhindert sein oder versterben sollte.
- Für das Treuhandkonto gilt:
  Gemäß der Ausnahmeregelung des GKV-Spitzenverbandes wird auch ein „Treuhandkonto“ als zulässige Möglichkeit beschrieben. Nicht zu verwechseln ist dieses Konto mit einem von einem Gruppenmitglied eingerichteten Konto (vgl. Teil IV, Ziff. 1.2). Im Unter-

schied zu den „Treuhandkonten auf fremde Rechnung“ hat der GKV-Spitzenverband bei der Ausnahmebestimmung wohl folgende Praxis im Sinn: Örtliche Selbsthilfeunterstützungseinrichtungen, also die Kontaktstellen, können einzelnen Gruppen im Bedarfsfall anbieten, für sie ein Treuhandkonto für die Fördermittel zu führen.
Ein Treuhandkonto für „freie Gruppen“ bei einer örtlichen Selbsthilfeunterstützungseinrichtung bietet praktisch die gleichen Vorteile wie ein Unterkonto einer verbandlich organisierten Gruppe beim jeweiligen überregionalen Verband. Außerdem werden von den Kontaktstellen keine Kontoführungsgebühren erhoben.

Wer bereits jetzt als von der Krankenkasse geförderte Gruppe mit einem Unterkonto eines Gruppenmitglieds „lebt“ oder mit einem Sparkonto arbeitet, sollte sich vielleicht rückversichern, ob diese Praxis beibehalten werden kann. Gegebenenfalls muss die Gruppe sich um ein „Treuhandkonto auf fremde Rechnung“ oder um ein Konto als Gesellschaft des bürgerlichen Rechts bemühen. Hier lohnt eine Nachfrage bei den Selbsthilfeunterstützern, den Mitarbeitern der örtlich zuständigen Kontaktstelle.

Diejenigen, die ihr Konto schon jetzt bei einer Kontaktstelle haben, werden dies wohl weiter so handhaben dürfen. Es sind eben viele formale Parallelen zu den Unterkonten der verbandlich organisierten Gruppen erkennbar, wie von den Krankenkassen dort ausdrücklich gewünscht.

## 1.6 Nicht nur ein Zeichnungsberechtigter

Für jede Form des Kontos, das eine Selbsthilfegruppe unterhält, muss mindestens eine natürliche Person für das Gruppenkonto, das Konto einer Gesellschaft des bürgerlichen Rechts, als verfügungsberechtigt zeichnen.

Auch die Ausnahmeregelung des GKV-Spitzenverbandes für Gruppenkonten sieht vor, dass ein Verfügungsberechtigter ausreichend ist.

Ob dies allerdings sinnvoll ist, kann jede Gruppe für sich entscheiden. Einziger Vorteil ist, dass es für den Kontoinhaber Schutz bietet, wenn nur er zeichnungsberechtigt ist und kein weiterer ohne sein Wissen und seine Zustimmung über das Konto verfügen kann. In anderer Hinsicht bringt die Existenz eines weiteren Bevollmächtigten aber Vorteile.

Für eine stringente Handlungsfähigkeit der Gruppe ist es besser, wenn sich mindestens zwei Verfügungsberechtigte finden lassen, die Bankgeschäfte tätigen können. Die Gruppe sollte auch diskutieren, ob die Zeichnungsberechtigten nur gemeinsam Verfügungen treffen können oder jeder Berechtigte auch alleine tätig werden kann. Wie im Geschäftsleben auch sind Regelungen möglich, die das Mitglied gegenüber der Gruppe, also im Innenverhältnis nur bis zur Höhe eines festgelegten Betrages autorisieren über die Finanzen zu verfügen.

## 1.7 Gebührenfreiheit fürs Gruppenkonto!

Auch hier hilft nur Hartnäckigkeit. Natürlich ist es von Seiten der Banken und Sparkassen richtig, wenn darauf verwiesen wird, dass eine Selbsthilfegruppe nicht gemeinnützig ist und es auch nicht sein kann. Denn dieses Privileg ist den Vereinen vorbehalten, denen das Finanzamt den Status der „Gemeinnützigkeit" verliehen hat. An die Gemeinnützigkeit wird vielfach angeknüpft, wenn es darum geht, ein gebührenfreies Konto zu erlangen.

Der Hinweis, dass die „Gemeinnützigkeit" vor allem mit Steuerrecht und wenig mit der Gebührenfreiheit des Kontos zu tun hat, sei erlaubt. Eine weitere Argumentationshilfe ist, dass auch andere Institutionen und Vereinigungen zum Wohl der Allgemeinheit tätig sein können, ohne dass sie Vereinsstatus besitzen müssen. Nur so erklärt sich im Übrigen auch die Förderfähigkeit von rechtlich selbständigen, nicht verbandlich organisierten Selbsthilfegruppen ohne Vereinsstatus.

Berichtet werden soll allerdings an dieser Stelle, dass viele Selbsthilfekontaktstellen und Selbsthilfeunterstützungsstellen in verschiedenen Bundesländern mit den regionalen Banken, Sparkassen und anderen Kreditinstituten Kontakt aufgenommen haben, um für Selbsthilfegruppen eine grundsätzliche Gebührenfreiheit zu erreichen. Aus verschiedenen Städten werden hierzu erste Erfolge gemeldet (für Bayern z.B. von München, Nürnberg und Regensburg). Hier sichert nun ein örtliches Kreditinstitut Selbsthilfegruppen die Möglichkeit eines kostenfreien oder kostengünstigen Gruppenkontos zu, es werden also z.B. nur die Überweisungen in Rechnung gestellt.

Dem guten Beispiel folgend wäre es wünschenswert, wenn andere Kreditinstitute in anderen Bundesländern nachziehen würden.

> Sie benötigen Beratung zum Gruppenkonto?
> Örtliche Selbsthilfekontaktstellen unterstützen Sie grundsätzlich in allen Fragen der Finanzierung Ihrer Gruppe und bei der Eröffnung eines – möglichst kostenfreien – Kontos. Die Kontaktstelle kann z.B. eine Bescheinigung ausstellen, die bestätigt, dass Ihre Gruppe und Sie als deren Mitglied dort bekannt sind.

## 2 Die Steuern

Selbsthilfegruppen und Steuern! Zwei Welten und keine Berührungspunkte? Leider doch, obwohl Selbsthilfegruppen in ihrem eigentlichen Tätigkeitsbereich keiner Steuerpflicht unterliegen. Denn sie sind auf *ideellem Gebiet* tätig. Organisation und Teilnahme an einer Gruppe eröffnen keinen Steuertatbestand. Außerdem erzielen sie aus ihrer Beratungstätigkeit keine Einnahmen. In der Regel wird sie von Mitgliedern geleistet, die ihre Freizeit und ihre Kenntnisse unentgeltlich für das Gruppeninteresse einsetzen.

Schnittstellen für Selbsthilfegruppen zum Steuerrecht gibt es dann, wenn die Gruppe sich auf *gewerblichem* Gebiet betätigt oder Einkünfte aus *Mitgliedsbeiträgen*, durch *Spenden* oder *Sponsoring* erhält. Organisiert die Gruppe beispielsweise ein Straßenfest, verkauft Würstchen oder internationale Spezialitäten, erzielt sie dadurch Einkünfte; Umsätze werden getätigt. Die Selbsthilfegruppe bewegt sich auf gewerblichem Gebiet. Mitgliedsbeiträge, Spenden oder Sponsoring können Einnahmen oder Schenkungen sein.

Einzuordnen sind diese Fragen in die Gebiete der Einkommen- oder Körperschaftsteuer, der Umsatzsteuer oder Schenkungssteuer. Ob danach Initiativen in Theorie und Praxis steuerpflichtig werden, dazu jetzt im Einzelnen.

## 2.1 Einkommensteuer/Körperschaftsteuer

Fragen der Einkommen- oder Körperschaftsteuer sind bei einer Initiative immer nur bei Aktivitäten auf *gewerblichem, also wirtschaftlichem Gebiet* relevant. Für Spenden oder Mitgliedsbeiträge ist diese Steuerart nicht zuständig.

Wenn sich eine Initiative mit der Problematik von Einnahmen aus gewerblicher Tätigkeit herumschlagen muss, also beispielsweise ein Straßenfest organisiert, sollte sie die Grundsätze der Gesellschaft des bürgerlichen Rechts, der BGB-Gesellschaft, nochmals rekapitulieren. Die BGB-Gesellschaft als Zusammenschluss natürlicher Personen bleibt eine Personengesellschaft (vgl. Teil I, Ziff. 1.1.2). Sie ist keine juristische Person, keine Körperschaft wie ein Verein. Damit unterliegt sie der Einkommensteuer und nicht der Körperschaftssteuer, welche sozusagen die Parallele zur Einkommensteuer für juristische Personen darstellt.

Die Besteuerungsgrundlagen einer BGB-Gesellschaft ermitteln sich wie bei jeder Ein-Mann-Firma. Die Ausgaben werden von den Einkünften abgezogen. Beim Straßenfest sind also alle Einkäufe oder Mieten für gastronomische Geräte und die Beschallungsanlage von den Einnahmen abzuziehen. Was bei dieser Rechnung an Gewinn übrigbleibt, ist zu versteuern. Verkompliziert wird die Sache bei der BGB-Gesellschaft dadurch, dass der Gewinn nicht von der Gesellschaft zu versteuern ist, sondern auf die einzelnen Mitglieder der Gruppe verteilt wird. Diese nach Köpfen gesplitteten Gewinne müssen dann von jedem einzelnen Mitglied zusammen mit seinen eigenen Einkünften versteuert werden. Das Einkommensteuergesetz setzt also konsequent das Prinzip der Personengesellschaft fort.

Für Selbsthilfegruppen ist dies alles andere als übersichtlich und praktikabel. Es ist überdies keinem Aktiven bewusst, dass er gegebenenfalls Einkünfte aus einem Straßenfest selbst versteuern müsste. Dieses Procedere macht zwar bei gewinnorientierten Gesellschaften, sei es beim Ladengeschäft oder dem kleinen Handwerksbetrieb, Sinn. Für Gesellschaften aber, die ideell arbeiten und nur als Nebeneffekt manchmal und in geringem Umfang gewerblich tätig sind, entstehen so ungeahnte Hürden. Offensichtlich sieht dies der Fiskus ähnlich, auch für den Steuerbeamten gelten Kosten-Nutzen-Rechnungen.

Bei dieser „gesonderten und einheitlichen Gewinnfeststellung", so der Terminus Technicus, müsste er zunächst recherchieren, wer überhaupt Steuerschuldner ist, welche Mitglieder also namentlich und konkret verantwortlich sind. Bei Mitgliedswechsel läge jedes Jahr eine neue BGB-Gesellschaft vor, die eine neue Steuernummer bräuchte. Und: Es müsste sich dann ein Gewinn in einer Größenordnung ausweisen lassen, der es lohnt, die Steuerschuld überhaupt auszurechnen.

Es drängt sich daher die Schlussfolgerung auf, dass der Fiskus Selbsthilfegruppen in der Regel wohl als nicht rechtsfähige Vereine betrachtet. Mit einigen guten Argumenten:

Zum einen ist die Gruppe – wie ein Verein – immer und überwiegend auf ideellem Gebiet tätig. Durch Treffen und Beratungen wird der Gesellschaftszweck gefördert, damit liegt keine gewerbliche Tätigkeit vor. Die wirtschaftliche Tätigkeit ist immer die Ausnahme und selbst da steht der ideelle Zweck im Vordergrund. Der Beweggrund, ein Straßenfest zu organisieren, ist der Wunsch, in der Öffentlichkeit wahrgenommen zu werden und auf das Gruppenthema aufmerksam zu machen. Das drückt sich auch in den moderaten Preisen für die angebotenen Waren aus, die Organisationsarbeit wird ohnehin ehrenamtlich geleistet. Die Gewinnorientierung steht auch dabei im Hintergrund. Damit hat selbst die gewerbliche Tätigkeit der Initiative letztlich einen ideellen Einschlag.

Außerdem hat der Bundesfinanzgerichtshof einmal zur steuerlichen Einordnung von Straßenfesten der „Freiwilligen Feuerwehren" wie folgt entschieden (Urteil des BFH vom 18.12.1996, BStBl. II 1997, S.361). Wenn die „Feuerwehrkameradschaft" diese Feste selbst organisiere, so der BFH, dann sei die Freiwillige Feuerwehr zwar noch nicht gemeinnützig, aber doch ein „nicht rechtsfähiger Verein". Vielleicht ließe sich dieser Gedanke auch auf Straßenfeste im Selbsthilfebereich übertragen.

Dies hätte Praxisnähe und entscheidende Vorteile. Die *nicht rechtsfähigen Vereine (§ 54 BGB)* werden steuerlich wie rechtsfähige behandelt und unterliegen der Körperschaftssteuer mit der Folge der Besteuerung des Vereins und nicht der einzelnen Mitglieder. Entscheidend ist weiter, dass bei der Körperschaftsteuer ein jährlicher Freibetrag von € 5.000,00 existiert (§ 24 Körperschaftsteuergesetz). Darüber hinaus beginnt die Verpflichtung Körperschaftsteuer zu zahlen erst, wenn Einnahmen von über € 35.000,00 – wobei der Freibetrag in Höhe von € 5.000,00 abgezogen werden kann – erzielt werden (§ 64 III Abgabenordnung). Diese Regelung soll ehrenamtlich Tätige entlasten, wenn im Rahmen ihres Engagements Einkünfte aus einem „wirtschaftlichen Geschäftsbetrieb“ anfallen. Für alle Vereine und ausdrücklich auch für die nicht rechtsfähigen Vereine also, die nur in beschränktem Umfang Einnahmen erzielen, wäre dies eine Lösung.

Weiter sei darauf hingewiesen, dass es zum Zeitpunkt der Drucklegung dieser Auflage von Seiten des Bundesrates Bestrebungen gibt, den in § 64 III Abgabenordnung genannten Betrag von € 35.000,00 auf € 45.000,00 zu erhöhen.

Zusammenfassend lässt sich in Hinblick auf die Einkommen- oder Körperschaftsteuerpflicht sagen, dass sich beim Fiskus wohl aus pragmatischen Gründen die Tendenz durchsetzt, die amorphen Strukturen einer Selbsthilfegruppe, also einer ideell arbeitenden BGB-Gesellschaft, zugunsten des besser handhabbaren Vereinsrechts umzuinterpretieren. Auch in der Rechtsprechung finden sich hierzu Anhaltspunkte. Es sei hier nochmals das Urteil des Bundesgerichtshofs vom 07.12.2007 (vgl. Teil I, Ziff. 1.4) zitiert.

Dort lässt der BGH – entgegen des Wortlautes des Gesetzes – für nicht rechtsfähige Vereine Vereinsrecht gelten. Und der Bundesfinanzhof klassifiziert, wie oben dargestellt, das Straßenfest der Freiwilligen Feuerwehr als wirtschaftliche Tätigkeit eines nicht rechtsfähigen Vereins mit der Folge der Besteuerung nach Körperschaftsrecht. Bei der steuerlichen Einordnung von Einnahmen aus gewerblicher Tätigkeit einer Initiative scheinen so die Grenzen zwischen einer BGB-Gesellschaft und einem nicht rechtsfähigen Verein zu verschwimmen.

Dennoch bleibt eine Selbsthilfegruppe, wenn sie nicht die formalen Voraussetzungen eines nicht rechtsfähigen Vereins erfüllt, dogmatisch eine BGB-Gesellschaft mit allen Konsequenzen aus dem Vertrags- und Schadensersatzrecht und ist im Übrigen grundsätzlich einkommensteuerpflichtig. Andererseits scheint es so, dass zumindest im Steuerrecht die Tendenz dazu geht, das Institut „nicht rechtsfähiger Verein“ viel weiter als im Vertragsrecht zu fassen und bei geringfügiger wirtschaftlicher Tätigkeit von Initiativen stillschweigend eine Besteuerung als Verein mit den dort geltenden Freigrenzen zu unterstellen.



Trotzdem bleiben steuerliche Erleichterungen, wie beispielsweise die Möglichkeit der vollständigen Befreiung von der Körperschaftssteuer den eingetragenen Vereinen vorbehalten. Von der Körperschaftsteuer können sich Vereine, die sich gemeinnützigen, mildtätigen oder kirchlichen Zwecken verschrieben haben, befreien lassen. Für alle übrigen Fälle gibt es zumindest einen jährlicher Freibetrag von 5.000 Euro (§ 24 Körperschaftsteuergesetz), der nicht versteuert werden muss.

Die „akademische" Frage, ob *Förderungen* zu versteuern sind, ist eigentlich leicht beantwortet. Zum einen ist eine Förderung immer zweckgebunden und korrespondiert direkt mit einer Ausgabe der Gruppe. Es entsteht also kein Gewinn. Und im Übrigen, wie bei Leistungen der öffentlichen Hand üblich, unterliegen diese nicht der Besteuerung.

Bei *Spenden* oder bei *Sponsoring* von Dritten kann das anders gesehen werden. Dort stellt sich noch eher die Frage, ob dadurch zu versteuernde Einnahmen erzielt werden können. Dazu Näheres unter Teil IV, Ziff. 3.

## 2.2 Umsatzsteuer

Zunächst ist festzuhalten, dass Einkünfte der Gruppe aus Zuschüssen, Förderungen, Mitgliedsbeiträgen oder Spenden nicht der Umsatzsteuer unterliegen. Umsatzsteuer kann also nur dann anfallen, wenn die Initiative gewerblich tätig wird. Sei es bei einem Straßenfest, einer Veranstaltung mit Eintritt oder Ähnlichem. Nur dann fällt Umsatzsteuer an. Nicht vergessen sollte man, dass die Umsatzsteuerschuld nichts mit Gewinn zu tun hat. Auch wenn die Ausgaben für eine Veranstaltung die Einnahmen übersteigen, ist Umsatz entstanden. Und dafür fällt Umsatzsteuer an.

Umsatzsteuerpflichtig sind grundsätzlich alle Vereinigungen mit gewerblicher Tätigkeit, sei es, dass eine BGB-Gesellschaft vorliegt oder auch ein Verein, eingetragen oder nicht. Vereine können aber Umsatzsteuerermäßigungen erzielen oder auch davon befreit werden, wenn sie als gemeinnützig anerkannt sind.

Auch ohne Gemeinnützigkeit dürfte für die meisten Initiativen die Umsatzsteuer nicht die große Schwierigkeit sein, denn die Verpflichtung zur Abführung von Umsatzsteuer entfällt, wenn der Umsatz des letzten Jahres € 17.500,00 nicht übersteigt, sie also als Kleinunternehmer gelten (§ 19 UStG). Damit keine Umsatzsteuererklärung fällig und die Bezahlung der Umsatzsteuer verpflichtend wird, ist weiter erforderlich, dass im laufenden Jahr mit keinem höheren Umsatz als € 50.000,00 zu rechnen ist. Wenn allerdings in der Tat Beträge in dieser Größenordnung anfallen, sollte man vielleicht ohnehin einen Steuerberater fragen.

Also nur, wenn die Gruppe mehr als € 17.500,00 bei einer oder mehreren Veranstaltungen pro Jahr eingenommen hat, entsteht die Umsatzsteuerpflicht. Bei geringeren Einnahmen kann sie nur dann entstehen, wenn die Initiative Umsatzsteuerbeträge ausgewiesen hat, also Rechnungen mit Mehrwertsteuer erstellt hat, ohne auf ihren Status als „Kleinunternehmer“ hingewiesen zu haben.

Die Gruppe darf also keine Rechnungen mit einem Mehrwertsteuerbetrag ausstellen, wenn sie weiter „Kleinunternehmer“ bleiben will.

Die vorgenannten Summen verstehen sich als „Brutto-Summen“, d.h. als Gesamtbetrag der Einnahmen, ohne dass die Umsatzsteuer gesondert ausgewiesen wurde.

Nochmals zur Rekapitulation: Bei der Ermittlung des Umsatzes dürfen keine Aufwendungen wie Einkäufe etc. abgezogen werden. Die Umsatzsteuer errechnet sich also immer aus den tatsächlichen Einnahmen.

Sollte im Einzelfall für die Gruppe tatsächlich Umsatzsteuerpflicht entstanden sein, beispielsweise weil die Freigrenze überschritten wurde, dann kann die Selbsthilfegruppe die von ihr gezahlte Umsatzsteuer unter bestimmten Voraussetzungen von der eigenen Umsatzsteuerschuld abziehen. Dies bezieht sich aber nur auf die Beträge, die sie selbst im wirtschaftlichen und nicht im ideellen Tätigkeitsbereich eingenommen und ausgegeben hat. Um beim Beispiel des Straßenfestes zu bleiben: Die auf den Einkauf entfallende Mehrwertsteuer kann von der eigenen Umsatzsteuerschuld abgezogen werden. Allerdings muss diese „Vorsteuerabzugsberechtigung“ mit dem Finanzamt geklärt worden sein und eine Steuernummer für die Umsatzsteuererklärung erteilt worden sein. Aber damit befindet sich die Initiative schon auf einem Aktionsfeld, auf dem bestimmt ein Steuerberater nützlich wäre.

*Fazit:*

Steuerrecht ist – natürlich oder leider – nie einfach. Trotzdem dürften die steuerlichen Hürden für eine „durchschnittliche“ Initiative überschaubar bleiben, denn die gewerbliche Tätigkeit einer Selbsthilfegruppe wird im Verhältnis zur ideellen Arbeit immer die Ausnahme bleiben.

Und die getätigten Umsätze werden meistens unter den Freigrenzen für die Umsatzsteuerpflicht liegen.

Das kann sich ändern, wenn der „Geschäftsbetrieb" der Gruppe umfänglich, die Buchhaltung wirklich zeitaufwendig geworden ist, wenn Gelder einiger Größenordnung jedes Jahr verwaltet werden müssen. Vielleicht wäre dann wirklich ein Steuerberater gefragt. Oder es sollte grundsätzlich nachgedacht werden: Ist der Verwaltungsaufwand so groß geworden und die Struktur der Vereinigung so angewachsen, dass die Organisationsform der Gruppe bereits diejenige eines Vereines erreicht hat? Obwohl sich die Gruppe nur mit Steuerpflichten auseinandergesetzt hat, können die Gesellschaftsstrukturen dadurch so gefestigt sein, dass die Gruppe eine Wandlung erfahren hat. Das wäre der richtige Zeitpunkt, in einen Diskussionsprozess einzusteigen und das eigene Gruppenverständnis neu auszuloten. Vielleicht wäre die Gründung eines Vereines dann der richtige Weg.

## 2.3 Übungsleiterpauschale und Co.

Ging es bis jetzt darum, ob Selbsthilfegruppen steuerpflichtig sein können, so rückt jetzt der Einzelne ins Blickfeld. Die Fragestellung ist jetzt, ob derjenige, der für die Gruppe aktiv ist, also eine Funktion innerhalb der Gruppe ausübt, sich mit Steuerfragen beschäftigen sollte, oder besser: ob sein ehrenamtliches Engagement vom Steuerrecht – wenigstens ein bisschen – belohnt wird.

Aus der Praxis der Sportvereine kennt ihn jeder: den Übungsleiter, derjenige, der eine Mannschaft leitet, das Training organisiert und mit zu den Spielen fährt. Schon seit Jahren wird diese ehrenamtliche Tätigkeit vom Staat honoriert, denn ein Übungsleiter kann einen bestimmten Geldbetrag pro Jahr verdienen, der steuer- und sozialversicherungsfrei verbleibt. Dieser Betrag muss zwar in der Steuererklärung aufgeführt werden, aber für ihn fallen keine Steuern an. Derzeit beläuft sich dieser Betrag auf € 2.400,00. Der Bundesrat hat im Jahr 2019 dem Bundestag einen Vorschlag unterbreitet, diesen Betrag auf € 3.000,00 zu erhöhen. Zur Zeit der Drucklegung lag noch keine Entscheidung des Gesetzgebers vor.

Für die Selbsthilfelandschaft ist aber interessant, dass eine Übungsleiterpauschale nicht nur im Sportverein anfallen kann. Mit diesem Begriff deckt die Vorschrift im Einkommensteuergesetz auch Sachverhalte für „vergleichbare nebenberufliche Tätigkeiten“ (§ 3 Ziff. 26 EStG) ab. Dies können alle möglichen Funktionen im ehrenamtlichen und/oder kirchlichen Bereich sein, zum Beispiel als Leiter einer Jugendgruppe. Aber auch künstlerische Tätigkeiten, wie Dirigent eines Laienchors oder Leiter einer Malgruppe, fallen darunter. Die Übungsleiterpauschale gilt also für alle denkbaren ehrenamtlichen Tätigkeiten und umfasst so auch die Arbeit in der Selbsthilfe.

Vor allem sportliche und künstlerische Aktivitäten sind oft Bestandteil der Gruppenarbeit. Viele chronische Krankheitsbilder lassen sich durch Gymnastik oder Schwimmen günstig beeinflussen und künstlerische Betätigung ist in der Krebs-Nachsorge oder bei Trauergruppen durchaus verbreitet. Viele Selbsthilfegruppen bieten daher regelmäßige Turnstunden oder Malgruppen an.

Können Selbsthilfegruppenleiter dann die jährliche Übungsleiterpauschale von derzeit € 2.400,00 in Anspruch nehmen? Zunächst muss dieser Betrag natürlich der Gruppe überhaupt zur Verfügung stehen, sei es durch Förderungen oder Spenden. Kann die Gruppe also diesen Betrag für ihren Leiter erübrigen, dann ist diese Leistung für ihn steuerfrei, wenn er diese, so die Formulierung des Gesetzes, von einer „Körperschaft …zur Förderung gemeinnütziger, mildtätiger und kirchlicher Zwecke“ (§ 3 Ziff. 26 EStG) erhält. In der Regel sind hiermit Vereine gemeint, die den Status der Gemeinnützigkeit besitzen. Damit fallen alle Gruppen, die „nur“ eine Gesellschaft des bürgerlichen Rechts sind, aus dieser Steuervergünstigung heraus.

Die Übungsleiterpauschale kann aber dennoch auch für diese Gruppen interessant sein. Nämlich dann, wenn sie an einen gemeinnützigen Bundes- oder Landesverband angeschlossen sind.

Durch ihre Anbindung an den Dachverband, der gegebenenfalls die Kosten der Sport- oder Malgruppe kalkuliert und bei den Krankenkassen entsprechende Anträge gestellt hat, können Mittel für eine Übungsleiterpauschale bereitgestellt werden. Der gemeinnützige Dachverband kann auf diesem Weg dem Gruppenleiter vielleicht doch zu einer steuerfreien Einnahme verhelfen. Selbsthilfegruppen, die selbst gemeinnützige Vereine sind, können natürlich selbst über die Auszahlung von Übungsleiterpauschalen entscheiden.

Neben dieser Pauschale für Gruppenleiter gibt es auch noch eine Ehrenamtspauschale. Sie stellt eine kleine steuerliche Anerkennung für ehrenamtlich Engagierte dar, die nicht in leitender Funktion tätig sind, aber in den gleichen Bereichen arbeiten. Das Tätigkeitsbild für die Ehrenamtspauschale muss nicht so genau umrissen sein wie das des Übungsleiters. Ein regelmäßiges – aber nebenberufliches – Engagement innerhalb der Gruppe oder für eine Einzelperson ist ausreichend.

Der Betrag für die Ehrenamtspauschale liegt derzeit bei € 720,00 pro Jahr, das sind also durchschnittlich € 60,00 monatlich (§ 3 Ziff. 26a EStG). Voraussetzung ist auch hier die gemeinwohlorientierte Tätigkeit und die Beauftragung durch eine juristische Person, in der Regel also durch einen gemeinnützigen Verein.

An dieser Stelle noch der Hinweis, dass sich auch bei der Ehrenamtspauschale im Jahr 2019 eine Erhöhung ergeben kann. Es ist eine Anhebung auf € 840,00 jährlich im Gespräch.

Außerdem gibt es die Pflegepauschale (§ 3 Ziff. 26b EStG), die ebenfalls einen steuerfreien Betrag in Höhe von € 720,00 jährlich vorsieht. Diese Pflegepauschale soll eine Anerkennung für ehrenamtliche Hilfe bei der Pflege alter, kranker und behinderter Menschen sein.

Für alle drei Pauschalbeträge gilt: Diese steuerbegünstigten Einkünfte können pro Sachverhalt nicht mehrfach ausgeschöpft werden. Möglich sind aber mehrere Übungsleiterpauschalen, wenn der Gesamtbetrag insgesamt höchstens € 2.400,00 erreicht. Wird die Übungsleiterpauschale in voller Höhe geltend gemacht, ist der Steuervorteil als Übungsleiter aufgebraucht. Möglich ist allerdings ein Nebeneinander von Übungsleiter- und Ehrenamtspauschale.

Außerdem dürfen Ausgaben, die vom Übungsleiter oder anderweitig ehrenamtlich Engagierten geltend gemacht werden und in einem wirtschaftlichen Zusammenhang mit dieser Tätigkeit stehen, auch dann steuerlich geltend gemacht werden, wenn sie den steuerfreien Einnahmebetrag übersteigen. Dies darf allerdings nur ausnahmsweise der Fall sein. Es dürfen nicht jahrelang Verluste aus ehrenamtlicher Tätigkeit entstehen (vgl. Bundesfinanzhof Az. VIII R 17/16).



Wie gesagt: Diese Steuerbegünstigungen und Steuererleichterungen spielen grundsätzlich nur bei gemeinnützigen Vereinen eine Rolle. Die

Thematik wird daher an dieser Stelle nur kurz angerissen. Ausführliche Darstellungen und Erläuterungen hierzu lassen sich in der Vielzahl der Publikationen zum Vereinsrecht und z.B. unter www.vereinswiki.info finden.

# 3 Spenden/Sponsoring

Geldgeschenke sind immer erfreulich und willkommen. Das hat sich auch der Fiskus gedacht und Kriterien für die Besteuerung von Spenden und Sponsorengeldern entwickelt.

## 3.1 Spenden

*Spenden* spielen vor allem für gemeinnützige Vereine eine große Rolle. Denn der Spender kann sein Geldgeschenk steuerlich absetzen, also seine zu versteuernden Einnahmen dadurch schmälern. Für Initiativen ohne Vereinsstatus trifft das alles nicht zu. Dennoch können auch sie Empfänger von Sach- oder Geldspenden sein. Diese können von der Gruppe zwar quittiert werden, sind aber mangels Gemeinnützigkeit für den Spender steuerlich nicht abzugsfähig.

Im Übrigen erbringt die Gruppe dafür keinerlei Gegenleistung, die Zuwendung ist tatsächlich ein Geschenk. Steuerrechtlich muss diese Zuwendung – nachdem ja die Vergünstigung der Gemeinnützigkeit nicht gegeben ist – der Schenkungssteuer zugeordnet werden. Bei Sachspenden ist die Bewertung in Geld natürlich schwierig. Im Einzelfall muss ein Annährungswert ermittelt werden. In der Regel allerdings wird man an die Schenkungssteuer wohl keine Gedanken verschwenden müssen, denn die Freigrenzen sind hoch.

Nach dem ab 01.01.2009 geltenden neuen Erbschafts- und Schenkungssteuergesetz liegt der Freibetrag bei 20.000 € pro Person des Schenkers innerhalb einer Frist von zehn Jahren. Alle darüber hinaus gehenden Beträge sind zu versteuern. Diese Beträge gelten im übrigen auch für Erbschaften, die eine Initiative erhalten könnte.



Ist der Zweck der Schenkung festgelegt, spricht man von einer Zweckzuwendung (§ 8 ErbStG). Dann unterliegt auch nur der Teil der

Schenkung der Besteuerung, der nicht vom Zweck umfasst ist. In diesem Fall könnte dann also eine Spende auch die 20.000-Euro-Marke überspringen.

Noch ein Wort zu Einnahmen aus *Mitgliedsbeiträgen.* Was bedeutet es steuerrechtlich, wenn Teilnehmer die Initiative regelmäßig mit Geldmitteln unterstützen? Weil die Einnahme von Mitgliedsbeiträgen nicht zur gewerblichen Tätigkeit der Gruppe, sondern in den ideellen Bereich gehört, kann dafür auch keine Einkommensteuer anfallen. Die Antwort findet sich im Erbschafts- und Schenkungssteuergesetz. Dort ist festgelegt, dass Beiträge für Personenvereinigungen, und dazu zählen ja Initiativen, bis zu 300 € pro Jahr und Mitglied steuerfrei sind. Erst wenn dieser Betrag überschritten wird, fällt Schenkungssteuer an (§ 18 Erbschafts- und Schenkungssteuergesetz).

Einnahmen aus einem *Flohmarkt* können auch an dieser Stelle eingeordnet werden. Organisiert die Initiative einen Flohmarkt, bei dem die Mitglieder überflüssigen Hausrat, Kinderkleider oder Spielzeug verkaufen und der Erlös in die Gruppenkasse fließt, kann man diese Leistung des einzelnen Teilnehmers am ehesten als „Spende", also als Schenkung begreifen, für die die oben genannte Freigrenze gilt.

Vorsicht ist dann geboten, wenn die Initiative von den Verkäufern der Waren eine Art „Standgebühr" erheben möchte. Dann dürfte der Übergang zur gewerblichen Tätigkeit gekommen sein, und damit stellt sich die Frage nach der Einkommen- oder Körperschaftsteuer. Vielleicht ist es in diesen Fällen praktikabler, von dem festen Betrag und einem Anspruch auf Bezahlung abzusehen und lieber auf die Spendenfreudigkeit der Anbieter zu vertrauen.

## 3.2 Sponsoring

Schwieriger ist *Sponsoring* zu beurteilen. Zunächst fällt bei Sponsoring das Element der Gegenseitigkeit ins Gewicht. Der Sponsor gewährt Sach- oder Geldleistungen und erwartet ein gewisses Entgegenkommen. Allerdings ist die Abgrenzung schwierig, denn oft besteht kein Gleichgewicht zwischen den Leistungen, so dass eine Teilschenkung vorliegen kann oder im Sinn des Schenkungssteuerrechts eine Zweckzuwendung gegeben ist. Manchmal spaltet sich ein Rechtsgeschäft auch in einen Sponsoren-Teil und eine „Spende“, also eine Schenkung auf.

Die Abgrenzung ist für die steuerlichen Folgen von Bedeutung. Wenn eine Schenkung ohne jede Gegenleistung vorliegt, kommt Schenkungssteuer in Betracht, und diese fällt erst an, wenn die vorgenannten Freigrenzen überschritten werden. Bei Sponsoring sollte die Selbsthilfegruppe sensibel sein: Es kann sich um eine gewerbliche Einnahme handeln, die die Einkommensteuerpflicht nach sich zieht.

In der Praxis liegt bei einer Selbsthilfegruppe dann Sponsoring vor, wenn sich diese verpflichtet, bei einer Veranstaltung, in einem Druckerzeugnis oder auf der Homepage den Namen des Sponsors zu nennen und dafür Geld erhält. Deutlicher wird dieses „Ich gebe, damit du gibst“ in der Verpflichtung, das Produkt des Sponsors an geeigneter Stelle positiv heraus zu stellen. Hier sollte sich die Initiative aller Gefahren bewusst sein. Die exponierte Empfehlung eines Produkts oder einer Einrichtung kann wettbewerbsrechtliche Folgen haben, dazu enthielt bereits Teil II, Ziff. 3.2 viele Informationen.

Aber auch Steuerrechtliches ist zu beachten. Diese Vereinbarungen sind Verträge mit der Verpflichtung zu Leistung und Gegenleistung. Damit befindet sich die Initiative auf dem Terrain der gewerblichen Einkünfte. Eigentlich agiert die Gruppe bei Empfehlungen auf ihrem ureigensten Gebiet, dem der Beratungstätigkeit, die von Freiwilligen unentgeltlich durchgeführt wird. Dafür ergeben sich keine Steuerfragen. Eine Veränderung tritt aber dann ein, wenn sich die Gruppe vertraglich zu einer Leistung verpflichtet und sich diese Verpflichtung bezahlen lässt. Für diesen Fall ist von gewerblichen Einkünften zu sprechen. Und die Initiative ist damit schnell im Fahrwasser der Einkommen- und Umsatzsteuer gelandet – wie unter Teil IV, Ziff. 2 dargestellt.

Wenn ein Firmenlogo mit dem Hinweis „gesponsert von ...“ und „mit freundlicher Unterstützung von ...“ auf der Einladung zu einer Veranstaltung prangt oder den Flyer ziert, liegt zwar keine Empfehlung vor. Aber auch in diesem Fall durchbricht die Entgeltlichkeit der Leistung den eigentlich ideellen Charakter der Tätigkeit der Gruppe und wieder stellt sich die Frage nach dem wirtschaftlichen Einschlag mit den steuerlichen Folgen. Diese liegen wieder bei der Einkommen- und Umsatzsteuer.



Es könnte aber auch eine Zweckzuwendung vorliegen, also eine Schenkung für eine bestimmte Aktivität der Gruppe, womit wieder das

Tor zur Schenkungssteuer mit ihren Freibeträgen geöffnet wäre. Oft lassen sich diese Steuertatbestände nur schwer gegeneinander abgrenzen und der Fachmann ist gefordert.

*Schlussfolgerung*

Eigentlich gilt auch beim Thema Spenden und Sponsoring das zum Stichwort „Steuern“ Gesagte: Wenn eine Selbsthilfegruppe viel Zeit und Energie für die richtige Handhabung von Spenden und Sponsorengelder aufwenden muss und sich daraus Probleme entwickeln, sollte über die Organisationsform der Gruppe nachgedacht werden. Der Graben zum Verein – eingetragen oder nicht – ist möglicherweise schon übersprungen und man sollte jetzt Vorteile und Erleichterungen der Vereinsbesteuerung nutzen. Auch dürfte die Gemeinnützigkeit, die sich üblicherweise nur ein eingetragener Verein attestieren lassen kann, die Spendenbereitschaft erheblich steigern.

Alle anderen Selbsthilfegruppen, für die der Themenkreis dieses Kapitels mehr oder minder Theorie bleibt, sind nach wie vor in der Gesellschaft des bürgerlichen Rechts gut aufgehoben.

# 4 Das „Wo“ und „Wie“ der Förderung

## 4.1 Allgemeines zur Förderung

Mindestens so einschneidend für eine Gruppe, die einen Sponsorenvertrag unterschrieben hat oder mit Spenden hantiert, ist die Entscheidung einen Antrag auf Förderung zu stellen. Manchmal ist es genau dieser Antrag, der einer Gruppe bewusst macht, nicht nur ein loser Zusammenschluss einzelner Individuen, sondern eine Gruppe zu sein, die im Rechtsverkehr auftritt. Denn mit der Antragstellung auf Förderung stehen nicht nur Gelder zu erwarten, sondern auch bürokratische Pflichten.

Eine Gruppe sollte sich vorher genau überlegen, ob sie Förderung beantragt. Die Beträge müssen ordnungsgemäß verwaltet und abgerechnet werden und das hat auch Auswirkungen auf die Gruppe. Der Aufwand an Bürokratie steigt, Verantwortliche müssen von der Gruppe benannt werden, die sich ihrerseits wieder auf die Gruppe verlassen dürfen und müssen. Das kann die Gruppenstruktur verändern.

> Wenn Sie eine Förderung beantragen, hat das nicht nur organisatorische oder juristische Konsequenzen. Es wird mitunter auch eine inhaltliche Diskussion oder ein gruppendynamischer Prozess ausgelöst.
> Die Inanspruchnahme monetärer Unterstützung kann das Selbstverständnis oder die Zielsetzung verändern.
> Sie erfahren eine Wertschätzung, dass das geleistete Engagement etwas gilt. Sie können professioneller auftreten und werden so vielleicht als Kooperationspartner von Ärzten ernster genommen. Sie müssen nicht weiter privates Geld zusätzlich zum Engagement einbringen etc.
> Es besteht aber auch die Gefahr, dass sich die ursprüngliche Frage der Gruppeninhalte ändert: Ein „Was nützt der Gruppe bzw. unserem Thema?" kann sich schnell umkehren in ein „Für welche Zielsetzung bzw. welche Maßnahme oder Aktion können wir finanzielle Förderung bekommen?".
> Wenn diese beiden Fragen auseinanderklaffen: Sind Sie vielleicht vom eigentlichen Thema weggekommen? Dann dient eine Förderung nicht mehr der Gruppe, sondern ist zum Selbstzweck geworden.
> Deshalb ist es wichtig: Werden Sie sich zuerst über die Ziele einig, machen Sie sich das „Wohin" der Gruppe klar, um dann gegebenenfalls in einem zweiten Schritt Gelder zur Umsetzung dieser gesteckten Ziele zu beantragen.

Und natürlich muss sich die Gruppe in die Förderkriterien einarbeiten. Das ist manchmal nicht einfach und kostet Zeit und Mühen. Es gibt Unterschiede von Bundesland zu Bundesland, manchmal unterscheidet sich die Förderung auch noch regional. Es gibt unterschiedliche Fördertöpfe und Fördergeldgeber. Je nach Bundesland, Landkreis, Stadt oder Gemeinde sind auch unterschiedliche Sachverhalte förderfähig. Auch die Höhe dieser Beträge kann sich unterscheiden, je nach dem wo eine Geldleistung beantragt wird.

Jede Selbsthilfegruppe, ob BGB-Gesellschaft oder Verein – eingetragen oder nicht –, kann sich um Förderung bemühen und diese beantragen.

Einen Rechtsanspruch auf Förderung und auf eine bestimmte Fördersumme gibt es nicht.

Ein Teil der Förderung für die Selbsthilfelandschaft ist sogar bundesgesetzlich geregelt. Das Sozialgesetzbuch V regelt in § 20h die Verpflichtung der Krankenkassen, Selbsthilfe zu fördern (§ 20h SGB V) und mit Geldmitteln zu unterstützen.

Wichtig ist allerdings zu sehen, dass die Förderung durch die gesetzlichen Krankenkassen ausschließlich diejenigen Selbsthilfegruppen betrifft, deren Gruppenthema um Gesundheit, Krankheit oder Behinderung kreist. Auf Bundesebene geregelt ist also die Förderung der gesundheitsbezogenen Selbsthilfe.

All jene Selbsthilfegruppen, die nicht zu diesem Bereich gehören und mit dem Begriff „soziale Selbsthilfe" umschrieben werden, fallen nicht unter die Vorschrift des § 20h SGB V. Somit ist die Förderung von z.B. Nachbarschafts- oder Stadtteilinitiativen, von Tauschringen oder auch der migrantischen Selbsthilfe nicht bundeseinheitlich und flächendeckend geregelt. Die soziale Selbsthilfe führt daher, wenn es um eine nachhaltige Unterstützung aus öffentlichen Mitteln geht, eher ein Schattendasein.

Dieser Eindruck verstärkt sich noch dadurch, wenn ein Blick auf die Höhe der Fördersummen gerichtet wird, mit denen die gesundheitsbezogene Selbsthilfe rechnen kann. So ermittelt sich der Gesamtbetrag der Förderung für alle Bereiche, seien es die Gruppen selbst, die Selbsthilfeunterstützer oder auch die Selbsthilfeverbände, aus einem jährlich neu festgelegten Betrag. Für das Jahr 2019 ermittelte sich die Gesamtsumme beispielsweise aus einem Ausgangswert in Höhe von € 1,13 pro gesetzlich Versichertem. Bezogen auf das ganze Bundesgebiet ergibt dies natürlich einen stattlichen Betrag. Die gesundheitsbezogene Selbsthilfe kann daher auf einen gesicherten und soliden Grundstock an Unterstützung zugreifen.

Trotz dieser gesetzlichen Vorgabe besteht auch in der gesundheitsbezogenen Selbsthilfe für die einzelne Gruppe kein Anspruch auf eine konkrete Leistung. Die Gruppen können allerdings Anträge stellen. So werden Gruppen aus *nahezu allen Bereichen der Gesundheitsselbsthilfe gefördert (chronische Erkrankungen, psychische Erkrankungen, Behinderungen, Sucht etc.)*. So können beispielsweise Kosten für Miete, Büromaterial, Öffentlichkeitsarbeit, Fortbildung und Fahrtkosten beantragt werden.

Der Antrag auf Förderung muss *von zwei Gruppenmitgliedern* unterzeichnet werden.

Die Förderung durch die gesetzlichen Krankenkassen setzt als Regelfall voraus, dass ein „nur für die Zwecke der Gruppe“ bestimmtes Gruppenkonto existiert (vgl. Teil IV, Ziff. 1.4) und die Fördermittel vollständig der Gruppe zufließen, von der sie beantragt wurden.

Es sind so genannte *Verwendungsnachweise* zu erstellen. Es muss also belegt werden, für was, wann und wie viel Geld gebraucht und ausgegeben wurde.

Die erfolgreiche Beantragung von Fördergeldern ist also durchaus mit Aufwand, Mühe und Verantwortung verbunden. Dies trifft vor allem für diejenigen aus der Gruppe zu, die sich bereiterklären, den Förderantrag zu unterschreiben. Wer aus der Initiative diese Aufgabe übernimmt, ist ein wichtiger Regelungspunkt innerhalb der Gruppe und sollte vom Konsens aller getragen werden (vgl. Teil I, Ziff. 2.3).

Denn die Verantwortlichen für den Förderantrag garantieren mit ihrem Namen, dass die Mittel ordnungsgemäß verwendet werden, und sie müssen auch die Verwendungsnachweise erstellen. Ähnlich einer Firmenbuchhaltung sind also Kassenzettel und Belege aufzuheben und die Ausgaben in geordneter Form darzustellen.

Hierzu dient natürlich auch das Gruppenkonto, denn dort wird der Weg des Geldes von der Förderung bis zu Verwendung dokumentiert. Bei der Kontoführung selbst wie auch bei der Ausgabe der Mittel ist Transparenz wichtig. Auch dafür stehen die dafür Verantwortlichen aus der Gruppe gerade.

Wo und wie Förderungen zu erlangen sind, dabei können sich die Gruppen bei den örtlichen Selbsthilfekontaktstellen beraten lassen. Die nächstgelegene Selbsthilfekontaktstelle lässt sich über die Nationale Kontakt- und Informationsstelle (NAKOS, *www.nakos.de*) erfragen.

Weil die Fördermöglichkeiten und -voraussetzungen große Unterschiede aufweisen, je nach dem wo ein Antrag gestellt wird, soll im Folgenden am Beispiel Bayern aufgezeigt werden, welche Wege eine Selbsthilfegruppe einschlagen kann, um mit Erfolg eine Förderung zu beantragen. Es ist an dieser Stelle nicht möglich, die Förderschemata jedes Bundeslandes aufzuzeigen.

## 4.2 Förderung am Beispiel Bayern

### 4.2.1 Förderung durch die Kommune/den Landkreis

Der naheliegendste Adressat für Förderanträge einer lokalen Selbsthilfegruppe ist natürlich die Stadt oder der Landkreis. Allerdings engagieren sich diese in Bayern wie auch im gesamten Bundesgebiet in höchst unterschiedlicher Weise.

Die Stadt München zum Beispiel sieht sich für *Selbsthilfegruppen aus allen Bereichen* zuständig. Das können Gruppen mit sozialen Themen oder auch Initiativen aus dem Sucht- oder Gesundheitsbereich sein. Ansprechpartner sind das Referat für Gesundheit und Umwelt bzw. das Sozialreferat.

Interessierte Gruppen können bei der Stadt München einen Antrag für bestimmte Zwecke stellen, beispielsweise für Büromaterial, Kopierkosten, ggf. für die Übernahme von Raumkosten oder auch die Kosten für die Erstellung eines Flyers. Das alles sind so genannte Sachkosten, die förderfähig sind. Nicht gefördert werden in der Regel auf diesem Weg Personalkosten, wie beispielsweise eine Bürokraft. Weil grundsätzlich davon ausgegangen wird, dass Arbeitsleistungen in der Selbsthilfe ehrenamtlich erbracht werden, erfahren Personalkosten nur in Ausnahmefällen eine Förderung.

Wie und welche Fördermittel in anderen Kommunen oder Landkreisen zur Verfügung stehen, ist jeweils dort oder bei den lokalen Selbsthilfekontaktstellen zu erfragen. Es muss allerdings konstatiert werden, dass diese kommunalen Förderungen höchst unterschiedlich ausfallen und auch beileibe nicht als flächendeckend bezeichnet werden können. Hier lässt sich auch keine Einheitlichkeit für ein jeweiliges Bundesland ausmachen, sondern ausschlaggebend dürfte immer der finanzielle Spielraum der jeweiligen Kommune sein.

Allerdings gibt es für *Gruppen aus dem Gesundheitsbereich* spezielle Förderungen an anderen Stellen. Hier seien vor allen Dingen die gesetzlichen Krankenkassen genannt.

### 4.2.2 Förderung durch die gesetzlichen Krankenkassen

Hinsichtlich der Grundprinzipen der Förderung durch die gesetzlichen Krankenkassen gemäß § 20h SGB V wird auf das vorstehend unter Ziffer 4.1 Gesagte verwiesen.

Die Förderung der Selbsthilfegruppen durch die gesetzlichen Krankenkassen wird in Bayern durch dreizehn „Regionale Runde Tische“ organisiert, wobei jeweils eine der örtlichen Selbsthilfekontaktstellen aus der Region das Verfahren koordiniert und Ansprechpartner für die Selbsthilfegruppen ist. Das Selbsthilfezentrum München betreut so z.B. die Region München (Stadt München und die umgebenden Landkreise). Zuständigkeiten für andere bayerische Regionen sind bei der Koordinationsstelle für Selbsthilfe SeKo unter *www.seko-bayern.de* abrufbar.

Informationen für andere Bundesländer sind über die dortigen Zusammenschlüsse der Kontaktstellen oder bei NAKOS unter *www.nakos.de* als Kontaktstelle für alle Bundesländer zu erfragen.

### 4.2.3 Förderung durch das Bayerische Staatsministerium für Familie, Arbeit und Soziales

Daneben gibt es beim Bayerischen Staatsministerium für Familie, Arbeit und Soziales Fördermittel für Selbsthilfegruppen. Da die Gelder aus dem Referat „Rehabilitation und Teilhabe für Menschen mit Behinderung am gesellschaftlichen Leben“ zur Verfügung gestellt werden, sind lediglich *Gruppen aus dem chronisch Kranken- und Behinderten-Bereich im engeren Sinne (ohne die Themen Sucht und psychische Erkrankungen)* antragsberechtigt.

Beim gleichen Staatsministerium ist in Bayern auch die Förderung nach § 45d SGB XI angesiedelt. Gruppen von ehrenamtlichen Helferinnen und Helfern sowie Selbsthilfeorganisationen, die Angebote zur Unterstützung, allgemeinen Betreuung und Entlastung von Pflegebedürftigen, von Menschen mit erheblichem allgemeinen Betreuungsbedarf sowie deren Angehörigen leisten, können Zuschüsse erhalten.

Wie und in welchem Umfang sich die staatliche Förderung der anderen Bundesländer gestaltet, ist bei den jeweiligen Landesregierungen zu erfragen.

### 4.2.4 Förderung durch Rehabilitationsträger

Aber auch bei Reha-Trägern ist die Förderung von Selbsthilfegruppen aus dem *Bereich Gesundheit* gesetzlich niedergelegt: § 29 SGB IX in Verbindung mit § 31 SGB VI. „Selbsthilfegruppen, -organisationen und -kontaktstellen, die sich die Prävention, Rehabilitation, Früherkennung, Behandlung und Bewältigung von Krankheiten und Behinderungen zum Ziel gesetzt haben, sollen nach einheitlichen Grundsätzen gefördert werden."

Bei der Selbsthilfeförderung haben die gesetzlichen Krankenkassen quasi eine Doppelfunktion. Einerseits sind sie im Bereich der Krankenversicherung gesetzlich verpflichtet, die Selbsthilfe zu fördern (vgl. Teil IV, Ziff. 4.2.2). Im Bereich der Pflegeversicherung, die ja auch zum Aufgabengebiet der gesetzlichen Krankenkassen gehört, bleibt diese Fördermöglichkeit eine „Kann-Bestimmung". Daneben gehören zu den Rehabilitationsträgern in diesem Bereich z.B. die Jugendhilfeträger, die Unfallversicherungen, einzelne Berufsgenossenschaften sowie die Deutsche Rentenversicherung. Obwohl für diese Rehabilitationsträger die Förderung eine „Kann-Bestimmung" ist, stellen sie sich seit Jahren dieser Aufgabe. So unterstützte z.B. die Deutsche Rentenversicherung im Jahr 2018 die Selbsthilfe mit rund 3,2 Mio. Euro (zitiert nach *www.nakos.de*).

Die Antragstellung für diese Förderstränge ist unübersichtlich. Zwar empfahl im Jahr 2012 die „Bundesarbeitsgemeinschaft für Rehabilitation" die bundeseinheitliche Koordination und Abwicklung dieser Fördermöglichkeit. Hierzu sollten die einzelnen Rehabilitationsträger Kooperationsvereinbarungen abschließen (vgl. „Bundesarbeitsgemeinschaft für Rehabilitation BAR": „Gemeinsame Empfehlung zur Förderung der Selbsthilfe" gemäß § 13 Abs. 2 Nr. 6 SGB IX, 2012). Letztendlich scheint dies allerdings nicht oder zumindest nicht flächendeckend umgesetzt zu sein.

Diesbezügliche Anträge sind jedenfalls bei der Deutschen Rentenversicherung Bund in Berlin und deren Regionalträgern in den einzelnen Bundesländern zu stellen. Bei den übrigen Rehabilitationsträgern kann den Gruppen nur geraten werden, sich an die Selbsthilfeorganisationen und -kontaktstellen zu wenden, um den jeweils richtigen Ansprechpartner für eine Förderung zu finden.

*Weitere Infos auch hierzu bei NAKOS unter www.nakos.de.*

### 4.2.5 Förderung durch die Regierungsbezirke in Bayern

Im Bezirk Oberbayern werden lokale Selbsthilfegruppen aus den Bereichen *Sucht und psychische Erkrankungen* als freiwillige Leistung unterstützt. In anderen Bezirken Bayerns gibt es nur partiell eine Förderung von Selbsthilfegruppen.

Da es in anderen Bundesländern andere Verwaltungseinheiten gibt, muss man sich jeweils vor Ort über Möglichkeiten der Selbsthilfegruppenförderung kundig machen.

> Generell gilt: Wo und für welchen Zuschuss und an welchen Adressaten Antrag auf Förderung für die Selbsthilfegruppe gestellt werden kann, ist in jeder Region im Bundesgebiet unterschiedlich. Die lokalen Selbsthilfekontaktstellen bieten hier Beratung und Hilfestellung an, sie haben die Übersicht, welche Zuschussgeber für die Gruppe in Frage kommen und welche Voraussetzungen jeweils erfüllt werden müssen. Ihre nächste Selbsthilfekontaktstelle finden Sie bei NAKOS, der Nationalen Kontakt- und Informationsstelle zur Anregung und Unterstützung von Selbsthilfegruppen unter www.nakos.de.

# V

# Und wenn doch etwas passiert? – Sachschäden, Personenschäden, Unfälle

Auch wenn man meint, man hätte alles richtig gemacht: der Bürokratie mit Buchhaltung und Förderantrag genüge getan, die Homepage gepflegt und den Flyer mit einem Impressum versehen, kann trotzdem völlig unerwartet ein Schadensfall eintreten. Sei es anlässlich einer Veranstaltung, die von der Selbsthilfegruppe durchgeführt wird oder bei einem Ausflug der Gruppe in die Berge.

Der Besucher einer Veranstaltung stolpert über ein falsch angebrachtes Kabel, verliert seine Brille oder trägt eine Schramme davon – ein klassischer Haftpflichtfall.

Oder der Gruppensprecher erleidet bei Ausübung der Tätigkeit selbst einen Unfall. Welche Unfallversicherung ist dann zuständig?

## 1 Versicherungen für Selbsthilfegruppen Wer und was ist versichert?

Aus der Sicht eines engagierten Gruppenmitglieds kann eine kleine Unachtsamkeit beträchtliche Folgen haben: Der Geschädigte nimmt ihn allein in Anspruch und fordert Schmerzensgeld und Schadensersatz. Oder es entstehen Heilbehandlungskosten für das verunglückte Mitglied. In beiden Fällen war der Aktive nur im Interesse der ganzen Gruppe tätig, soll aber nun für alles alleine gerade stehen. Das ist schwer einzusehen und benachteiligt Engagierte, die sich freiwillig und unentgeltlich in ihrer Freizeit für andere einsetzen.



Um diese Gefahren abzuwenden gibt es verschiedene Möglichkeiten. In Frage kommen Versicherungen, die ein Gruppenleiter oder Teilnehmer für sich privat abgeschlossen hat. Manchmal schließt auch die ganze Gruppe eine für sie geltende Versicherung ab. Es gibt aber auch Versicherungen, die von staatlicher Seite die Risiken in diesen Fällen auffangen sollen.

In der Zwischenzeit wurden in jedem Bundesland hierfür Versicherungen geschaffen. Unter dem Stichwort „Ehrenamt" sind hier Freiwillige versichert, die für soziale, gesundheitspolitische, kulturelle oder sportliche Zwecke ihre Freizeit einsetzen. Ausdrücklich zählen dazu auch die Selbsthilfegruppen.

Damit soll das Engagement aller Aktiven aufgewertet werden, indirekt aber auch die Bereitschaft zu Bürgerschaftlichem Engagement und damit auch der Selbsthilfegedanke gefördert werden. Letztendlich wird damit nur einer gesellschaftlichen Realität Rechnung getragen. Denn ohne die vielen Gruppen und Initiativen, die sich oft mit „unattraktiven" Themen aus dem gesundheitspolitischen und sozialpolitischen Bereich beschäftigen, wäre der Versorgungsgrad mit Kontaktstellen, Informationsbörsen und Hilfen für die Betroffenen schlechter, das Gesundheitswesen um wertvolle Angebote ärmer. Diese Erkenntnis hat sich in Staat und Gesellschaft in den letzten Jahrzehnten durchgesetzt. Deshalb zählt die Arbeit der Selbsthilfegruppen zum „Bürgerschaftlichen Engagement im Dienste des Gemeinwohls".

Die bestehenden Risiken für die Aktiven sollen durch diese staatlich initiierten Versicherungen abgedeckt oder minimiert werden. Dennoch bleiben auch private Versicherungen wichtig. Wenn ein Schadensfall eintritt sollte man zunächst immer prüfen, welche Versicherungen überhaupt in Frage kommen. Dabei sind mehrere Fallgruppen zu unterscheiden (vgl. auch die Tabelle „Versicherungsschutz für Selbsthilfegruppen" Teil V, Ziff. 3):

> Bitte beachten Sie: Selbsthilfe ist je nach örtlicher Definition neben Freiwilligenarbeit, traditionellem Ehrenamt u.Ä. als Teil des Bürgerschaftlichen Engagements anzusehen.
> Die Versicherungen betrachten dies allerdings anders: Nicht alle Mitglieder Ihrer Selbsthilfegruppen sind in deren Sinn „Freiwillige", „Ehrenamtliche" oder „Engagierte", sondern nur die definierten Funktionsträger. Die „einfachen Mitglieder" sind daher in der Regel nicht bei den öffentlichen Versicherungen miteinbezogen.

Für Selbsthilfegruppen sind vor allem Haftpflicht- und Unfallversicherungen wichtig. Haftpflicht- und Unfallversicherungen treten für einen unterschiedlichen Personenkreis und für unterschiedliche Schadensfälle ein. Die Abgrenzung ist manchmal nicht ganz einfach.

## 1.1 Haftpflichtversicherungen

Grundsätzlich tritt eine *Haftpflichtversicherung* immer dann ein, wenn ein *Dritter, also nicht der Versicherte*, einen Sach- oder Personenschaden erleidet.
Dabei können sich ganz verschiedene Konstellationen ergeben:

- Beim Treffen einer Selbsthilfegruppe verletzt *ein Teilnehmer einen anderen* versehentlich oder verschüttet eine Tasse Kaffee auf einer weißen Jacke.
- Ein *Gruppenmitglied*, das zu einer Info-Veranstaltung der Gruppe kommt, fügt einem *unbeteiligten Besucher* einen Schaden zu.
- Es kann aber auch passieren, dass ein *Gruppenmitglied* aus Versehen einen Gegenstand zerstört, der im Eigentum der *Selbsthilfegruppe* steht, löscht aus Unachtsamkeit eine wichtige Datei oder verliert ein teures medizinisches Nachschlagewerk in der U-Bahn.
- Auch dem Gruppenleiter, sozusagen als *Funktionsträger* der Gruppe, können Fehler unterlaufen. Er kann ohne es zu wollen, aus Unachtsamkeit der *Selbsthilfegruppe* materiellen Schaden zufügen. Wie einem „einfachen" Mitglied auch, kann ihm ein Missgeschick gegenüber einem weiteren Gruppenmitglied passieren, oder er beschädigt das Eigentum eines Besuchers.
- Oder die *Selbsthilfegruppe* insgesamt, ohne dass ein bestimmter Verursacher festgestellt werden kann, schädigt einen *Unbeteiligten*. Wenn also nach einem Gruppentreffen der gemietete Raum oder die Möbel Schäden aufweisen, gilt der Vermieter der Gruppenräume als unbeteiligter Dritter.

In all diesen Fällen ist eine Haftpflichtversicherung wichtig. Sie zahlt für Sach- und Personenschäden bei Dritten.

## 1.2 Unfallversicherungen

Einfacher ist die Situation bei den gesetzlichen und privaten *Unfallversicherungen*. Diese tritt immer nur und ausschließlich für denjenigen ein, der versichert ist. Fremdschäden werden durch eine Unfallversicherung nie gedeckt. Geschützt ist nur der Versicherte, bei den privat Unfallversicherten ist dies der Versicherungsnehmer.

Macht eine Selbsthilfegruppe einen Ausflug in die Berge und verstaucht sich ein Teilnehmer oder auch der Organisator ein Bein, dann tritt die Unfallversicherung für Heilbehandlungskosten und ggf. die Rücktransportkosten ein, die für den Verletzten abgeschlossen wurde.

Die Unfallversicherung deckt also Personenschäden, bezahlt bei Invalidität und Tod, erstattet Arzt- und Krankenhauskosten. Sie tritt aber nicht für Sachschäden ein, also für beschädigtes oder zerstörtes Eigentum, wem es auch immer gehören mag.

Natürlich ist bei allen Unfallfolgen zuerst die eigene Krankenversicherung in der Pflicht. Sie prüft allerdings auch, ob eine Unfallversicherung vorhanden ist oder ob sie sich an den Schädiger wenden kann. Auch die Krankenkasse stellt also die Frage nach dem Verursacher und versucht Regress zu nehmen. Eine Unfallversicherung tritt für den verletzten Versicherungsnehmer ein.

# 2 Wo können Selbsthilfegruppen und ihre Mitglieder Versicherungsleistungen in Anspruch nehmen oder sich selbst versichern?

Für alle oben beschriebenen Fallgruppen können unterschiedliche Haftpflicht- und Unfallversicherungen eintreten. Sei es, dass eine staatliche Versicherung existiert oder eine private Versicherung eintritt.



Manchmal allerdings hält sich weder die eine noch die andere Versicherung für zuständig. Ist die private Versicherung des betroffenen Mitglieds zuständig oder doch eine staatliche? Oder ist der Schadensfall durch die Gruppenversicherung abgedeckt? Diese Fragen müssen in jedem Einzelfall geprüft werden, und eigentlich löst sich dann der gordische Knoten, auch wenn manchmal Hartnäckigkeit gefragt ist. Wenn all diese Möglichkeiten genutzt werden, lassen sich viele der Risiken überschaubar halten und sind im Wesentlichen abgedeckt.

## 2.1 Private Haftpflicht- oder Unfallversicherung

Eine private Haftpflichtversicherung haben die meisten von uns. Sie hilft bei Schadensfällen im Privatleben in allen Lebenslagen. Deshalb ist sie auch für ein *„einfaches" Gruppenmitglied* nützlich. Passiert ihm als Teilnehmer eines Treffens oder einer Veranstaltung gegenüber der Gruppe, dem Leiter, einem anderen Gruppenmitglied oder einem Besucher irgendein Malheur, dann können bei der privaten Haftpflichtversicherung Schadensersatzansprüche angemeldet werden.

Wenn also bei einem Treffen ein Gruppenmitglied ohne besondere Funktionen, sozusagen in seiner Freizeit, einen anderen Teilnehmer, einen unbeteiligten Besucher oder auch das Eigentum der Gruppe schädigt, so kann er diesen Schaden immer seiner privaten Haftpflichtversicherung melden.

Gleiches gilt für eine private Unfallversicherung, wenn ein Mitglied einer Initiative, ohne besondere Aufgaben oder Funktionen, einen Unfall erleidet. Auch dann tritt dessen Unfallversicherung für den eigenen Personenschaden ein.

*Wichtig:* Auch ein Gruppenleiter oder -sprecher hat diese Möglichkeit; auch er kann grundsätzlich den Schaden seiner privat abgeschlossenen Versicherung melden. Allerdings sollte er seine Versicherungskonditionen genau prüfen:

*Viele Versicherer schließen Haftungsfälle und Unfälle im Rahmen einer ehrenamtlichen Tätigkeit aus.*

Im Zweifel hilft die Nachfrage beim eigenen Versicherungsagenten, ob Formulierungen in Verträgen wie zum Beispiel „unentgeltliche Tätigkeit" und „in der Freizeit" als „ehrenamtliche Tätigkeit" zu verstehen sind. Und, ob diese Begriffe für den Organisator einer Veranstaltung oder den Leiter einer Selbsthilfegruppe zutreffen. Manche Versicherungen sind großzügiger und versagen den Versicherungsschutz erst dann, wenn die Freizeitaktivität, die vom Versicherten geleitet wird, bezahlt wird, also nicht unentgeltlich ist.

Private Unfall- und Haftpflichtversicherungen helfen dem „einfachen Gruppenmitglied“ also immer, für Funktionsträger ist dies schwieriger zu beantworten. Manchmal wird der Versicherungsschutz mit dem Hinweis auf die „ehrenamtliche Tätigkeit“ versagt, so dass hier andere Lösungen gefunden werden müssen.

## 2.2 Unfallversicherung der Berufsgenossenschaft für Gesundheitsdienst und Wohlfahrtspflege (BGW)

Wichtig und interessant ist für einen Funktionsträger, der einen Unfall erleidet, somit die Frage nach einer öffentlich-rechtlichen Versicherung. Eine solche Versicherung ist die *Berufsgenossenschaft für Gesundheitsdienst und Wohlfahrtspflege (BGW).* Selbsthilfegruppen können sich dort seit Jahren – ähnlich wie Vereine – versichern.

Anspruchsteller sind Gruppenleiter oder -sprecher, die anlässlich ihrer Tätigkeit einen Unfall erleiden.

Diese gesetzliche Versicherung gilt nur und ausschließlich für den Bereich der *Unfallversicherung*, ist also keine Versicherung für Haftpflichtschäden.

Versichert sind alle Selbsthilfegruppen aus dem Bereich des *Gesundheitswesens und der Wohlfahrtspflege.* Dazu zählen Betroffenen-Zusammenschlüsse für alle Erkrankungen, vielfach sind dies Selbsthilfegruppen für Menschen mit chronischen Erkrankungen. Der Begriff der Wohlfahrtspflege deckt eher die Bereiche ab, die sich mit wirtschaftlich, gesellschaftlich oder sozial benachteiligten Menschen befassen, so zum Beispiel Selbsthilfegruppen behinderter Menschen. Verallgemeinernd: Gesundheitsdienst und Wohlfahrtspflege umfasst alles, was mit Gesundheit oder Krankheit sowie mit Menschen zu tun hat, die sich aufgrund eines Handicaps oder einer Behinderung in einer sozialen Notlage, im gesellschaftlichen Abseits sehen.



Nicht dazu gehören allerdings Gruppen für Freizeitaktivitäten oder „Tauschbörsen“.

Eine Selbsthilfegruppe, die Versicherungsleistungen anfordert, muss allerdings eine gewisse Struktur, eine Organisation aufweisen. Nicht erforderlich ist der Status als Verein, um das gängigste Beispiel zu nennen. Gegenüber der BGW genügt es, wenn sich die Selbsthilfegruppe als Personenverband darstellt, der auf Dauer angelegt ist, einen einheitlichen Namen führt und eine Art *„Verfassung“* besitzt. Und diese Voraussetzung erfüllt eigentlich jede „Gesellschaft des bürgerlichen Rechts“ (vgl. hierzu Teil I, 2), praktisch also jede Selbsthilfegruppe. Um ihre Arbeit und ihre Organisationsform nachzuweisen werden die Anforderungen nicht all zu hoch gestellt: Es muss keine Satzung u.Ä. präsentiert werden. Ausreichend ist, wenn ein organisatorischer Rahmen durch Sitzungsprotokolle oder Flyer und/oder Informationsblätter über Arbeit, Treffpunkte und Ansprechpartner der Gruppe nachgewiesen wird.

Beachtet werden muss weiter, dass nicht die Selbsthilfegruppe als Ganzes und auch nicht jedes einzelne Mitglied unfallversichert sind, sondern nur *„Funktionsträger“*, also diejenigen, die sich besonders in und für die Gruppe engagieren; so beispielsweise der Leiter einer Initiative, derjenige, der für eine Veranstaltung verantwortlich zeichnet, der von der Gruppe Beauftragte für Öffentlichkeitsarbeit, eben all jene, die sich mehr als die übrigen Mitglieder für die gemeinsame Sache einsetzen.

Wer nur an den wöchentlichen Treffen teilnimmt und keine Funktion ausübt, kann nicht über die Berufsgenossenschaft für Gesundheitsdienst und Wohlfahrtspflege (BGW) versichert sein. Für diese Personen bleibt nur die jeweilige private Unfallversicherung.

Nach wie vor ist diese Unfallversicherung für ehrenamtlich Tätige beitragsfrei. Die Berufsgenossenschaft für Gesundheitsdienst und Wohlfahrtspflege erhebt nur von Einrichtungen und Betrieben Beiträge, die professionell im sozialen oder gesundheitlichen Bereich arbeiten.

Für die Selbsthilfe empfiehlt es sich, bei der BGW auch schon vor Eintritt eines Schadensfalles abzuklären, ob die Gruppe, für die man sich engagiert, in den Versicherungsschutz der BGW fällt oder nicht. Dort kann man sich registrieren und sich den Versicherungsschutz schon einmal schriftlich bestätigen lassen.

Vorzulegen sind:

– eine Beschreibung der Aktivitäten der Gruppe,
– die „Verfassung“ der Selbsthilfegruppe,

– Angaben über die Anzahl der Personen, die üblicherweise für die Gruppe in besonderer Weise tätig sind.

Kontakt:

*Berufsgenossenschaft für Gesundheitsdienst und Wohlfahrtspflege*
Hauptverwaltung
Unternehmerbetreuung
Pappelallee 35/37
22089 Hamburg
Tel.: 040/20 20 70 online: www.bgw-online.de

Unfallversicherungsschutz über die BGW kann also für Gruppenleiter und Funktionsträger aller Selbsthilfegruppen erreicht werden, die im Bereich der Gesundheit und Gesundheitsvorsorge arbeiten. Alle Initiativen, die dieses Kriterium nicht erfüllen, sind dort nicht versichert. Prüfen sollte man in diesem Fall, ob die Ehrenamtsversicherung des Bundeslandes, in dem die Gruppe aktiv ist, eingreift.

## 2.3 Ehrenamtsversicherungen

Wenn für einen Schaden oder für Unfallfolgen weder eine private Versicherung noch die BGW (Unfallversicherung der Berufsgenossenschaft für Gesundheitsdienst und Wohlfahrtspflege) eintritt, dann kann eine Ehrenamtsversicherung eintrittspflichtig sein.

In jedem Bundesland gibt es seit einigen Jahren Ehrenamtsversicherungen für den Bereich der Haftpflichtversicherung. Hierzu unterhält und bezahlt das jeweilige Bundesland eine Sammelversicherung, die Versicherungslücken schließen soll. Für die Unfallversicherung gilt, dass es in den meisten Bundesländern auch hierzu eine Sammelversicherung unter der Bezeichnung „Ehrenamtsversicherung“ gibt. Nur wenige Bundesländer sind bis dato diesem Beispiel nicht gefolgt und decken Lücken beim Unfallversicherungsschutz durch andere Regelungen ab (vgl. Tabelle der Ehrenamtsversicherungen in den Bundesländern Teil III, 3).



Die Versicherungsleistungen bei den jeweiligen Ehrenamtsversicherungen sind im Großen und Ganzen bundesweit einheitlich, nur die Versicherungsgesellschaften, mit denen der Vertrag abgeschlossen wurde, variieren. Daher sind die Ansprechpartner im Schadensfall von Bundesland zu Bundesland unterschiedlich (vgl. Tabelle der Ehrenamtsversicherungen in den Bundesländern, Teil V, Ziff. 3).

Bundeseinheitlich ist weiter, dass kein Verein und keine Selbsthilfegruppe zu dieser Versicherung einen Beitrag leisten muss. Die Versicherungsprämien werden vom jeweiligen Bundesland entrichtet.

Vor Inanspruchnahme dieser Versicherung muss allerdings unbedingt beachtet werden:

Die Ehrenamtsversicherung ist immer eine *nachrangige Versicherung*, das heißt, jede Versicherung die bereits besteht, sei es eine private oder eine gesetzliche Versicherung oder eine Sammelversicherung, die die Initiative für ihre aktiven Mitglieder abgeschlossen hat, ist vorrangig.

Erst wenn keine dieser Versicherungen eintritt, greift die Ehrenamtsversicherung.

Anzumerken ist weiter, dass der Versicherungsfall nicht zwingend im Bereich des Bundeslandes eintreten muss, für dessen ehrenamtlich Tätige die Versicherung abgeschlossen wurde. Versicherungsschutz besteht auch, wenn das Ereignis zum Beispiel anlässlich eines Ausfluges oder einer Unternehmung der Selbsthilfegruppe außerhalb des jeweiligen Bundeslandes oder im Ausland eintritt. Abgestellt wird also auf den Sitz der Selbsthilfegruppe, die Region, aus der ihre Mitglieder stammen und somit ihr gewöhnlicher Aktionsradius liegt.

Grundsätzlich sind versichert: *„ehrenamtlich/freiwillig für das Gemeinwohl Tätige"*.

Der Begriff des *Gemeinwohls* umfasst alle Bereiche, in denen Selbsthilfegruppen üblicherweise tätig sind: Das sind zum Beipiel Betroffenen- und Angehörigen-Gruppen im Gesundheitsbereich, Eltern-Kind-Initiativen, Müttergruppen, Nachbarschaftshilfen, Selbsthilfe im Migrationsbereich. Der Begriff der „ehrenamtlichen Tätigkeit" ist also hier weiter gefasst, als bei der Unfallversicherung der BGW.

Interessant ist sie daher bei Unfällen eines Funktionsträgers einer sozialen, auf das Gemeinwohl orientierten Initiative, die gerade nicht im Gesundheitsbereich arbeitet.

Gleich ist allerdings: Sowohl bei den Ehrenamtsversicherungen wie auch bei der Berufsgenossenschaft für Gesundheitsdienst und Wohlfahrtspflege (BGW) sind nur die *einzelnen Aktiven, jedoch keine Initiativen oder Vereine,* als Gesamtheit versichert.

Freiwillig für das *Gemeinwohl tätig sein, Engagement* also heißt, dass der Betreffende in der Gruppierung eine erkennbare oder ausgewiesene Funktion innehaben muss. Sein Engagement geht über die „einfache" Mitgliedschaft hinaus. Dies bedeutet allerdings nicht, dass er rechtliches Organ eines Vereins wie Vorstand oder Kassier sein muss oder Sprecher der Selbsthilfegruppe. Ausreichend ist, dass er beispielsweise für eine Veranstaltung verantwortlich zeichnet, innerhalb der Gruppe eine bestimmte Aufgabe übernommen hat oder sich in anderer Weise mehr engagiert, als nur die regelmäßige Teilnahme am Gruppentreffen.

Nicht erforderlich ist, dass der Betreffende schon vor dem Schadensfall als aktives Mitglied der Gruppierung gegenüber der Versicherung ausgewiesen wurde. Die Meldung nach Eintritt des Ereignisses ist ausreichend.

*Freiwillig* für das Gemeinwohl tätig ist jeder, der diese Tätigkeit nicht beruflich ausübt. Dies bedeutet auch, dass er dafür kein Entgelt erhält. Wichtig ist aber: Der Ersatz von Auslagen stellt keinen Lohn, kein Entgelt dar. Die Tätigkeit bleibt somit „ehrenamtlich".

Und: Die schadensverursachende Handlung muss natürlich in einem Zusammenhang mit der Tätigkeit, der Unternehmung oder einer Veranstaltung der Selbsthilfegruppe stehen. Dem Schädiger muss also das Malheur in Ausübung seiner Tätigkeit passieren.

**Ehrenamtshaftpflichtversicherung**:
Als Vorfrage ist immer zu klären, ob keine andere vorrangige Versicherung zuständig ist. Eine weitere Einschränkung besteht darin, dass die Ehrenamtsversicherungen im Bereich der Haftpflichtversicherung nur für die Handlungen eines Aktiven einer *„rechtlich unselbständigen Gruppe"* eintreten. Damit ist sie gerade für alle Selbsthilfegruppen und Initiativen interessant, die keine Vereine sind und als „Gesellschaft des bürgerlichen Rechts" firmieren (vgl. hierzu Teil I, 2).

Wer also in einem Verein engagiert und ehrenamtlich tätig ist, sollte über diese juristische Person abgesichert sein. Für Vereine ist es daher wichtig, eine eigene Haftpflichtversicherung abzuschließen. Das Auffangbecken Ehrenamtsversicherung ersetzt keine Haftpflichtschäden, die gegenüber einem Verein geltend gemacht werden.

*Geschädigte* im Sinne dieser Versicherungen können aber sowohl unbeteiligte Besucher einer Veranstaltung wie auch Gruppenmitglieder sein.

**Ehrenamtsunfallversicherung:**
Auch hier gilt, dass diese Versicherung *nachrangig* ist: Also erst, wenn keine private oder andere gesetzliche Versicherung zur Leistung verpflichtet ist, tritt die Ehrenamtsversicherung ein.

Die Ehrenamtsunfallversicherung schützt engagierte Freiwillige in allen Bereichen des Bürgerschaftlichen Engagements, also überall dort, wo Selbsthilfegruppen tätig sind.

In den Bundesländern, in denen unter der Bezeichnung „Ehrenamtsversicherung" keine Unfallversicherung existiert, ist eine regional tätige gesetzliche Unfallkasse der richtige Ansprechpartner (vgl. Tabelle Ehrenamtsversicherungen in den Bundesländern, Teil V, Ziff. 3).

Bei allen hier angesprochenen Unfallversicherungen deckt der Begriff „Freiwillig für das Gemeinwohl tätig sein" ein weites Feld des sozialen Engagements ab und geht über die Zielsetzung der „Berufsgenossenschaft für Gesundheitsdienst und Wohlfahrtspflege", die ihre Zuständigkeit eindeutig auf „Gesundheitsthemen" einschränkt, hinaus. Die Unfallversicherung im Ehrenamt deckt so ein breites Spektrum an Aktivitäten ab, so beispielsweise auch im Bereich von Mütter-Kind-Initiativen, von Stadtteilprojekten oder Initiativen zu Migrationsfragen.

Im Bereich der Unfallversicherung sind also die Ehrenamtsversicherungen für all diejenigen Gruppen interessant, die nicht im eng gefassten Gebiet der Gesundheitsfürsorge arbeiten und daher bei der „Berufsgenossenschaft für Gesundheitsdienst und Wohlfahrtspflege" nicht unterkommen.

Und sie ist *sowohl für Vereine wie auch für „rechtlich unselbständige Gruppen"*, also für Selbsthilfegruppen zuständig.

Versichert sind allerdings wieder nur die Aktiven, die Funktionsträger dieser Organisationen. Erleiden ehrenamtlich/freiwillig Tätige anlässlich ihrer Arbeit für die Initiative einen Unfall, dann wird ihr Personenschaden ersetzt. Auch Unfälle, die sich auf dem Weg zu einer ehrenamtlichen/freiwilligen Tätigkeit ereignen, sind vom Versicherungsschutz mit umfasst.

Nicht versichert sind Besucher oder Teilnehmer einer Veranstaltung, also all jene, die nicht aktiv in einer Gruppierung engagiert sind. Für diese Personen bleibt nur die jeweilige private Unfallversicherung.

## 2.4 Gruppenversicherungen der privaten Versicherungswirtschaft

Für Schäden, die keine private Unfall- oder Haftpflichtversicherung zahlt, wenn weder die BGW noch eine Ehrenamtsversicherung eintreten, bleibt eigentlich nur der Abschluss einer privaten Gruppenversicherung durch die Initiative selbst. Bei Eintritt des Schadens muss diese allerdings bereits bestehen, also rechtswirksam abgeschlossen sein.

Einige Versicherungen der privaten Versicherungswirtschaft bieten extra für Selbsthilfegruppen Haftpflicht- und Unfallversicherungen an. Auch dabei ist es nicht erforderlich, dass die Selbsthilfegruppe den Status als Verein besitzt. Ähnlich wie bei der Berufsgenossenschaft für Gesundheitsdienst und Wohlfahrtspflege und den Ehrenamtsversicherungen genügt eine gewisse transparente Gruppenorganisation, verantwortliche Ansprechpartner und die Anzahl derjenigen, die regelmäßig teilnehmen.

Die genauen Versicherungsbedingungen sind allerdings immer mit der jeweiligen Versicherungsgesellschaft abzustimmen und natürlich auch die Höhe der jährlichen Beiträge ist zu klären.

Wer von den großen oder kleineren Versicherern eine derartige Gruppenversicherung anbietet, ist jeweils dort zu erfragen. Seit einigen Jahren haben verschiedene Versicherungsgesellschaften diese Leistungen im Programm.

Konkrete Ansprechpartner können an dieser Stelle natürlich nicht genannt werden, es bleibt nur selbst initiativ zu werden.

Immer gilt: Wenn ein Schaden eintritt oder ein Unfall passiert: Zunächst prüfen, welche verschiedenen Versicherungen in Frage kommen. Als Regel gilt: Eine staatliche Versicherung tritt erst dann ein, wenn keine private Versicherung leistungspflichtig ist.



Und: Fast alle Risiken sind entweder über eine private Versicherung, den öffentlich-rechtlichen Versicherungsschutz oder eine private Gruppenversicherung der Initiative in den Griff zu bekommen. Haftungsfragen brauchen Aktive und Funktionsträger nicht von ihrem Engagement abzuhalten.

> Achtung! Die Versicherungen der privaten Versicherungswirtschaft bieten Ihnen die einzige Möglichkeit, alle Gruppenmitglieder zu versichern, und nicht nur – wie in den öffentlichen Versicherungen – diejenigen, die für die Gruppe eine Funktion übernehmen! Es wird hier nicht unterschieden zwischen „einfachem Mitglied“ und „aktivem Mitglied“, da Sie ja direkt mit der jeweiligen Versicherung passgenaue vertragliche Vereinbarungen für die Gruppe treffen können.
> Natürlich fallen dann Versicherungsbeiträge an. Diese können Sie aber bei einigen Förderungsgebern der Selbsthilfe beantragen (z.B. bei der Förderung durch die Krankenkassen oder bei der kommunalen Förderung).

## 2.5 Einzelne Haftungsfragen

### 2.5.1 Fahrgemeinschaften und Verkehrsunfälle

Aktive im Bereich der Selbsthilfe sind oft aufs Auto angewiesen – dann zum Beispiel, wenn sie in ländlichen Regionen leben und man ohne Auto schlichtweg nicht zum Gruppentreffen kommt. Was liegt da näher, als Fahrgemeinschaften zu bilden?

Aber gibt es für diese sporadischen oder regelmäßigen Fahrgemeinschaften Fallstricke? Oder was ist, wenn man im Auftrag der Selbsthilfegruppe im eigenen PKW unterwegs ist und verunglückt?

Zunächst ist festzuhalten: Wer sich im Straßenverkehr bewegt, für den gilt natürlich das Straßenverkehrsrecht mit allen dazugehörigen Versicherungs- und Haftungsbestimmungen. Diese Materie hier zu erläutern ist in seiner Umfänglichkeit kaum möglich.

Es werden daher nur zwei Aspekte herausgegriffen, die in Selbsthilfegruppen immer wieder diskutiert werden. Die Themen sind, ob bei der Bildung einer *Fahrgemeinschaft* Haftungsrisiken bestehen oder was passiert, wenn man mit dem *eigenen PKW für die Gruppe unterwegs* ist und in einen Unfall verwickelt wird.

Vorauszuschicken ist an dieser Stelle zweierlei: Es wird vom Normalfall, wie gesetzlich vorgeschrieben, ausgegangen. Nämlich, dass das eigene Kraftfahrzeug wie auch der PKW des Gegners haftpflichtversichert sind. Weiter wird davon ausgegangen, dass der Fahrer des jeweiligen Fahrzeugs gleichzeitig auch der Halter ist. So sind die Fallgestaltungen leichter erklärbar und alle versicherbaren Risiken aus dem Verkehrsrecht darstellbar. Die einzelnen Schadensposten können benannt werden. Die Stunde der KFZ-Versicherungen ist gekommen.

Wenn eine *Fahrgemeinschaft* gebildet wird, ist die Insassenunfallversicherung gefragt. Heutzutage ist diese Versicherung zwingend Bestandteil jeder KFZ-Haftpflichtversicherung.

Das heißt, wer im Auto andere Teilnehmer zum Gruppentreffen mitnimmt und einen Unfall verschuldet, kann und muss seine eigene Haftpflichtversicherung in die Pflicht nehmen, um die Schäden bei seinen Mitfahrern abzudecken. Dies wird von den Haftpflichtversicherern quasi automatisch „erledigt". Dem Versicherungsnehmer, dem Unfallfahrer bleibt nur die Pflicht, den Schadensfall ordnungsgemäß zu melden und seine Mitfahrer zu benennen. Diese allerdings müssen selbst tätig werden. Die Versicherung zahlt nur, wenn sie ihre Ansprüche geltend machen und ihre Schäden wie etwa Schmerzensgeld und Verdienstausfall beziffern, also einen konkreten Betrag fordern.

Kommt es zu einem unverschuldeten Unfall, ist also der Unfallgegner schuld, dann muss natürlich dessen Versicherung alles bezahlen. Dazu zählt auch der Personenschaden bei den Insassen. Wie beim unverschuldeten Unfall gilt auch hier, dass konkrete Beträge gefordert werden müssen. Daneben stehen dem Fahrer der Ersatz seines immateriellen Schadens wie Schmerzensgeld und des materiellen Schadens am PKW zu.

Für die Mitfahrer einer Fahrgemeinschaft kann also, was die Regulierung ihrer Ansprüche betrifft, Entwarnung gegeben werden. Sie sind abgesichert. Entweder zahlt die eigene Haftpflichtversicherung oder diejenige des Unfallgegners.

Komplizierter wird die Sache allerdings für den *Fahrer und/oder Eigentümer* des PKWs selbst, der für die Gruppe unterwegs ist und einen Unfall verschuldet.



Beim eignen Personenschaden gilt: Wer beim selbstverschuldeten Unfall Verletzungen erleidet, für den tritt natürlich die eigene Krankenversicherung auf den Plan.

> Scheuen Sie sich nicht!
> Auch wenn man als Insasse mit dem Fahrer/Halter des Fahrzeugs gut bekannt ist, sollte man von seinem Recht Gebrauch machen. Wenn der Fahrer einen Unfall verschuldet, muss die Haftpflichtversicherung des Halters zahlen. Die Ansprüche der Insassen machen für den Halter den unangenehmen Unfall nicht mehr schlimmer!

Darüber hinaus kann eine Unfallversicherung eintreten. So ist zunächst der private Unfallversicherungsvertrag daraufhin zu prüfen, ob Ansprüche auf Versicherungsleistungen bestehen, die über den von der Krankenkasse bezahlten Heilbehandlungskosten liegen. Das können zum Beispiel Rehabilitationsmaßnahmen oder Krankentagegelder sein. Für Funktionsträger in der Selbsthilfe können weiter Ansprüche diskutiert werden, die sich gegen die Berufsgenossenschaft für Gesundheitsdienst und Wohlfahrtspflege richten, wenn es zum Beispiel um Verdienstausfall geht. Sollte keine der vorgenannten Versicherungen greifen, kann auch eine Anfrage bei der Ehrenamtsversicherung des jeweiligen Bundeslandes sinnvoll sein. Hier gibt es Versicherungsleistungen im Fall der Invalidität. Aber dies sei nochmals klargestellt, der Rückgriff auf die Ehrenamtsversicherung betrifft ausschließlich den Personenschaden.

Bei den eigenen Verletzungen fängt also die Krankenkasse das Gros der Heilbehandlungskosten ab, außerdem können gegebenenfalls Unfallversicherungen die weiteren Folgen mildern.

Beim Sachschaden gilt folgendes: Wenn das Auto beschädigt ist, stehen Reparaturkosten oder schlimmstenfalls auch eine Neuanschaffung an. Bei diesem Schaden hilft nur eine Vollkaskoversicherung. Besteht diese nicht, dann bleibt der Eigentümer des PKW in der Tat auf seinem Schaden sitzen. Regressansprüche stehen nicht zu erwarten, auch wenn er im Dienste der Selbsthilfe unterwegs war.

Und einen weiteren Aspekt sollte man nicht vergessen: Wie bei jedem Verkehrsunfall mit verletzten Personen kommt noch die Polizei ins Spiel. Neben den Schadensersatzansprüchen, die von den Versicherungen geregelt werden, kann dem Fahrer, der den Unfall verschuldet, ein Strafverfahren wegen fahrlässiger Körperverletzung drohen. Verletzte in diesem Sinn können sowohl der Unfallgegner wie auch die Insassen im eigenen Auto sein. Der Ausgang dieses Verfahrens, ob es eingestellt wird oder doch eine Ahndung folgt, hängt von der Schwere des jeweiligen Verschuldens ab. Hier gelten einfach die Risiken des Straßenverkehrsrechts, die jeden treffen können, der ein Auto lenkt.

### 2.5.2 Schlüsselversicherung

Noch ein Wort zu so genannten Schlüsselversicherungen. Eine solche Versicherung kann durchaus sinnvoll sein. Dann nämlich, wenn sich die Gruppe bei einer größeren Institution „eingemietet" hat, die Gruppentreffen also im Haus eines Wohlfahrtsverbandes, bei der Kirche oder auch in einer Kontaktstelle stattfinden. In der Regel werden dann den Verantwortlichen Schlüssel ausgehändigt, die zu einer größeren Schließanlage gehören. Geht ein solcher Schlüssel oder gleich der ganze Schlüsselbund verloren, kann das teuer werden.

Hier hilft eine so genannte Schlüsselversicherung. Sie wird von allen Haftpflichtversicherern angeboten. Beachtet werden muss dabei zweierlei:

Zum einen werden Schlüsselversicherungen von den Versicherungsgesellschaften nur als Paket angeboten, also im Verbund mit einer Haftpflichtversicherung. Sie ist nicht alleine, isoliert abschließbar. Wer bereits eine Haftpflichtversicherung besitzt, sollte im Vertrag nachsehen, ob diese bereits den Passus „Schlüsselversicherung" besitzt. Dies ist bei den Haftpflichtversicherungen neueren Datums eigentlich immer der Fall. Man kann aber auch einen alten Versicherungsvertrag nachrüsten und dieses Risiko auch abdecken. Die Versicherungsprämie ändert sich dadurch höchstens marginal.

Zum anderen ist es aber für die Zwecke der Selbsthilfegruppen ausreichend, wenn eine Versicherung für „privatgenutzte Schlüssel" besteht oder neu abgeschlossen wird. Die teurere Versicherungsvariante für die beruflich genutzten Schlüssel muss nicht gewählt werden. Schließlich sind die Betroffenen ja unentgeltlich in ihrer Freizeit für die Selbsthilfegruppe aktiv.

# 3 Tabellen

## Versicherungsschutz für Selbsthilfegruppen

| | Für welche Gruppe zutreffend? | Wer ist versichert? | |
|---|---|---|---|
| | | **Funktionsträger** | **einfaches Mitglied** |
| **Haftpflichtversicherung** | | | |
| private Haftpflichtversicherung | SHG als Ganzes und Vereine sind über private Einzel-Haftpflichtversicherung nie versicherbar | prüfen, ob Versicherungsvertrag „ehrenamtliche Tätigkeit“ ausschließt, dann kein Versicherungsschutz | ist versichert |
| Ehrenamtsversicherung/ Haftpflichtversicherung | für alle SHG, die kein Verein sind und keine andere Haftpflichtversicherung haben | ist versichert | ist nicht versichert |
| private Gruppen-Haftpflichtversicherung | kann für Vereine und rechtlich unselbständige Gruppen abgeschlossen werden | muss im Vertrag vereinbart werden | |
| **Unfallversicherung** | | | |
| private Unfallversicherung | SHG als Ganzes und Vereine sind über private Einzel-Unfallpflichtversicherungen nie versicherbar | prüfen, ob Versicherungsvertrag „ehrenamtliche Tätigkeit“ ausschließt, dann kein Versicherungsschutz | ist versichert |
| Berufsgenossenschaft für Gesundheitsdienst und Wohlfahrtspflege (BGW) | für SHG und Vereine, die im Bereich der Gesundheit und Gesundheitsvorsorge arbeiten, auch neben privater Unfallversicherung | ist versichert | ist nicht versichert |
| Ehrenamtsversicherung / Unfallversicherung | gilt für alle SHG und Vereine, die keine andere Unfallversicherung haben | ist versichert | ist nicht versichert |
| private Gruppen-Unfallversicherung | kann für Vereine und rechtlich unselbständige Gruppen abgeschlossen werden | muss im Vertrag vereinbart werden | |

## Ehrenamtsversicherungen in den Bundesländern

Ehrenamtsversicherungen für Unfall- und Haftpflichtversicherungsschutz und vergleichbare Regelungen für Länder ohne Ehrenamtsversicherung.

| Bundesland | Versicherungsträger |
|---|---|
| **Baden-Württemberg** | Ecclesia Versicherungsdienst GmbH<br>Löffelstraße 40, 70597 Stuttgart<br>Telefon: 0711/615533-265 Telefax: 0711/615533-29<br>E-Mail: ehrenamt@ecclesia.de Internet: www.ecclesia.de |
| **Bayern** | Versicherungskammer Bayern<br>Telefon: 089/21603777<br>Internet: www.ehrenamtsversicherung.bayern.de |
| **Berlin** | Ecclesia Versicherungsdienst GmbH<br>Klingenbergstraße 4, 32758 Detmold<br>Telefon: 05231/603-267 oder -0 Telefax: 05231/603197<br>E-Mail: info@ecclesia.de Internet: www.ecclesia.de |
| **Brandenburg** | Ecclesia Versicherungsdienst GmbH<br>Klingenbergstraße 4, 32758 Detmold<br>Telefon: 05231/603-6112 oder -0 Telefax: 05231/603197<br>E-Mail: ehrenamt@ecclesia.de Internet: www.ecclesia.de |
| **Bremen** | ÖVB Versicherungen<br>Martinistraße 30, 28195 Bremen<br>Telefon: 0421/30434788 |
| **Hamburg** | Unfallversicherung:<br>Unfallkasse Nord<br>www.hamburg.de/versicherungsschutz/115948/unfallversicherung.html<br>Haftpflichtversicherung:<br>Ecclesia Versicherungsdienst GmbH<br>Klingenbergstraße 4, 32758 Detmold<br>Telefon: 05231/603-6112 oder -0 Telefax: 05231/603197<br>E-Mail: ehrenamt@ecclesia.de Internet: www.ecclesia.de |
| **Hessen** | SV SparkassenVersicherung Wiesbaden<br>Telefon: 0611/17846347<br>Für Unfallversicherung auch: Unfallkasse Hessen (UKH)<br>Telefon: 069 29972-440 Internet: www.ukh.de |
| **Mecklenburg-Vorpommern** | Ecclesia Versicherungsdienst GmbH<br>Klingenbergstraße 4, 32758 Detmold<br>Telefon: 05231/603-6112 oder -0 Telefax: 05231/603197<br>E-Mail: ehrenamt@ecclesia.de Internet: www.ecclesia.de |

| **Niedersachsen** | VGH Versicherungen<br>Schiffgraben 4, 30159 Hannover<br>Telefon: 0511/3622566 |
|---|---|
| **Nordrhein-Westfalen** | Union Versicherungsdienst GmbH<br>Klingenbergstraße 4, 32758 Detmold<br>Telefon: 05231/603-6112 oder -0 Telefax: 05231/603197<br>E-Mail: ehrenamt@union-verdi.de |
| **Rheinland-Pfalz** | Ecclesia Versicherungsdienst GmbH<br>Klingenbergstraße 4, 32758 Detmold<br>Telefon: 05231/603-0 Telefax: 05231/603197<br>E-Mail: info@ecclesia.de Internet: www.ecclesia.de |
| **Saarland** | Ecclesia/Union Versicherungsdienst GmbH<br>Klingenbergstraße 4, 32758 Detmold<br>Telefon: 05231/603-0 oder -0 Telefax: 05231/603197<br>E-Mail: info@ecclesia.de Internet: www.ecclesia.de |
| **Sachsen** | Ecclesia Versicherungsdienst GmbH<br>Klingenbergstraße 4, 32758 Detmold<br>Telefon: 05231/603-6112 oder -0 Telefax: 05231/603197<br>E-Mail: ehrenamt@ecclesia.de Internet: www.ecclesia.de |
| **Sachsen-Anhalt** | Unfallversicherung:<br>Ecclesia Versicherungsdienst<br>Klingenbergstr. 4, 32758 Detmold Tel.: 05231/603-267<br>Haftpflichtversicherung:<br>ÖSA Versicherungen<br>Am Alten Theater 7, 39104 Magdeburg Tel.: 0391/7367-112 |
| **Schleswig-Holstein** | Ecclesia Versicherungsdienst GmbH<br>Klingenbergstraße 4, 32758 Detmold<br>Telefon: 05231/603-6112 oder -0 Telefax: 05231/603197<br>E-Mail: ehrenamt@ecclesia.de Internet: www.ecclesia.de |
| **Thüringen** | SV SparkassenVersicherung<br>Organisationsdirektion Thüringen Vertrieb Sparkasse<br>Bonifaciusstraße 18, 99084 Erfurt Telefon: 0361/22414271 |

# Schlussbemerkung

## Resümee und Ausblick

Auch die dritte, erweiterte Auflage der vorliegenden Publikation setzt sich wieder ausführlich mit der Selbsthilfegruppe als „Gesellschaft des bürgerlichen Rechts“ auseinander.

Schon die erste Auflage aus dem Jahr 2010 griff die bis dahin kontroverse Diskussion zur rechtlichen Einordnung einer Selbsthilfegruppe auf. Denn das amorphe Gebilde „Selbsthilfegruppe“ wurde bis vor rund zehn Jahren von den Aktiven, den Selbsthilfeunterstützern, aber auch von den mit der Selbsthilfe befassten Gremien und Institutionen immer wieder unterschiedlich gesehen und behandelt. Oft fiel dabei der Begriff rechtsfähiger oder nicht rechtsfähiger Verein. Was aber tun, wenn die Gruppe einfach kein Verein ist und sich auch die Kriterien eines nicht eingetragenen Vereins nicht erschließen? Sicher fiel dann auch, aber eher zögerlich die Bemerkung, dass dann eben eine Gesellschaft des bürgerlichen Rechts vorläge. Aber Zweifel blieben. Was ist, wenn die Mitglieder wechseln? Zur weiteren Begriffsverwirrung trug die Auffassung bei, dass eine Selbsthilfegruppe eine „unselbständige Untergliederung“ sein könne, nämlich dann, wenn sie einem Landes- oder Bundesverbandes angehöre.

Diese Gemengelage führte bei den Aktiven und Unterstützern der Selbsthilfe zur Tendenz, Fragen nach der Rechtsstellung einer Selbsthilfegruppe nicht wirklich zu stellen. Eine Benennung wurde lieber anderen Institutionen überlassen. Doch für die Gruppen blieben die alten Probleme: Kann eine Selbsthilfegruppe ein Bankkonto eröffnen und wenn ja mit welcher Benennung? Wie ist ihre Stellung zum Landesverband? Welche Rechte und Pflichten hat überhaupt die Gruppe und welche Rechte und Pflichten haben ihre einzelnen Mitglieder.

Rückschauend kann durchaus zu Recht gesagt werden, dass die erste Auflage dieses Ratgebers mit der konsequenten Einordnung der Gruppen in das Gesellschaftsrecht – sofern sie nicht tatsächlich eingetragene Vereine sind – eine aktivere Auseinandersetzung mit diesem Thema in Gang brachte.

Das Argument verfing: Die tradierte Form der „Gesellschaft des bürgerlichen Rechts", die ja schon in der Erstausgabe des Bürgerlichen Gesetzbuches von 1900 zu finden ist, „passt" für die Selbsthilfe! Die GbR, wie sie auch abgekürzt genannt wird, bietet genügend Freiraum für modernes bürgerschaftliches Engagement. Kennzeichen sind – um es zeitgemäß auszudrücken – Flexibilität und Niederschwelligkeit. Form- und Wirksamkeitsvorschriften, wie im Vereinsrecht vorgesehen, fehlen; ebenso genormte Regularien für die Wahl und Abwahl der Vertreter. Es ist weder eine Eintragung beim Amtsgericht erforderlich noch müssen Entscheidungen schriftlich getroffen und beurkundet werden. Damit bietet die Gesellschaft des bürgerlichen Rechts genügend Spielraum, um auf die Fluktuation von Mitgliedern und auf neue Aufgaben und Ziele ohne großes Federlesens reagieren zu können.

Parallel dazu hat augenscheinlich die Sichtweise Raum gewonnen, dass mit dem Institut der „Gesellschaft des bürgerlichen Rechts" viele Probleme rechtsdogmatisch, aber auch praktisch zu lösen sind. Und getreu dem Motto, dass Selbsthilfe immer in Bewegung ist, ist so auch an anderer Stelle Bewegung in die Diskussion gekommen.

Seit dieser Zeit konnten Selbsthilfeunterstützer, allen voran die Kontaktstellen, erreichen, dass Banken oder Sparkassen in einigen deutschen Städten für nicht vereinsrechtlich strukturierte Selbsthilfegruppen sogenannte „Treuhandkonten auf fremde Rechnung" zulassen. Das ist der wesentliche Schritt zum Gesellschaftskonto als Gruppenkonto.



Zum Zeitpunkt des Erscheinens der zweiten Auflage griff auch der Spitzenverband der Gesetzlichen Krankenkassen diesen Gedanken auf. Im Leitfaden zur Selbsthilfeförderung vom Juni 2013 postulierte er für freie, also nicht verbandlich assoziierte Gruppen das Gesellschaftskonto und das „Treuhandkonto auf fremde Rechnung" nunmehr als Regelfall. Dem liegt die Überlegung zu Grunde, dass „freie Selbsthilfegruppen" als Gesellschaft des bürgerlichen Rechts begriffen werden. Bereits in der vorgenannten Veröffentlichung des Spitzenverbandes der Gesetzlichen Krankenkassen fand der Begriff der „GbR" Eingang und wird auch im neuen Leitfaden vom 11.07.2019 weiter verfestigt. Damit dürfte die Diskussion über die rechtliche Einordnung einer Selbsthilfegruppe ohne Vereinsstatus ausgestanden sein. Es hat sich durchgesetzt, diese Gruppen als Gesellschaften des bürgerlichen Rechts anzusehen.

Neben diesen eher rechtsdogmatischen Überlegungen setzte sich die zweite Auflage mit der Gemengelage zwischen örtlichen Selbsthilfegruppen und den Selbsthilfeorganisationen, also den Landes- und Bundesverbänden auseinander. Daneben brachte sie auch Argumentationshilfen, wenn es bei Gruppen und Selbsthilfeunterstützern um Transparenz in der Selbsthilfearbeit geht. Anhand des Heilmittelwerbegesetzes wurde erläutert, wie bei Erfahrungsaustausch und Beratung Unabhängigkeit und Neutralität der Selbsthilfe zu wahren sind. Das in die zweite Auflage weiter eingefügte Kapitel zum Datenschutz gab allerdings die Initialzündung zur dritten Auflage.

Mit Inkrafttreten der Europäischen Datenschutz-Grundverordnung im Mai 2018 wurde es notwendig, die Bedeutung des Datenschutzes einerseits noch deutlicher herauszustellen. Andererseits war es aber auch das Ziel, den Gruppen eine verständliche und praktikable Hilfestellung zur Umsetzung des Datenschutzes zu geben.

Die jetzt vorliegende Auflage versucht auch die Schnittstelle zwischen Datenschutz und Presserecht, so zum Beispiel den Umgang mit Fotos innerhalb der Gruppe und für die Öffentlichkeitsarbeit schärfer herauszuarbeiten und den aktuellen Erfordernissen anzupassen.

Weiter findet eine Auseinandersetzung mit der Rechtsstellung von Jugendlichen in der Selbsthilfe auch unter dem Blickwinkel des Datenschutzes statt. Dies ist deshalb von Brisanz, da gerade die junge Generation naturgemäß starke Affinitäten zu Neuerungen hat, insbesondere was Digitalisierung und weltweiten Datenaustausch betrifft.

So haben die letzten Jahre auch gezeigt, dass technologische Erneuerungen die klassische Selbsthilfegruppenarbeit eingeholt haben.



Längst stehen Internet-Foren zu fast allen Themen von Initiativen bereit. Die wöchentlichen oder monatlichen Treffen einer Gruppe, gerade für seltene Erkrankungen, hat oft der Chat im Internet abgelöst oder sie erfahren durch die Nutzung sozialer Medien Ergänzung. Verabredungen zum Gruppentreffen per Facebook oder WhatsApp sind bei den jüngeren Aktiven – trotz aller datenschutzrechtlichen Bedenken – in der Selbsthilfe ohnehin schon fast Standard.

Daneben eröffnen „virtuelle Gruppen“, die keinerlei örtlichen Bezug mehr besitzen, völlig neue Möglichkeiten, das Gruppenthema in der Öffentlichkeit zu präsentieren. Gerade die digitalen Medien bieten so ein ungeheures Potential an Kommunikationsmöglichkeiten, und dies nicht nur deutschland- sondern auch weltweit.

Diese Gruppengefüge und die persönlichen Beziehungen der Mitglieder oder Teilnehmer eines Chats, eines Blogs oder einer „virtuellen Gruppe“ sind mit den altbewährten Strukturen der Selbsthilfe nur schwer vergleichbar. Daraus wird sich für die Zukunft neuer Diskussionsstoff für die Gruppen ergeben. Können die Bedürfnisse von Betroffenen durch die Nutzung des Internets gleichermaßen befriedigt werden wie in den bestehenden Gruppen? Wie wird die Präsentation des Gruppenthemas zukünftig in der Öffentlichkeit aussehen und welche Allianzen, aber auch welche Gefahren werden sich aus weltweitvernetzten Betroffenen ergeben?

Und aus rechtlicher Sicht: Sind diese neuen „Zusammenschlüsse Gleichgesinnter“ mit einem juristischen Institut aus dem Ende des 19. Jahrhunderts, nämlich der Gesellschaft des bürgerlichen Rechts, ausreichend umschrieben oder müsste ein anderer rechtlicher Kontext gefunden werden? Damit ist für die Zukunft ein spannendes Diskussionsfeld eröffnet.

# Adressen

**Selbsthilfezentrum München**
Westendstraße 68
80339 München
Telefon 089 / 53 29 56 - 0
Telefax 089 / 53 29 56 - 49
www.shz-muenchen.de
info@shz-muenchen.de

**Landeshauptstadt München**
**Referat für Gesundheit und Umwelt**
**Gesundheitsvorsorge**
RGU-GVO-SZ
Bayerstraße 28a
80335 München
Telefon 089 / 233 - 4 75 34
Telefax 089 / 233 - 4 75 42
zuschuss.rgu@muenchen.de

**Landeshauptstadt München**
**Sozialreferat**
**Bürgerschaftliches Engagement**
**Selbsthilfe-Förderung (S-GE/BE)**
Orleansplatz 11
81667 München
Telefon 089 / 233 - 4 83 12
Telefax 089 / 233 - 2 78 77
engagement.soz@muenchen.de

**Geschäftsstelle des Runden Tisches Region München**
(Regionale Fördergemeinschaft der Krankenkassen)
Selbsthilfezentrum München
Westendstraße 68
80339 München
Telefon 089 / 53 29 56 - 17
Telefax 089 / 53 29 56 - 49
www.shz-muenchen.de

**Selbsthilfekoordination Bayern (SeKo)**
Theaterstr. 24, 97979 Würzburg
Telefon: 0931 / 20 78 16 40
Telefax: 0931 / 20 78 16 46
selbsthilfe@seko-bayern.de
www.seko-bayern.de

**Nationale Kontakt- und Informationsstelle zur Anregung und Unterstützung von Selbsthilfegruppen (NAKOS) der Deutschen Arbeitsgemeinschaft Selbsthilfegruppen e.V.**
Otto-Suhr-Allee 115, 10585 Berlin
Telefon: 030 / 31 01 89 80
Telefax: 030 / 31 01 89 70
selbsthilfe@nakos.de
www.nakos.de

# Literaturhinweise

Baden-Württemberg, Der Landesbeauftragte für den Datenschutz
**Datenschutz im Verein nach der Datenschutzgrundverordnung (DS-GVO)**
Informationen über die datenschutzrechtlichen Rahmenbedingungen beim Umgang mit personenbezogenen Daten in der Vereinsarbeit – Gültig ab 25. Mai 2018 – www.baden-wuerttemberg.datenschutz.de

Bayerisches Landesamt für Datenschutzaufsicht
**Erste Hilfe zur Datenschutz-Grundverordnung für Unternehmen und Vereine**
Das Sofortmaßnahmen-Paket, C.H.Beck Verlag, 2018

Thomas Beyer, Edmund Görtler, Doris Rosenkranz, Hrsg.
**Seniorengenossenschaften**, Verlag Beltz Juventa 2015

BLSV Bayerischer Landes-Sportverband e.V. (Hrsg.), Georg-Brauchle-Ring 93, 80992 München
**Datenschutz im Sportverein**
Die Datenschutz-Grundverordnung der Europäischen Union (DS-GVO) und das neue Bundesdatenschutzgesetz, Georg-Brauchle-Ring 93, 80992 München

Bundesarbeitsgemeinschaft für Rehabilitation BAR
**Gemeinsame Empfehlung zur Förderung der Selbsthilfe gemäß § 13 Abs. 2 Nr. 6 SGB IX, 2012**

Detleff Burhoff
**Vereinsrecht**, Ein Leitfaden für Vereine und Mitglieder, NWB Verlag 2018

Die Landesbeauftragte für Datenschutz und Informationsfreiheit (Hrsg.)
**Datenschutz im Verein**
Unabhängiges Datenschutzzentrum Saarland
www.datenschutz.saarland.de

Bundesministerium der Justiz
**Allgemeine Hinweise zur Anbieterkennzeichnungspflicht im Internet,** 18.02.2008

Der Paritätische Gesamtverband e.V., 1. Auflage 2018
**Datenschutz im Paritätischen**
Mitgliedsorganisationen, Ausgewählte Fragen zum Umgang mit personenbezogenen Daten und Geheimnisschutz 2018 – www.paritaet.org

Dr. Eugen Ehmann/ Prof. Dr. Martin Selmayer
**Datenschutz-Grundverordnung, Kommentar**
C.H.Beck Verlag, 2017

Dorothee Einsele,
**Bank- und Kapitalmarktrecht,**
Verlag Mohr Siebeck, Tübingen 2006

Dr. Rudi Märkle, Matthias Alber
**Der Verein im Zivil- und Steuerrecht,** Richard Boorberg Verlag, 2008

NAKOS Konzepte und Praxis 6
**Transparenz und Unabhängigkeit der Selbsthilfe**
Nationale Kontakt- und Informationsstelle zur Anregung und Unterstützung von Selbsthilfegruppen (Hrsg.) Berlin 2012

Paritätisches Jugendwerk NRW (Hrsg.)
**Erweitertes Führungszeugnis in der offenen Kinder- und Jugendarbeit des Kinderschutzbundes**
Wuppertal 2010, www.pjw-nrw.de

Dr. Peter Schantz/ Prof. Dr. Heinrich Amadeus Wolff
**Das neue Datenschutzrecht**
Datenschutz-Grundverordnung und Bundesdatenschutzgesetz in der Praxis
C.H.Beck, 2017



Zentrum Bayern Familie und Soziales, Bayerisches Jugendamt:
**Fachliche Empfehlung zur Handhabung von § 72a SGB VIII**, 16.01.2017
www.blja.bayern.de/service/bibliothek/fachliche-empfehlungen

# Arbeitshilfen zum Datenschutz

**Die Beauftragte der Bayerischen Staatsregierung für das Ehrenamt**
www.ehrenamtsbeauftragte.bayern.de

**Landesnetzwerk Bürgerschaftliches Engagement Bayern e.V.**
Vereinswiki
www.bayern.de/ehrenamt-foerdern/vereinswiki/index.php

**NAKOS**
Nationale Kontakt- und Informationsstelle zur Anregung und Unterstützung von Selbsthilfegruppen
www.nakos.de/themen/datenschutz

**SeKo Bayern**
Selbsthilfekoordination Bayern e.V.
www.seko-bayern.de/selbsthilfe-in-bayern/datenschutz-in-der-selbsthilfe/

**SeKo Bayern**
Selbsthilfekoordination Bayern e.V.
Muster-Leitvereinbarung zu Datenschutz und Vertraulichkeit
Theresa Keidel und Elisabeth Ifland, Theaterstr. 24, 97979 Würzburg
www.seko-bayern.de

**Bayerisches Landesamt für Datenschutzaufsicht**
Erste Hilfe zur Datenschutz-Grundverordnung für Unternehmen und Vereine
Das Sofortmaßnahmen-Paket,
Hrgs. Bayerisches Landesamt für Datenschutzaufsicht
C.H.Beck Verlag, 2018
www.lda.bayern.de

**Die Landesbeauftragte für Datenschutz und Informationsfreiheit (Hrsg.)**
Datenschutz im Verein
Unabhängiges Datenschutzzentrum Saarland
www.datenschutz.saarland.de

Alexander Gregory / Torsten Schmotz (Hrsg.)

## Fundraising-Praxis vor Ort

**Methoden, Beispiele, Ideen, Tipps und Adressen zur Finanzierung von Vereinen, Projekten und gemeinnützigen Einrichtungen in ganz Deutschland**

Komplett aktualisierte und stark erweiterte 6. Auflage
ISBN 978-3-940865-89-2 – 2015 – 540 Seiten – 39 €

### Der Klassiker für Praktiker Fundraising-Praxis vor Ort

Die meisten Vereine und die meisten sozialen, kulturellen, politischen und kirchlichen Organisationen wirken im örtlichen Bereich einer Gemeinde, einer Stadt oder eines Landkreises. Dabei sind sie immer stärker darauf angewiesen, zusätzliche Unterstützung in Form von Geldmitteln, Sachspenden, ehrenamtlicher Hilfe und Empfehlungen gegenüber Dritten einzuwerben.

Die dabei eingesetzten Instrumente des Fundraisings reichen von der Spendensammlung per Brief oder Anzeige über Kampagnen und Benefizveranstaltungen bis zu Förderanträgen an Stiftungen und Förderfonds. Die neue Ausgabe von Fundraising-Praxis vor Ort stellt als umfassendes Handbuch und Nachschlagewerk in 50 Kapiteln alle relevanten Fundraising-Instrumente und -Strategien vor. Mit zahlreichen Kurztipps, hunderten von Internetadressen, Praxisbeispielen und 87 Checklisten liegt der Fokus immer auf der konkreten Umsetzung in die Praxis. Dabei profitieren Sie vom Fachwissen und der Erfahrung von 28 Autorinnen und Autoren aus den verschiedensten Bereichen des gemeinnützigen Sektors.

Einsteiger im Fundraising und Studierende erhalten mit dem Buch einen systematischen Überblick. Erfahrene Fundraiser nutzen es als Nachschlagewerk für die tägliche Arbeit. Diese sechste Auflage wurde völlig neu strukturiert, inhaltlich überarbeitet und erweitert. Sowohl Artikel zu neue Trends wie Crowdfunding und Social Investments wurden aufgenommen als auch Artikel zum Fundraising im Bereich der Bildung, der Kirchen, des Gesundheitswesens und der Kultur.

Sie profitieren von zahlreichen Vorteilen

- Lernen Sie, welche Fundraising-Instrumente Ihnen zur Verfügung stehen und was Sie bei Ihrem Einsatz beachten müssen.
- Orientieren Sie sich an über 70 Praxisbeispiele aus den Erfahrungen von anderen Organisationen.
- Erleichtern Sie sich die Arbeit – 87 Checklisten helfen Ihnen, Fehler zu vermeiden und an alles Wichtige zu denken.
- Profitieren Sie vom Praxiswissen von 28 anerkannten Fachautoren und ihren zahlreichen Tipps für die tägliche Praxis
- Nutzen Sie das Buch als Nachschlagewerk mit umfassendeM Stichwortregister
- Informieren Sie sich über neue Trends und Finanzierungsmöglichkeiten.

Selbsthilfezentrum München (Hrsg.)

## Kooperation

**von Fachkräften, Selbsthilfe und Selbstorganisation**

ISBN 978-3-945959-33-6
2018 – 126 Seiten – 10 €

Dieser Leitfaden vermittelt zentrale Informationen zum Thema Selbsthilfe und Selbstorganisation und gibt praktische Hilfestellung bei der Anbahnung und Weiterentwicklung von Kooperationen zwischen professionellen Diensten des Gesundheits- und Sozialwesens und Selbsthilfegruppen sowie selbstorganisierten Initiativen unterschiedlichster Art. Es wird deutlich, welche Bedeutung die Zusammenarbeit zwischen professionellen Diensten und Selbsthilfeinitiativen hat, welche Formen und Möglichkeiten der Kooperation denkbar sind und welche Voraussetzungen für eine fruchtbare Zusammenarbeit notwendig sind.

Der Leitfaden richtet sich einerseits an professionelle Dienste, die mit Selbsthilfeinitiativen zusammenarbeiten möchten, andererseits an Selbsthilfeinitiativen und an professio nelle Einrichtungen der Selbsthilfeunterstützung (sog. Selbsthilfekontaktstellen).

Der Leitfaden beinhaltet eine Sammlung von Arbeitsinstrumenten, die für die praktische Gestaltung von Kooperationen oder die Unterstützung von Selbsthilfeinitiativen hilfreich sind sowie eine zusammenstellung relevanter Ansprechpersonen aus dem Bereich der Selbsthilfeunterstützung.

Institut für Beratung und Projektentwicklung (Hrsg.)
Dieter Harant,Ulrike Köllner

# Vereinspraxis

## Ein Ratgeber zum Vereinsrecht, zum Arbeitsrecht und zu kaufmännischen Fragen

ISBN 978-3-940865-52-6 – 5. aktual. Auflage 2013 – 204 Seiten – 19 €

Der Ratgeber richtet sich an all jene, die sich mit rechtlichen Fragen und Problemen auseinander setzen wollen bzw. müssen, dies können ehrenamtliche Vorstände oder Mitarbeiter, aber auch hauptamtliche Arbeitnehmer von Vereinen sein. Vereinspraxis ist als Nachschlagewerk konzipiert; jedem Kapitel liegt ein bestimmter inhaltlicher Schwerpunkt zugrunde.

Der Ratgeber gibt Hilfestellung vor allem zu folgenden Punkten: • Gründung • Rechtsform und Vereinsorgane • Steuern und Gemeinnützigkeit • Rechnungslegung • Arbeitgeberpflichten, Arbeitsverträge und Versicherungen • EDV im Verein • Öffentlichkeitsarbeit • Spezialprobleme wie Spenden, Sponsoring, Rücklagen, Aufwandsentschädigung, Haftungsfragen • Auflösung, Konkurs.

Ev. Bildungswerk München (Hrsg.)
Maria-Jolanda Boselli, Alexander Gregory

# Erfolgreiche Presse- und Öffentlichkeitsarbeit

## Ein Praxishandbuch nicht nur für Vereine und soziale Arbeit

### Mit über 1500 Medienkontakten, vielen Beispielen und Tipps von Profis

ISBN 978-3-940865-54-0 – 9. verbesserte Aufl. 2013 – 192 Seiten – 18 €

Seit über zwei Jahrzehnten das umfassende Nachschlagewerk für erfolgreiche Presse- und Öffentlichkeitsarbeit in Bayern für alle Bereiche, Print, TV, Radio und Internet. Für Unternehmen, Vereine, Initiativen, Behörden, Kirchen und Parteien. Praktische Tipps und Beispiele erläutern, wie Sie Ihre Organisation interessant präsentieren und erfolgreich mit Medienvertretern zusammenarbeiten.

- Kontaktpflege mit Journalisten und Redakteuren, Interviews, Formulieren von Presseinformationen und -meldungen, Leserbriefe, Urheberrecht, Pressekonferenzen, Zeitschiene für die Öffentlichkeitsarbeit bei Veranstaltungen
- Werbung in TV und Radio, im Internet, auf Homepages und in Social Media, in Lokalen, Schulen, Bibliotheken, Museen, an Anschlagtafeln, Infoscreens, auf KFZs, per Flyer, Postkarten, Plakat, Spannbänder, BlowUp, Schaukasten, per Mailing.
- Datenbanken, Literatur

Dieter Harant

## Praxis Betriebswirtschaft für Nichtökonomen

ISBN 978-3-930830-69-5
2012 – 184 Seiten – 19 €

In diesem Buch bekommen Sie das notwendige Wissen vermittelt, um vorhandene Informationen des Rechnungswesens zu verstehen und zu nutzen. Sie lernen auch, welche Informationen Sie zur Steuerung und Kontrolle Ihrer Einrichtung benötigen.

EBW / IBPro (Hg.)

## Stiftungen nutzen – Stiftungen gründen

ISBN 978-3-930830-27-5 – 4. akt. Aufl. 2008 – 200 Seiten – 22 €

Verschiedenen Stiftungsmodelle werden vorgestellt, die Errichtung, Genehmigung und Verwaltung sowie die Gemeinnützigkeit einer Stiftung praktisch erläutert, ergänzt durch Satzungsmuster, Hinweise auf Adressen, Literatur und Datenbanken.

S. Odierna / F. Letsch (Hg.)

## Theater macht Politik

### Forumtheater nach Augusto Boal – Ein Werkstattbuch

ISBN 978-3-930830-38-1– 2006 – 210 Seiten – 19 €

Das Forumtheater nach A.Boal bringt Veränderungsprozesse in Gang. Es ist Theater, das „Politik macht". Lernprozesse werden in Gang gesetzt, die kulturelle Bildung öffnet sich politischen Veränderungsprozessen. Das Werkstattbuch versucht den Kraftfeldern des Theaters der Unterdrückten – und insbesondere des Forumtheaters – zu folgen, den Blick für eigene und politische Veränderungsprozesse zu öffnen und Motivation freizusetzen, mit dieser ungewöhnlichen Theaterform zu arbeiten.

EBW, Sabine Sautter (Hg.)

## Leben erinnern

**Ein praxisnahes Handbuch für Biografiearbeit mit Älteren**

ISBN 978-3-930830-49-7 – 2004 – 160 Seiten – 13,00 €

Die Autorinnen berichten aus ihrer jahrelangen Praxis im Ev. Bildungswerk München, wo sie ein umfangreiches Seniorenprogramm anbieten. Sie beschreiben erprobte Methoden und erläutern die Konzepte, auf denen ihre Arbeit basiert. Biografiearbeit, das ist in diesem Buch biografisches Erzählen, biografisches Schreiben und auch Erinnerungsarbeit mit Hochaltrigen und demenziell Erkrankten.
Die ausführlichen Berichte über zwei umfassende Projekte der Biografiearbeit, das Münchner Erzählcafé und das Zeitschreiber-Projekt, in dem ältere Menschen biografische Texte verfassen und diese bei Lesungen präsentieren, runden den Band ab. Ein Handbuch für alle an Biografiearbeit Interessierte.

Sabine Sautter (Hg.)

## Abenteuer Kultur

**Erlebnisorientierte Methoden in der Kulturarbeit Ein Praxisbuch für freiwillig Engagierte**

ISBN 978-3-930830-90-9 – 2007 – 151 Seiten – 16,00 €

„Abenteuer Kultur" richtet sich an freiwillig Engagierte und interessierte Profis, die sich mit anderen Menschen gemeinsam Kunst und Kultur erschließen wollen. Grundlagen sind ihre eigene Begeisterung, etwas Wissen, aber vor allem kreative, gesprächs- und erlebnisorientierte Methoden, die die Wahrnehmung aller zum Tragen bringen. Sie bilden die Voraussetzung für „kulturelle Selbstaneignung".